세계교육·비교교육 총서 **1** World Education & Comparative Education

# 비교교육학과
# 한국비교교육학회사

**한국비교교육학회** 편

정일환 · 권동택 · 주동범 · 윤종혁 · 이영호 · 정기섭 · 현경석 공저

Comparative Education and
History of Korean Comparative Education Society(KCES)

학지사

# 📖 머리말

　1968년 창립된 한국비교교육학회가 50주년을 맞이한 지난 2018년은 뜻깊은 한 해였다. 1950년대 한국전쟁의 폐허하에 경제적 재건을 지향한 근대화를 강력히 추구하던 시대의 숙명적인 교육적 요구와 함께, 1968년에 창립된 한국비교교육학회는 오랜 역사를 자랑하며, 우리나라에서의 비교교육학의 학문적 발전을 도모하기 위한 부단한 노력을 기울여 왔다.

　한국비교교육학회는 1971년 『세계문화와 교육』을 발간한 이후 1992년부터 '비교교육연구'를 통하여 학문 공유의 장을 제공해 왔으며, '비교교육학의 성격과 최근 동향'이라는 주제하에 첫 창립학술대회를 시작으로 학술대회, 포럼, 세미나 등을 통해 비교교육학의 학문적 정립과 세계 여러 나라의 교육 사례에 대한 국내 소개가 활발히 이루어졌다. 또한 한국비교교육학회는 국내뿐 아니라 세계비교교육연합회(WCCES)와 아시아비교교육학회(CESA)의 창립회원 학회로서 1980년대부터 본격적으로 국제교류가 이루어지고 한국의 비교교육연구에 대한 국제적 위상을 확립해 오고 있다. 이러한 국제적 노력은 결국 2001년 제11차 세계비교교육연합회 국제학술대회를 개최하고, 이어서 2010년에는 제7차 아시아비교교육 학술대회를 개최하는 쾌거를 이루게 된다. 이는 곧 우리나라가 주도하는 세계비교교육연구의 새로운 패러다임을 구상한 시기로 이해할 수 있다. 특히 1980년 서울에서 개최된 세계비교교육 대회 Pre-congress는 제4차 세계비교교육연합회 대회 직전에 열린 국제학술대회로 비록 사전 대회의 성격을 갖고 있었지만, 지금까지도 세계비교교육 역사 속에서 비중 있게 언급되고 있다.

　이러한 과거의 흔적들은 한국비교교육학회의 역사 속 하나의 시공간에 엄연한 사실로 항상 남아 있다. 그러나 한국비교교육학회의 의미 있는 역사적 흔적들은 시간이 지나갈수록 하나의 이야기로 전해질뿐 점차 학회의 전설이요, 신화로서 기억되며 멀어져 가기 마련이다.

한국비교교육학회사 편찬위원회는 이러한 우려 속에 2023년에 학회의 상설위원회로 조직되어 '비교교육학과 한국비교교육학회사'라는 발간 사업을 시작하게 된다. 비록 창립 50주년인 2018년으로부터 5년이 지난 시점이지만, 학회의 50여 년의 이야기의 역사를 문자의 역사로 남긴다는 점에서 하루라도 빨리 마무리해야 하는 중요성과 시급성을 고려한다면 매우 의미 있는 사업이 아닐 수 없다.

『비교교육학과 한국비교교육학회사』의 발간이 갖는 의미는 학회사 편찬을 통한 학회 연혁을 확인하고, 학회 고문의 학회 활동에 대한 학회사 스토리와 함께 한국비교교육학회 관련 역사 기록물(아카이브)을 구축하여 학회의 지속가능한 발전 방안을 위한 어젠다를 발굴한다는 데 있다. 과거는 현재의 과거요, 미래는 현재의 미래라는 점에서 과거와 미래는 현재의 우리의 모습 속에 담겨 있다. 따라서 한국비교교육학회 관련 학회사 자료의 수집·정리·기록·보존과 함께 한국비교교육학회 정체성 확립 및 지속가능 방향을 모색하고 발전적 제언을 한다는 점은 지금의 학회의 모습 속에 지난 50여 년의 역사와 향후 미래 사회에서의 학회의 발전적 모습을 담아낼 수 있다는 점에서 의미하는 바가 매우 크다.

이 발간서는 모두 전체 4부로 구성되어 있는데, 제1부는 비교교육의 개념적 성격과 역사적·철학적 기초, 그리고 비교교육의 영역과 방법론적 접근에 대한 '비교교육학의 학문적 성격', 제2부는 비교교육학의 성립과 함께 학문적 성격, 교육학과의 관계를 탐구한 '비교교육학과 교육학', 제3부는 한국비교교육학회 창립 배경부터 발전 과정, 현재의 실태 및 학문적 성과 그리고 미래 발전과제와 전망의 '한국비교교육학회의 과거, 현재, 미래', 마지막 제4부는 세계비교교육연합회(WCCES)와 아시아비교교육학회(CESA)를 통한 '비교교육학의 국제 동향'으로 편성되어 있다. 또한 전체 4부의 하위 내용을 총 11개의 장으로 구성하였는데, 1장 비교교육의 개념 및 특성은 주동범·현경석 교수, 2장 비교교육의 역사 및 철학은 윤종혁·정기섭 교수, 3장 비교교육의 영역 및 방법은 정일환·권동택 교수, 4장 비교교육학의 성립과 학문적 성격은 정일환·권동택 교수, 5장 교육학의 학문적 성격은 정기섭 교수, 6장 한국교육학의 확장성과 독자성은 정일환·이영호 교수, 7장 한국비교교육학회의 과거: 창립 배경과 성장은 윤종혁·주동범 교수, 8장 한국비교교육학회의 현재: 실태와 성과는 권동택·주동범 교수, 9장 한국비교교육학회의 미래: 발전과제와 전망은 정일환·주동범 교수, 10장 세계비교교육연합회(WCCES)의 활동은 정일환·이영호 교수, 마지막 11장 아시아비교교육학회(CESA)의 활동은 윤종혁·현경석 교수께서 책임 집필하였다. 한국비교교육학회의 지난 50여 년 역사가 기록된 이번 발간서는 학회 회원과 독자 여러분의 각별한 관심과 지적으로 지속적으로 축적시키고 수정·보완해 가며 학회사라는 큰 퍼즐의 조각들을 완벽하게 채워 갈 것으로 기대한다.

한국비교교육학회의 역사를 기록한다는 막중한 책임의 무게 속에서 모든 편찬위원들이 일여 년이라는 오랜 기간 함께해 주신 것에 대한 고마움을 보낸다. 특히 학회의 과거 중요한 역사적 사실에 대한 흥미진진한 이야기를 들려주신 신극범 고문과 이병진 고문, 그리고 상설위원회를 조직하고 발간사업에 적극적으로 지원해 주신 한국비교교육학회의 주동범 회장께도 고마움을 표한다.

특히 학회 창립 이후 세계비교교육연합회(WCCES)와 아시아비교교육학회(CESA)에서 우리나라를 대표하여 주도적인 역할을 수행하시면서 한국비교교육학회의 국제화와 중흥에 혼신을 다해 주신 한국교원대학교 명예교수 이병진 고문님께 감사의 마음을 전한다.

끝으로 비교교육학회의 학문적 탐구와 한국비교교육학회사의 정립과 한국비교교육학회의 미래 발전을 위해 소중한 도서를 발간해 주신 학지사 김진환 사장님과 편집부 직원분들께 고마움을 전한다.

2024. 10.

정일환, 권동택, 주동범, 윤종혁, 이영호, 정기섭, 현경석

# 📖 차례

## 제1부

## 비교교육학의 학문적 성격

# 제2부

# 비교교육학과 교육학

## 제4부

# 비교교육학의 국제 동향

# 비교교육학의 학문적 성격

# 비교교육의 개념 및 특성

## 1. 비교교육에서 '비교'의 개념적 성격

인간이 일상생활을 하는 과정에서는 항상 '비교'라는 정신적 사고 과정을 갖게 된다. 일반적으로 비교는 두 개 이상의 사물이나 현상 사이에 존재하는 관계를 더 잘 이해하기 위해 또는 더 나은 선택을 위해 동시에 두 개 이상의 사물이 있을 때마다 항상 발생할 수 있다는 점에서, 특별히 비교하여 선택하는 판단이나 행위가 아니더라도 '비교'는 인간의 삶과 밀접하게 연관되어 있다. '비교'한다는 일이 비단 비교교육학이라는 학문 영역에 국한되어 사용되는 활동은 아니지만, 비교교육연구의 주된 목적은 역시 '비교'이며, 이러한 활동이 어떤 방법을 통해 어떻게 수행되고 있는가를 파악하는 일은 무엇보다도 중요한 일이다(이병진, 1998). 왜냐하면 자칫 비교교육을 아주 광범위하고 다양한 학문적 배경과 관심을 가지고 있는 사람들이 쉽게 접근하는 공공의 연구의 장으로 인식될 수 있기 때문이다.

일반적으로 비교(比較, comparison)라는 단어가 갖는 사전적 의미는 '둘 또는 그 이상의 사물이나 현상을 견주어 서로 간의 유사점과 공통점, 차이점 따위를 밝히는 일'이다. 흔히 비교를 대비(對比)나 대조(對照)와 혼용해서 사용되기도 하지만 따로 구분할 필요가 있다.

- 대비(對比): 두 가지의 차이를 밝히기 위하여 서로 맞대어 비교함
- 대조(對照): 둘을 마주 대하여 비추어 봄을 의미하는 것으로 둘 이상인 대상의 내용을 맞대어 같고 다름을 검토하는 것. 예) 원래의 사실을 기록한 원본과 필사본을 비교 검토하는 것

사실 '비교'는 인간이 존재하고 있는 삶의 전반적인 영역에 걸쳐서 계속적으로 이루어지고 있다(이병진, 1998). 즉, 비교한다는 활동은 거의 본능에 가까운 인간의 내재적 행동으로, 로크(Locke)는 여러 사물이나 현상들에 대한 관념들을 범위, 정도, 시간, 장소 또는 어떤 다른 상황에 관해서 서로 비교하는 것이 그 관념들에 대한 마음의 또 다른 하나의 작용이며, 비교는 인간 생활에 필수적인 사고 과정이라고 할 수 있다(이재한 역, 2009). 따라서 이러한 비교 활동을 통해 마음은 단순한 관념들로부터 보다 복합한 관념(특히 관계 관념)들을 획득하게 되는데, 비교의 기능적 의미에서 보면 사물 또는 현상을 관계시키는 일종의 개념화 과정이라고 할 수 있다.

한편, '비교'는 고도의 지적 작업으로 관찰, 분석, 정리 및 종합의 여러 활동이 요구되는 사고 활동이다. 즉, 비교는 사물이나 현상의 관찰에 의해 사고의 분석적 과정을 통하여 정리 및 종합하는 인지적 활동인 것이다. 이와 관련하여 힐커(Hilker, 1962)는 비교를 지적 사고에 의한 사물 또는 현상 간의 동일성, 유사성 그리고 상이성을 분석한다는 것으로 주장하며, 비교의 속성으로 둘 이상의 사물 또는 현상 간의 동일성, 유사성 그리고 상이성을 보이는 관계라고 강조하며, 비교의 본질에 관한 속성으로서 ① 비교대상의 현상성, ② 비교대상의 복수성, ③ 교육사정의 전체성, 그리고 ④ 현상의 비교성을 제시하고 있는데, 비교의 개념적 특성에서 강조하고 있는 현상성, 복수성, 전체성, 그리고 현상의 비교성에 대한 성격은 다음과 같다.

- 현상성: 시간과 공간 속에 나타나는 지각할 수 있는 대상
- 복수성: 둘 또는 셋 이상의 비교대상이 제시되고 유사성을 지닌 것이 병치(倂置, 둘 이상의 것을 같은 자리에 둠) 또는 대치(代置, 마주 대하게 놓음)에 의하여 연구되는 것을 의미

- 전체성: 교육제도의 성립에 영향을 미치는 다양한 요인들에 대한 전체적인 이해
- 현상의 비교성: 교육현상의 동일성, 유사성, 상이성을 비교
   - 동일성: 비교대상의 전부가 일치하는 것
   - 유사성: 비교대상 중에서 둘 또는 셋, 혹은 그 이상의 요소의 일치
   - 상이성: 비교대상의 전체가 일치하지 않는 것

특히 힐커(1962)는 동일성의 경우는 비교의 의미가 없지만, 유사성의 경우는 비교의 의미가 있으며, 상이성의 경우는 비교 관점에서는 사실상 언급할 가치가 없다고 한다. 반면, 이규환(1980)은 둘 이상의 사회 형태에 있어서의 교육제도, 교육의 제문제, 교육의 결정 요소, 교육적 이상 등을 확인, 진단하고 상호 비교함으로써 유사성 내지 공통성과 상이성을 찾아내고, 여기에 비판적 연구를 하여 보다 진실된 교육학적 이론을 확립하려는 학문으로 전제하고, 유사성과 상이성을 연구자 자신의 시각에서 사회과학적으로 해석하는 것은 비교교육학을 하나의 과학적 학문으로 성립시키는 중요한 전제가 된다는 입장을 취하고 있다. 특히 비교교육에 있어서 상이성을 규명하는 것은 유사성의 규명에 못지않게 중요하다고 강조하고 있다.

이와 같이 비교교육에서 '비교'라는 단어가 하나의 개념으로 구성되기 위해서는 ① 둘 또는 둘 이상의 대상이나 수준, ② 교육 대상이나 현상, 그리고 ③ 상호 간의 유사(공통)점 및 차이점 등의 개념적 요소를 갖추어야 한다. 그러나 비교교육학의 문제를 단지 '비교'라는 단어 자체의 의미로만 접근된다면, 비교연구(분석)와 비교교육의 구분이 모호할 수 있다. 즉, 일반 교육 주제에서 비교방법론이나 접근으로 분석되는 경우 '비교연구(분석)'라고 제목을 부여할 수 있지만, 그러한 주제에 '비교교육연구'라는 제목을 부여할 수는 없기 때문이다. 예를 들어, '한국과 미국의 교육제도 비교연구'라는 제목은 가능하나, '한국과 미국의 교육제도 비교교육연구'라는 제목은 어색하기 때문이다. 바로 그 어색함 속에서 '비교연구'와 '비교교육연구'는 구분할 필요가 있다. 그러나 그러한 주제는 비교교육학의 연구주제가 된다는 점에서 비교교육은 단순히 방법론의 접근이라기보다는 연구대상(영역)의 성격론의 접근이라고 보는 것이 보다 적절하다.

한편, '비교'라는 사고 과정을 위해서는 비교 준거의 설정이 중요하게 되는데, 비교연구에 있어서 상호 비교할 수 있는 준거척도를 비교 준거(criteria for comparison)라고 한다. 예를 들어, 진학률·취학률·중도 탈락률 같은 교육지표가 그러한 기준이 될 수도

있으며, 학교의 수업연한, 교육과정의 내용, 교육통제의 유형, 지방분권의 정도 등이 비교 준거가 될 수도 있다. 특히 비교 준거의 설정에 있어서 동일한 단어나 용어라 하더라도 서로 개념이 다르게 해석될 수 있기 때문에 비교 준거 시에 사용되는 개념의 명료화가 선행되어야 한다(이철수, 2008). 또한 비교교육을 위한 연구접근에 있어서 양적 비교의 경우는 통계의 표준화가 선행되어야 하며, 질적 비교에 있어서는 용어의 개념이 먼저 밝혀져야 한다. 왜냐하면 같은 명칭, 같은 숫자라도 그 의미가 서로 다를 수 있기 때문에 비교교육에 있어서는 비교 논의에 있어서 신중을 기할 필요가 있다.

## 2. 비교교육의 의미

다른 개념과 마찬가지로 비교교육은 학자의 관점에 따라 다양한 해석이나 정의가 가능하며, 또한 비교교육은 단지 이론적 접근뿐만 아니라 실제 교육 사례의 비교까지 포괄하는 실제적인 접근으로 이해된다(Kandel, 1957). 이와 관련하여 굿(Good, 1962) 역시 비교교육을 자국의 경계를 넘어 교육 문제에 대한 이해를 넓히고 심화시키기 위해 다른 국가의 교육이론과 교육 실제를 비교하는 연구 분야라고 보고 있다.

먼저, 맬린슨(Mallinson, 1975)은 비교교육을 유사점과 차이점을 발견하기 위해 다른 문화 및 해당 문화에서 파생된 상이한 교육 시스템에 대한 체계적인 조사와 함께 다양한 솔루션이 도출된 이유(그리고 그 결과) 등을 통하여 모든 사람에게 공통적인 문제에 대한 접근으로 보고 있으며, 또한 아데쥬모비(Adejumobi, 1994)는 비교교육의 개념에 대해 특정 사회나 문화 또는 다양한 사회와 문화 사이에 드러난 교육적 유사성과 차이점에 대한 비판적 연구로 정의하기도 한다(Prakash, 2016 재인용).

이와 관련하여 오소코야(Osokoya, 1992)는 비교교육은 사회, 국가, 지역 및 국가 내에서 교육이론과 교육 실제를 비교하는 것으로, 한 사회 안에서 혹은 한 국가의 지방정부 내에서, 한 국가의 주(State) 간, 그리고 대륙의 국가 간 교육 프로그램에 대한 비교연구까지도 해당되는 것으로 보고 있다. 특히 아테인카(Adeyinka, 1994)는 더욱 확장하여 비교교육의 개념에는 다음과 같은 의미가 포함되어 있다고 한다(Adejumobi, 1994에서 재인용).

- 둘 이상의 교육 시스템에 대한 연구
- 다른 국가의 교육 철학, 목표 및 목표, 정책 및 실행이 특정 국가의 교육의 일반적인 개발, 정책 및 실행에 어떻게 영향을 미치는지에 대한 연구
- 시대와 대륙을 넘어 과거의 교육 발전이 특정 국가의 교육 발전에 어떤 영향을 미쳤는지에 대한 연구
- 2개 이상의 국가의 학교 시스템과 다양한 수준의 교육 시스템에서 정부 정책의 구현을 이행하거나 통제하기 위해 설치된 행정 기구에 대한 연구

이와 같이 비교교육을 종종 둘 이상의 다른 국가를 비교하는 연구로만 생각하는 것은 다소 잘못된 것으로(Prakash, 2016), 이러한 비교교육의 개념이 갖는 공통적인 의미는 비교대상의 다양한 영역들을 역사적 관점에서 분석적으로 연구하고 그에 따른 문제해결을 위한 시도와 노력들을 비교하는 것이 주된 목적이라는 점이다(Hans, 1992). 즉, 비교교육의 일차적 목적에는 두 나라의 교육제도에 존재하는 차이뿐만 아니라 일련의 교육의 제반 과정에서 그러한 차이를 가져오는 배경 요인을 발견하는 것 역시 포함된다는 것이다(Kandel, 1957). 따라서 비교교육은 단순히 이론적 접근으로서의 연구를 벗어나 교육 실제에 도움을 주기 위해 교육의 다양한 문제와 그 문제에 대한 해결책을 비교하여 시사점을 도출하는 연구라는 점에서 비교교육의 목적은 모든 국가 교육 시스템의 발전을 위한 근본적인 원칙과 해결점을 발견하는 것이다(Hans, 1992).

비교교육의 목적과 관련하여 노어(Noah, 1985)와 조우비시(Joubish, 2009)는 비교교육의 네 가지 목적을 다음과 같이 제시하고 있다.

- 교육 시스템, 프로세스 또는 결과 설명
- 교육 기관 및 관행의 개발 및 지원
- 교육과 사회의 관계 강조
- 하나 이상의 국가에서 유효한 교육에 대한 일반화된 진술 도출

## 3. 비교교육학의 학문적 성격

사실상 비교교육학에 대하여는 역사적으로 다양하게 이해되는 상황에서 비교교육학은 그 연구 그 자체가 교육에서의 비교에 관심을 가지고 있다고는 분명히 말할 수 있지만, 교육연구의 거의 모든 영역이 어떤 단계에서는 비교를 적용하기 때문에 이것이 매우 독특하다거나 비교교육학을 탐구 영역으로서 정당화하는 것은 쉬운 일이 아니다. 따라서 비교교육학의 학문적 성격을 비교교육학의 개념 및 대상의 정의 방식으로서의 학문적 성격과 연구방법론의 접근방식으로서의 학문적 성격을 살펴보면 다음과 같다.

### 1) 정의 방식으로서의 학문적 성격

비교교육의 학문적 정의는 비교교육학의 역사적 발전 과정에 따라 달라졌으며, 비교교육학자들 간에도 상이한 의견이 제시되기 때문에 이를 규정하는 것은 쉬운 일이 아니다. 따라서 비교교육학의 연구대상 내지 내용도 이 학문의 발전 단계에 따라, 그리고 학자의 학문적 성격 또는 국가에 따라서 상이하게 나타날 수 있다. 그러나 비교교육학이 하나의 독립되고 고유한 연구 분야로서 독자성을 확립하기 위해서는 역사적으로 발달된 독자적 이론 체계뿐만 아니라 이 분야가 설정하고 있는 나름대로의 목적과 목표를 분명히 할 필요가 있다(이병진, 1998). 특히 완전히 정립된 학문체계라기보다는 발전되고 형성되는 과정 중에 있고, 또한 과거의 여러 가지 관행과 고정관념에서 벗어나 새로운 정체성을 추구하면서 변환 중에 있는 연구 분야이기 때문에, 뚜렷하고 분명한 목적과 목표를 설정하는 것은 더욱 필요하다. 바로 이러한 목적 수준의 비교교육학의 이해는 정의 방식에 있어서 비교교육의 학문적 성격을 분석함으로써 알 수 있다.

먼저, 광의의 관점에서 비교교육학은 각 국가·민족·문화권에서 일어나는 교육사상(敎育事象)을 비교연구법에 의하여 구명하려는 교육학으로 이해될 수 있다. 즉, 비교교육학은 각국의 교육제도·교육문화·교육문제 등을 비교연구에 의하여 규명하려는 교육학 연구의 한 분야로 비교교육학은 역사적·사회경제적·정치적·문화적·종교적 상황과 관련하여 둘 또는 그 이상의 교육제도, 논쟁적 교육사건 및 문제, 그리고 그 밖의 중요한 제 요인을 신중하게 분석하는 학문이다. 즉, 비교교육학을 연구함으로써 자국의 교육제도와 이에 수반되는 문제를 넓은 시야에서 이해할 수 있을 뿐만 아니라 지역적 또는 세계적 시야에서 교육적 문제를 접근하게 된다.

이러한 점에서 비교교육학은 문제 현상에 대한 체계적인 비교를 통해 두 개 이상의 다른 국가 또는 지역(동일한 국가일 수 있음)의 장면에서 교육현상의 모든 측면을 연구하는 학문인 것이다(Phillips & Schweisfurth, 2007). 따라서 비교교육학은 비교연구방법에 의해서 2개 이상의 국가 또는 2개 이상의 지역에서 현저히 나타나는 교육적 유사성과 상이성을 분석하고, 이에 대한 역사적 및 사회과학적인 해석을 통하여 교육적 현상과 활동을 이론적으로 체계화하는 학문인 것이다(서울대학교사범대학교육연구소, 1995). 여기서 2개 이상의 지역의 의미는 일반적으로 한 국가 내의 지역이 아니라 여러 국가들이 존재하는 광대한 지역, 즉 동부 아프리카 지역, 서부 아프리카 지역, 중남미 지역, 남아시아 지역 등을 의미한다. 따라서 한 국가 내에서 2개 이상의 지역 간 비교연구는 교육철학 또는 교육사회학 연구의 접근으로 보고 비교교육과의 구분이 가능할 수 있다. 예를 들어, 우리나라 내의 수도권 지역과 지방 간의 교육기회의 비교연구와 듀이(Dewey)와 루소(Rousseau)의 교육이념 비교연구는 모두 비교라는 연구적 접근을 사용하고 있지만, 비교교육보다는 각각 교육사회학에서의 비교연구와 교육철학에서의 비교연구로 이해될 수 있다는 것이다.

이러한 비교교육학의 성격과 관련하여 트레서웨이(Trethewey, 1976)는 비교교육의 목적으로 ① 자기 나라 교육에 대한 보다 나은 이해, ② 자기 나라와 외국의 교육발전, 개선, 개혁, ③ 일반적으로 교육에 대한, 그리고 교육과 사회의 관계에 대한 지식, 이론, 원리의 개발, 그리고 ④ 국제 이해와 협조, 국제적인 교육 문제와 다른 문제의 해결 등을 제시하고 있다(주삼환 역, 2005). 이러한 비교교육학의 목적은 학문적으로는 일반화된 이론의 정립과 법칙의 발견에 치중하며, 실천면에서는 교육정책 수립자와 교육실천가들에게 교육정책과 운영에 관한 개선 방향을 제시해 주는 기능을 수행하고 있다.

## 2) 접근방식으로서의 학문적 성격

하나의 연구방법으로서의 비교교육학은 직접적인 관찰, 문헌적인 자료의 분석, 개인적 접촉 등에 의한 고찰에 의해서 자료를 수집하고 증명하고 해석하는 학문이다. 따라서 비교교육학은 교육제도와 학교, 교육 행정 및 재정, 교사와 학생, 교육과정과 교수방법, 법적 규정 등에 관한 문헌 및 통계적 자료의 수집과 분류에 관심을 갖고 이를 바탕으로 수집된 자료를 분석하고 교육제도를 형성하고 있는 경제적·기술적·종교적·사상적인 결정요인 또는 인종적·국민적 편견의 영향력 등을 비교 설명하려는 접근으로 매우 다양한 접근과 방법이 있을 수 있다.

역사적으로 초기의 비교교육연구방법은 비교교육의 본질적인 의미로서 '비교'와는 다소 성격이 다르다. 초기의 비교교육은 주로 특정한 외국의 교육에 대한 단순한 서술과 자료수집의 단계에 머물렀다. 이러한 연구방법은 지금에도 외국의 사례를 소개하는 연구로 접근하고 있어 비교교육의 본질적 연구접근인지에 대한 논란의 여지는 있지만, 보다 중요한 것은 특정 국가 교육의 특징에 내재된 요인들을 제시한다는 점에서는 비교라는 개념으로 이해될 수 있다.

일반적으로 비교교육학의 실제적인 연구방법은 크게는 지역연구와 비교연구로 분류한다(Bereday, 1964: 9-10). 지역연구는 한 나라 또는 한 지역을 집중연구하고, 비교연구는 많은 나라 또는 많은 지역을 동시에 비교·검토하게 되는데, 일반적으로 비교교육학의 첫 단계는 지역연구로부터 시작된다. 이러한 지역연구의 이상적인 성취를 위해서 다음의 세 가지 기본적 요건이 따른다.

① 연구대상국 혹은 지역의 언어에 익숙해야 한다.
② 그 나라 혹은 그 지역에 거주 또는 여행이 있어야 한다.
③ 관찰자로서 자기의 문화적·개인적 편견에서 자유로워져야 한다.

이러한 세 가지 요건 중에서 첫 번째와 두 번째 요건은 번역이나 통역을 통해서 가능하기 때문에 필수적인 것은 아니나, 세 번째 요건은 필수적인 것이다. 이러한 요건을 전제로 지역연구의 절차는 기술(記述)과 해석을 통해서 이루어진다. 비교연구는 지역연구에서 이룩된 기술과 해석을 토대로 해서, 비교대상국 또는 지역을 병치(倂置)하여 유사점과 상이점을 발견하게 된다. 이러한 유사점과 상이점을 다시 기준에 따라 동시 비교를 해서 결론을 맺게 된다. 따라서 비교연구에는 기술·해석·병치·비교의 네 단계의 절차가 있게 된다.

물론 비교교육학의 연구방법이라고 해서 공식적으로 인정받을 수 있는 고유한 방법론이 존재하는 것은 아니다. 역사적 고찰을 통해 살펴본 것처럼, 비교교육학은 그 발전

과정에 있어서 각기 상이한 연구의 목적 및 방법론적인 특징을 가지고 있다. 즉, 단순한 사실들을 기술하는 방법에서부터 역사적 설명, 과학적 법칙의 도출에 이르기까지 다양한 방법들이 이용되어 왔다는 점에서, 비교교육학의 방법론으로서는 역사적 접근법, 사회과학적 접근법, 철학적 접근법, 문제중심의 접근법 등 다양하며, 그 대상이 광범위하기 때문에 학제 간 혹은 다학문적 접근의 연구가 필요하다. 따라서 교육연구에 있어서 비교연구가 광범위하게 사용되고 있는 한 접근방법으로서 유사점, 공통점, 차이점 등을 상호 비교하는 방법으로 비교교육(comparative education)에서는 이 방법이 핵심이 되고 있으나, 광의의 비교연구법은 일반적으로 역사적 연구, 기술적 연구, 실험적 연구 등에서도 상용될 수 있는 것이다(이철수, 2008).

그러나 최근의 비교교육연구의 목적이 자국의 교육 발전을 위한 타국 교육의 연구라는 목적으로부터 전 세계적으로 통용될 수 있는 어떠한 일반적인 법칙을 찾고자 하는 목적으로 변화하고 있다. 이와 관련하여 크로슬리와 왓슨(Crossley & Watson, 2003)은 비교교육연구에서 몇 가지 문제점을 지적하였다. 정보 수집과 관련된 연구는 문화적 맥락을 고려해야 하며, 데이터가 정확하지 않은 경우 잘못 이해될 수 있으며 다른 방향의 정당화 및 일반화가 이루어질 수 있다는 것이다. 일반적으로 비교교육학자들이 비교연구접근에서 범할 수 있는 문제들은 다음과 같다.

첫째, 신뢰할 수 있는 정보의 수집과 관련된다. 즉, 정보원은 누구이며, 정보 내용은 무엇인가, 믿을 만한 정보원인가 아니면 편견이나 편파성이 개입되어 있는가, 그 자료에서 나온 어떤 특정 종류의 정보가 다른 자료에서 나온 정보보다 신빙성이 있는가 하는 문제이다.

둘째, 비교 동등성을 확인할 필요성이 있다. 비교를 위한 타당한 근거나 준거를 설정할 필요성과 관련하여 비교 동등성의 확보는 중요하다. 즉, 똑같은 용어가 똑같은 의미를 갖는가, 동등한 집단을 비교하고 있는가 등의 문제이다.

셋째, 다른 목적을 어떻게 고려할 것인가의 문제이다. 예를 들면, 어떤 기관들이 똑같은 이름을 갖고, 문화적·교육적 전통이 비슷한 사회이며, 동일 연령의 학생들을 대상으로 할 수 있지만, 전혀 다른 이론적 근거에 바탕을 두고 운영될지도 모르기 때문이다.

넷째, 일반성 대 특수성의 함정이다. 예를 들면, 우리가 '미국교육' 또는 '미국고등학교'에 대하여 비교연구 시, 우리가 미국 교육제도와 실제의 다양성과 복잡성을 조금이라도 안다면 우리는 하나의 입장에서는 국가 전체를 결코 일반화할 수 없다는 사실이다.

다섯째, 비교의 제도, 국가 또는 사례의 선정에 있다. 즉, 왜 그러한 주제, 국가 혹은 사례에 대한 비교연구인가이다.

마지막으로, 편견의 함정이다. 우리가 우리 자신의 경험에 의하여 조건화되고, 특별한 의식적·무의식적 관여를 하게 되거나 이어받게 되는 한 편견의 문제는 피할 길이 없고 방심할 수 없는 것이다.

따라서 이러한 비교교육학은 정보 수집의 신뢰성, 비교 동등성, 다양한 목적, 일반성 대 특수성, 비교의 제도, 국가 또는 사례의 선정 등에 특히 유념해야 하며, 비교교육연구방법론으로서의 선결해야 할 기본 전제이기도 하다.

# 비교교육의 역사 및 철학

## 1. 비교교육의 역사: 비교교육학의 변화·발전 과정

### 1) 비교교육학의 역사적 접근: 비교교육사의 적극적 활용

비교교육학은 기본적으로 교육학 연구의 세부 분야로서 모든 주제에 대해 비교한다는 것을 초점으로 한다. 교육학 연구 과정과 결과 측면에서 비교 준거를 설정하여 이를 실천하고, 인간의 행동과 관련하여 비교를 통한 교육학의 과학적인 발전과 성장에 기여할 수 있도록 한다. 이런 측면에서 실험적인 가설을 통해서 이론적인 체계화를 완성할 수 있는 자연과학적 방법론을 적용하기가 어려운 교육현상, 즉 사회과학적 한계 상황을 극복하기 위한 전략이라고 할 수 있다.

비교교육학이 가지는 장점은 비교를 하는 행동 자체가 인간의 주체적인 판단과 역량을 중요하게 활용하는 것으로서 추구하는 목적에 적합한 방법을 채택할 수 있는 효율적인 절차로서 기능한다는 점이다. 그간 많은 연구자가 비교교육학의 역사적인 변화를 분석하는 접근방식으로서 교육사를 다양한 맥락과 상황에서 비교할 수 있는 비교교육사 연구방식으로 실천하였다. 특히 이와 같은 비교교육사 연구 방법은 근본적으로 교육에 대한 이념, 제도, 사상을 함축하고 있으며, 그런 측면에서 실증주의적 관점, 상대주의적 분석, 체제분석적인 관점 등으로 구분할 수 있다. 특히 체제분석적인 관점은 각 비교대상 국가 지역 등의 이념과 제도, 교육체제 등을 기준으로 하는 측면에서 자유자본주의를 비롯한 신자유주의 시장교육체제부터 마르크스주의까지 다양한 스펙트럼을 조명한다는 특징이 있다.

노어(Noah)와 에크스타인(Eckstein)은 비교교육학을 진화론적인 관점에서 5개 발전단계로 구분하여 설명하였다(Erickman, 1988; 김옥순, 1993: 54 재인용). 이 분류 방식에 따르면, 첫째, '여행자의 이야기 단계'는 비교교육학이 외국에 대한 단순한 호기심을 충족하는 것에 초점을 맞추고 있다. 이는 외국의 중요한 교육 상황이나 정보에 대해서 소개하거나 지극히 개인적 소견으로서 해당 국가의 교육문화 등을 촌평하는 것이라고 할 수 있다. 둘째, '교육적으로 차용한 단계'는 자국의 교육을 발전시키기 위해 타국의 교육을 변용 혹은 개작하여 자국의 교육에 적용하고자 하는 것을 주요한 목적으로 한다. 이를테면, 18, 19세기 일본과 러시아 등이 구미 교육을 수용하기 위해서 미국과 유럽 지역 시찰단을 파견하는 현상, 한국이 개항 이후 서구 교육문명을 배우기 위해 미국과 일본에 신사유람단을 보낸 상황이나 제2차 세계대전 이후 미군정의 한국·일본 교육개혁을 추진한 것이 대표적인 사례라고 할 수 있다. 셋째, '국제적인 교육협력 단계'는 양 당사국 간의 교육협력을 넘어서서 복수의 국가군 혹은 대륙 지역권역, 나아가서는 세계적 교육협력을 추진하는 것이라고 할 수 있다. 넷째, '국가의 교육제도를 형성시킨 주체와 요인을 분석하는 단계'와 다섯째, '사회과학적 설명 단계'는 비교교육을 연구하는 목적이 양 당사자국 간의 교육협력과 세계적 수준의 교육협력을 포괄하여 전 세계적으로 통용되는 교육법칙을 추출하고자 한다. 이런 연계 속에서 3단계부터 5단계까지 국제화교육을 실천하는 과정을 통해서 국제기구가 중요한 교육혁신 및 국제화 실천활동을 나서게 된다. 즉, UNESCO 혹은 UNICEF 등의 세계교육발전을 위한 지원활동이나 OECD 등의 국제교육기준을 향상시키기 위한 교육협력전략이 이에 해당한다고 볼 수 있다.

그런데 비교교육학의 역사적인 접근은 주로 비교교육사 연구방법론을 통해서 편의적으로 추진하는 경향이 강한 편이다. 여기에서 비교교육사는 주로 단계라는 개념을 특정한 역사적 상황에 대한 뚜렷한 목적을 가지고 좀 더 포괄적인 방향과 영역으로 발전하는 시기(period)에 초점을 두는 접근방식이라고 할 수 있다. 그래서 비교교육사는 비교 준거를 기반으로 하여 좀 더 다양하고 폭넓은 방향과 특성을 가지면서 진화하는 과정으로써 시기와 상통하는 개념으로써 '단계'를 제시한다. 이는 비교교육학이 추구하는 사회학적 조사방법론 등의 실증적 분석방식과 시대적 변화를 중심으로 이루어지는 역사적 접근을 결합한 것이다. 이와 같이 비교교육학이 역사적 접근방식을 근거로 하면, 비교교육사 측면에서 진화적 발전론과 근대화론, 세계체제론 등을 복합적으로 적용하고 활용한다. 이를 통해서 비교교육학은 다른 국가의 교육제도와 사상, 체제를 연구하고, 그에 따른 지식 체계를 확보함으로써 이를 자국의 교육발전을 위해 활용하고 궁극적으로 세계적인 교육의 흐름과 변화 과정을 통해 미래 과제와 비전을 제시하고자 한다. 바로 여기에서 비교교육사 준거에 따른 역사적 변화 과정을 추적함으로써 상대적으로 모범적인 교육사례를 추출하고, 바람직한 미래 교육혁신을 귀납적 추정방식으로 제시하는 '사회과학적 설명 단계'가 비교교육학의 역사적 접근방식을 효과적으로 채택한 경우라고 할 수 있다(Epstein, 1983).

다음에서는 비교교육의 역사적 접근, 즉 비교교육사 연구방법과 분석 근거를 통해서 비교교육학이 연구방법과 내용 측면에서 변화하는 단계에 대해 살펴본다. 이는 주로 18세기 이후 서구식 자본주의 교육체제를 연구하고 분석하는 과정에서 실제적으로 현장을 관찰하고, 견문보고서를 작성하여 이를 교육학적으로 보존하고 공유하는 방식의 연구방법론으로 적합하게 변화하는 과정으로 이해할 수 있다.

### (1) 여행자의 견문 체험 및 여행담 단계

앞에서 언급한 바와 같이, 여행자의 견문 체험을 통해서 이야기로서 지역사회와 자국에 공유하고자 하는 교육정보는 비교교육학의 초기 특성이라고 할 수 있다. 교육에 대한 비교적 접근이 체계적인 연구 분야로 확립되기 이전이지만 여러 국가 혹은 국민 간에 교육제도와 교육관행에 대해 비교할 수도 있다. 즉, 비교교육학이 공식적인 학문 영역으로 정립되기 이전 시기에 불완전한 체계 속에서 각종 견문 자료 및 정보를 통하여 연구를 출발할 수 있다는 측면에서 비교교육학 전사(prehistory)에 해당하는 교육학 특성을 지니고 있다.

예를 들면, 고대 그리스 역사학자 헤로도투스(Herodotus)는 페르시아 전쟁기록을 통해서 페르시아, 이집트, 아시리아, 바빌론 및 그리스 교육에 대해 논평을 남겼다. 그는 방문 국가에 대한 '문화에 관한 현상과 소감' '청소년 자녀에 대한 교육에 대한 논평' '교육방법의 유사점과 차이점에 대한 소견' 등을 작성하였다. 또한 키케로(J.Cicero)는 그리스와 로마의 교육을 비교하며, 가정을 중심으로 자녀교육을 실천하는 것이 중요하다고 강조하였다. 근대 이후로는 디드로(Diderot) 및 콩도르세(Condorcet) 등이 프랑스 교육의 우수성을 전제로 하면서 러시아 교육에 대한 개선안을 제출하거나, 다른 국가들의 교육 견학을 통해 대학 설립 보고서를 작성하기도 하였다(정일환 외, 2012: 14-15).

비교교육 전사 단계에서 추진한 이 보고서들은 주로 타 국가 및 지역 체험을 통한 교육적 소회, 정책 제언을 위한 비교사례 보고서를 작성하는 것에서 비롯하였다. 이 단계는 교육학자 개인에 따라서 호기심과 관심이 다르며, 연구 영역과 방법도 다양하여 일정한 영역 내에서 학문적으로 정립하기가 어렵다고 볼 수 있다. 그래서 이 단계의 교육적인 특성은 비교교육에 대한 관심이 단편적 · 표면적이었으며, 교육제도와 현상에 대해 관찰하는 과정 자체도 우연성과 비계획적인 경향이 두드러졌다. 이 단계의 비교연구는 주관적인 시각에서 관찰하고 체험한 내용을 중심으로 주장하기 때문에 견문중심의 자극적인 제한점을 지니고 있다.

### (2) 교육의 의식적 차용 단계(줄리앙 이후)

이 단계는 비교교육학이 외국 교육에 대한 비계획적이고 우연적인 관심과 흥미를 벗어나서 더욱 체계적이며 계획적인 전략을 통해서 의식적으로 추진하는 단계이다. 주로 서로 다른 지역, 국가의 교육사상과 제도, 체제를 실천한 사례를 참고하여 자국의 정책 결정자가 실천하는 교육정책에 활용하는 것을 주된 목적으로 한다. 즉, 자국의 교육발전을 위해 외국의 교육사상과 정책, 제도를 연구하고 그 결과를 자국의 교육제도에 적용하는 것에 관심을 둔다. 그런 의미에서 국가 간의 비교를 통해 교육을 연구하는 측면에서 많은 학자가 비교교육학이 응용과학의 특성을 지니는 것으로 이해하기도 한다(이옥순, 1993: 57). 그러므로 응용과학의 특성을 지닌 비교교육학은 이 단계에서 외국 교육을 더욱 체계적 · 종합적으로 분석하는 실증적 방법론을 강조함으로써 다른 연구 영역과 구별된다. 비교교육사 관점에서 비교대상이 되는 국가에 대해 실증자료를 수집 · 분석 · 종합하여 교육제도 및 사상 등의 유사점 및 차이점 등을 역사적인 진행 과정 속에서 추론하도록 한다.

이런 방식으로 교육적인 차용 방식의 비교교육학을 정립한 사람은 19세기 프랑스의 줄리앙(Marc-Antoine Jullien)이었다. 그는 외국 교육에 대해 체계적이고 종합적인 자료 수집 방법을 활용하여 비교교육학의 목적과 방법에 따라서 1817년『비교교육학 연구를 위한 구상과 예비진단』이라는 책자를 발간하였다. 이 책은 처음으로 '비교교육학'이라는 명칭을 사용하였고, 비교교육학의 목적과 방법에 대해 구체적으로 소개하였다. 그는 프랑스의 국가 재건을 위해서는 교육을 통한 혁신이 진정한 처방이라고 보았으며, 외국의 좋은 교육 아이디어와 실천활동을 참조 · 활용하는 것이 중요하다고 보았다. 여기에서 강조하였던 **교육차용**(educational borrowing)'이라는 아이디어는 비교교육연구의 중요한 모티브로 작용하였다. 특히 이 시기 교육자와 정치가는 외국 교육제도를 연구하기 위해 관찰 여행을 하고 이 결과를 보고서 형식으로 작성하여 자국의 교육제도 정책개혁에 이용하려는 경향이 두드러졌다(정일환 외, 2012: 15-16).

이와 같은 교육차용 활동은 19세기 이후 독일, 미국, 프랑스, 영국, 러시아 등의 근대 자본주의 교육체제를 발전시키기 위한 국가발전 전략으로서 실천되었다. 그중에서도 러시아의 우신스키(Konstantine Ushinsky)는 교육차용에 대한 진일보된 연구실천 사업을 병행하였다. 그는 러시아에서 체제 비판론자로서 추방된 이후 스위스, 독일, 벨기에, 프랑스 등에 체류하면서 각 국가의 교육제도를 비교연구하였다. 그는 교육에 영향을 미치는 각 국가별 전통적이며 배타적인 국민성을 전제로 할 때 외국의 우수한 교육제도를 차용하는 것이 국내 상황에서는 제한적일 것으로 판단하였다. 즉, 모든 국가, 민족에 공통적으로 적용할 수 있는 일반적 국민교육제도는 현실적으로나 이론적으로 존재하지 않으며, 모든 국가와 민족이 각자 독자적인 교육제도를 갖고 있으므로 다른 민족, 국가가 이런 교육제도를 차용하기는 어려운 것이라고 진단하였다(이규환, 1990: 46).

결국 우신스키의 주장은 19세기 비교교육연구 영역에서 역사적 발전 과정이 전혀 다른 국가 간 교육차용의 효과를 부정적으로 평가한 것이다. 당시 비교교육학의 일반적인 추세였던 교육차용의 한계를 지적하고, 이를 통해 새로운 과학적 검증을 통한 비교교육의 연구방법을 제시하였다. 이와 같이 19세기 이후 교육차용은 각 국가별 상황에 따라서 선택적으로 수용하는 방향으로 전환되었으며, 외국 교육에 대한 연구는 자국의 개혁동기에 적합한 방식으로 실증자료를 수집 · 분석 · 종합하는 방식으로 과학화를 지향하였다. 당시의 교육차용 방식의 비교교육학은 선택적인 교육차용을 통하여 체계적이고 계획적으로 기술하는 것에 초점이 있었으며, 연구 목적과 방법을 의식적으로 명료하게 추진한 것에서 진일보했다고 평가할 수 있다.

### (3) 역사적 설명 단계: 비교교육사의 정체성 확인

우신스키가 주장한 선진 교육제도 차용이 지닌 문제점을 극복하기 위한 대안으로서 문화적 배경 혹은 국민성이 새로운 연구 개념으로 등장하였다. 달리 말하면, 교육적 차용 중에서도 자국의 교육발전을 위해 제기한 여러 교육적 제안 중에서 진정으로 필요한 내용에 대해 판단하고 결정하기 위해서는 외국에서 유사한 상황에서 실시한 교육정책이나 실천활동에 대해 연구하는 것이 필요하다는 것이다(King, 1967). 비교교육을 연구하는 것은 교육발전과 진보적 교육체제를 구축하기 위해 제안한 외국 교육사례 중에서 적용·수용하는 데 어려움을 겪는 사례부터 배제하는 것도 중요한 접근방식이라고 할 수 있다(Holms, 1984). 이런 비교교육학 연구를 발전시키는 방식으로서 교육제도와 정책이 변화하는 과정에 대해 평가하고 관리하고 정책을 수립하는 행정적인 모든 절차와 패러다임에 대해 특별한 정당성과 가치를 부여하는 방법도 중요한 접근방식이라고 할 수 있다(Noah, 1984). 그러므로 비교교육학에서 추진하는 역사적 설명 단계의 접근방식은 행정정책평가와 교육적 가치를 비교하는 철학적 접근을 종합함으로써 비교교육사 연구를 통해서 정책적 결정과 판단에 기여하는 근거 자료로 활용된다.

비교교육학이 역사적 설명을 하는 단계라는 것은 이전과 달리 교육과 사회의 관계에 대해 관심을 높이고, 현재의 교육 체제와 제도를 구축할 수 있는 역사적 힘(force) 혹은 요인을 구체적으로 설명한다. 그런 측면에서 새들러(Michael Sadler)는 교육혁신과 사회적 관계의 광범위한 상호 연계성에 초점을 맞추고, 자국 사회의 유기적·역동적 구성요소로서의 교육제도가 지닌 역사적 맥락을 강조한다. 그러므로 사회적 요인과 역사적 원동력을 '설명'하고, 문화적 전통과 국민성을 중심으로 구체적으로 교육의 변화 양상을 '이해'하는 과정을 통해 본격적 '과학'으로 접근할 수 있다. 여기에서 비교교육의 과제는 다른 국가의 역사와 전통, 이를 지배하는 힘과 태도, 교육발전을 결정하는 정치경제적인 조건과 정신문화적 동력을 연구·평가하는 과정으로 주도할 수 있다. 그러므로 외국 교육의 제도를 구축할 수 있게 한 선행요인에 대해 분석하고, 이를 국가사회적 변화라는 맥락에서 설명하는 것에 초점을 맞추어야 한다. 이는 주로 실용주의적 범주를 넘어서서 제도주의적 관점에서 비교교육학의 영역과 전망을 확대해야 한다(정일환 외, 2012: 18-19).

이와 같이 비교교육학은 교육제도를 있게 한 역사적 원동력과 사회적 요인에 대해 설명하고, 교육제도를 성립할 수 있는 문화적 전통과 국민성을 이해함으로써 본격적인

'과학'을 모색한다. 캔들(Issac Kandel)은 새들러의 문하생으로서 이런 비교교육학의 역사적 설명 방식을 체계적으로 계승한 대표적 연구자이다. 그는 자신의 저서 『비교교육학(Comparative Education)』(1930)을 통해 '외국의 교육제도를 학습할 때 학교외적 요인이 학교 내부요인 이상으로 의미가 있으며, 학교 외부의 사회적 관계와 기타 문화적 요소가 학교내부 변화에 커다란 영향을 미치고 있음'을 강조하였다. 즉, 교육을 사회정치적 맥락 속에서 분석하고, 교육의 특성과 현상에 대한 역사적인 고찰 방식으로 접근해야 함을 강조하였다(Kandel, 1955: 정일환 외, 2012: 19 재인용). 즉, 비교교육학의 과제는 해당 국가의 역사와 전통, 이를 지배하는 힘과 태도, 교육발전을 결정하는 정치경제적 조건 등을 연구하여 특정 제도가 발생하고 실천하는 원동력을 추출하고자 한 것이다.

### (4) '과학적 법칙' 발견 단계: 응용과학으로서의 비교교육학

제2차 세계대전 이후 비교교육학은 역사적인 설명을 대신하여 계량적이고 경험적인 방법을 강조하는 '과학적 연구법'에 대한 관심이 집중되었다. 즉, 이전의 국민성이나 문화적 결정요인을 통해 해석하고 설명하는 것 이상으로 엄밀한 개념을 사용하고, 자료를 수집한 후에, 가설검증을 통한 논리를 규명하는 사회과학적 접근이 활성화되었다. 그래서 이와 같이 비교교육학의 과학화 방식을 위해 노력한 대표적인 사상가는 베레디(G. Z. F. Bereday)를 비롯한 홈즈(Holmes), 노어 등이 있다(정일환 외, 2012: 21).

그중에서도 베레디는 『비교교육연구법(Comparative Method in Education)』(1964)에서 비교교육학이 고도의 지식체계를 유지하기 위해서는 사회과학에 기초해야 한다고 주장하였다. 그는 교육제도 간의 유사성과 차이점 검토 측면에서 사회학, 역사학, 경제학, 정치학 등의 사회과학 연구분야에 기초를 두어야 한다고 보았다. 이와 같이 비교교육학은 여러 사회과학 연구분야에 상호 연계함으로써 자신의 역할과 임무를 다할 수 있는 '종합적인 학문' 특성을 지니는 것으로 보았다. 그러므로 비교교육학을 이해하기 위해서는 다음과 같이 가설을 검증할 수 있는 단계적 전략으로서 문제연구법(problem approach)을 활용해야 함을 강조하였다. 문제연구법은 다음과 같이 '기술-설명-병치-비교'의 순서로 과학적인 접근을 하는 특성이 있다(정일환 외, 2012: 21-22).

① 기술: 한 국가의 교육에 대한 순수한 자료수집
② 설명: 자료를 해석하기 위해 다른 사회과학의 방법 적용

③ 병치: 수집한 자료들의 예비적인 대조와 가설의 설정

④ 비교: 선정된 국가 간의 교육제도를 전체적인 맥락에서 동시 분석

그리고 베레디는 비교교육학의 일반 영역을 '지역연구'와 '비교연구'로 구분하여 지역연구가 지닌 '기술'과 '설명' 단계를 넘어서서 병치와 비교 단계로 확장된다고 소개하였다. 오늘날 비교교육학의 범주를 정의할 때 '지역연구'와 '비교연구'가 병행되는 것이 일반적인 경향이라는 관점도 베레디의 주장을 따른 것으로 이해할 수 있다. 또한 비교교육학 목적을 전 세계적 차원의 과학적 법칙을 찾는 것에서 출발함으로써 비교교육학의 세계적 범위, 즉 단순 비교방식 이상으로 국제화된 세계교육으로 관심을 확대하였다. 비교교육학을 과학화함으로 인해서 궁극적으로는 글로벌 수준으로 비교교육을 확대하는 이른바 '비교국제교육학'의 위상을 확인하는 계기가 마련되었다.

### (5) 비교국제교육의 정착 단계: 국제이해교육과 교육개발협력의 연계

제2차 세계대전 이후 미국과 구소련 간의 냉전체제가 지속되는 과정에서 UN은 국가 간 분쟁을 약화시키고 평화를 정착시키기 위해 비교교육학에 새로운 방향과 과제를 제시하였다. 특히 국제평화와 국제이해를 위한 교육적 맥락을 강조하고, UNESCO가 주도하는 학교현장의 국제교육을 확산하는 협동학교계획(Associated Schools Project)까지 본격적으로 추진되었다. 이런 국제이해교육은 2000년대를 전후한 시기에는 UNESCO 협동학교 운동을 중심으로 지속가능발전교육(Education for Sustainable Development: ESD) 및 세계시민교육(Global Citizenship Education: GCED)으로 발전하는 계기로 작용하였다(ESD와 GCED에 대해서는 이 장의 4절 참조).

이와 같이 **국제이해교육**을 배경으로 비교교육학의 새로운 영역이 바로 비교국제교육학이라고 할 수 있다. 국제비교교육은 주로 타 문화에 대한 이해 확대와 상호 존중, 그리고 환경 · 인구 · 전쟁 · 기아 등과 같은 전 세계적인 관심사에 대한 공감대를 확대하고, 이해와 대응 능력을 함양하기 위한 전략에서 발전하였다. 현재까지 주로 미국, 유럽과 일본, 중국 등의 선도 국가들이 UNESCO와 OECD 등의 국제기구를 통해 교육연구를 활성화하는 전략으로 대응하였다. 우리나라의 경우는 1980년대 이후 본격적으로 UNESCO 등의 국제이해교육을 교육학 연구 분야에 접목하고, 세계화를 통한 개방정책, 교육정보화 및 디지털 교육혁신, 국제이해 및 세계시민교육, 교육개발협력 등과 연계하

는 방식으로 확산되고 있다.

국제이해교육 측면에서 비교교육학은 다음과 같은 다섯 가지 실천과제를 발전시켜
야 한다(정일환 외, 2012: 23-24). 첫째, 세계화 및 국제화 환경에서 국가 간 비교는 더 크
고 과학적인 분석체계가 필요하며, 이는 국가, 지역, 기관을 가리지 않고 다양하면서도
유연한 분석체계가 될 것임에 주목해야 한다. 둘째, 글로벌 수준에서 새롭게 변화하는
네트워크를 포착하면서 국가 간 비교 이상의 연구방법을 개발해야 한다. 교육정책과 실
천에 있어서 세계적인 영향의 진행 과정과 모방, 차이, 지배, 종속의 유형을 파악할 수
있는 새로운 지정학적인 지도가 마련되어야 한다. 셋째, 21세기 이후로는 초국가적인
차원의 국제교육이 점차 중요한 연구대상이 되었다. 그러므로 국제적인 수준의 교육교
류협력이 새로운 비교교육 영역으로 강조되고 있다. 넷째, 국제화 자체가 국가적인 단
위 이상으로 정체성을 확인하며, 초국가적인 교육적 정체성을 확산시키는 전략이 본격
적으로 실천되고 있다. 이를테면, 지속가능개발목표2030의 4번 교육혁신의제가 이에
해당하며, OECD의 PISA(국제학업성취도검사) 사업이 이런 초국가적인 정체성을 대표
하고 있는 상황이다. 다섯째, 세계화 자체가 국가적 수준에 결정적인 영향을 미치고 있
다. 그러므로 국제 유동성과 국제주의가 증가하는 추세에 따라서 국가교육에서 국제적
인 정책 규준을 따라야 하는 정도가 주요한 연구대상으로 발전하고 있다.

특히 국제비교교육학과 국제교육개발협력을 중심으로 하는 세계화 동향은 이미 지
난 20세기말부터 본격적으로 이루어졌다. 1990년대 미·소 양국을 중심으로 하는 냉전
체제가 붕괴되면서 전 세계는 미국이 주도하는 신자유주의 질서의 글로벌교육체제에
큰 영향을 받게 되었다. 이는 교육이 글로벌 시민의식이라는 세계공동체를 의식하고 발
전시키는 교육, 이에 적합한 교육 내용과 시스템으로 개혁하는 새로운 움직임이라고 할
수 있다. 주로 교육을 통해서 학습자의 주체성을 확인하고, 학교는 국가 재원으로 인권
과 개인역량을 동시에 길러 주는 기능을 제도화해야 함을 강조한다. 이는 교육의 투입
과 산출에 따른 영향력, 즉 미래 변화까지 모색하는 효율성과 효과성에 집중하고 주목
하는 개혁방안인 것이다. 바로 그와 같이 미국이 신대륙 개척시기부터 가지고 있던 종
교적 자유주의 교육특성을 현대의 시장자본주의 교육원리로 발전시킨 이른바 국가중
심의 '신자유주의 교육개혁'이 이런 방식으로 출발하였다(박춘성, 윤종혁 외, 2023).

## 2) 비교교육학과 국제교육: 21세기 비교교육학 영역의 새로운 변화

앞에서 언급한 바와 같이, 1945년 이후 세계교육은 미국과 구소련의 체제 대립과 함께 UNESCO 등의 국제기구가 교육운동과 교육협력에 적극 참여한다는 특징도 있다. UNESCO는 진보적인 교육운동을 통해서 공교육을 국제적으로 변화시키고자 하였다. 이런 관점에서 1948년 「세계인권선언」을 발표하였는데, 제26조에서 "모든 인민은 교육에 대한 권리를 가진다. 교육은 인격의 완전한 발달과 인권 및 기본적인 자유를 존중하고 강화하는 것을 목적으로 해야 한다."고 기존의 의무교육을 권리 측면에서 무상으로 제공되어야 함을 강조하였다. UNESCO는 무상교육과 문맹퇴치 등의 성인교육을 세계대전 이후 독립국은 물론이고 1960년대 아프리카 지역 신생독립국에 적극 장려하였다. 이러한 UNESCO 지원사업에 미국, 중국, 일본 등이 적극 관여하면서 아시아·아프리카 지역의 교육이 급속하게 발전하였다. 그러나 1980년대 이후 글로벌 경제침체와 미국의 국제 영향력 감소 현상이 잇따르면서 아시아·아프리카 지역 개발도상국들의 교육위기가 최고조에 달하기 시작하였다(박춘성, 윤종혁 외, 2023).

이런 과정에서 UNESCO 외에 OECD가 경제전략을 촉진하기 위한 방편으로서 교육개혁에 관심을 가지기 시작하였다. UNESCO가 주로 인권육성 측면의 교육협력을 강조하였다면, OECD는 글로벌 교육경쟁력을 갖추고 선진국이 더 발전하기 위한 원동력으로서 세계교육체제 구상을 전개하였다. 그런 면에서 범세계 평화조직기구인 UNESCO에 비해서 OECD는 특정 선진국 그룹 중심의 이해관계가 작용한다는 비판에 부딪치고 있다. OECD는 특히 2000년대 이후로 학교교육과 다양한 교육훈련을 통해서 육성한 인적자원을 개발하고 활용하는 실천사업을 적극적으로 수행하였다. 실제로 2020년대 이후 제4차 산업혁명에 따른 인공지능사회의 새로운 미래 교육비전을 설계하는 데는 OECD가 크게 기여하였다(박춘성, 윤종혁 외, 2023).

그런데 상대적으로 조직과 재원 측면에서 어려움을 겪고 있는 UNESCO는 개발도상국에 대한 교육회복전략을 통해서 글로벌 교육을 통합시키고자 하였다. 1990년 태국 좀티엔 세계회의를 통해서 세계인권선언에서 밝힌 '만인교육(Education for All)'을 재확인하였고, 2000년 다카르 선언은 개발도상국의 남녀취학평등을 실천할 것을 강조하였으며, 2015년 인천 세계교육선언을 통해 양질의 교육과 평생교육을 보장하는 지속가능개발목표(SDGs) 2030의 교육의제를 완성하였다. 2015년 인천 선언은 여전히 성인문해

교육에 대한 문제가 있는 개발도상국을 지원하고, 그리고 완벽한 의미의 보편적인 초 · 중등교육을 달성하기 위하여 2030년까지 선진국과 개발도상국이 함께 노력해야 한다는 전환점을 마련하였다(박춘성, 윤종혁 외, 2023).

2000년대 이후 미국이 주도하는 글로벌 교육체제를 기반으로 하여 정보화사회, 지식기반사회, 인공지능사회를 능동적으로 선도하는 새로운 교육 강국이 등장하였다. 미국을 중심으로 하는 서구 선진국 이외에 새롭게 등장한 교육 강국은 아시아 지역의 한국, 일본, 싱가포르와 핀란드, 캐나다, 쿠바 등의 서구사회 주변부 국가라고 할 수 있다. 전자는 미국이 제안한 민주주의교육과 동양식 유교윤리, 이른바 '유교자본주의' 교육전략을 통해서 학생의 학력 등 개인역량 성취에 성공하고 교육 인프라를 안정적으로 성취한 국가이다. 반면에 후자는 서구 특유의 학생 인권과 자율성을 중심으로 대안교육까지 보장할 수 있는 교육개혁에 성공한 국가라고 볼 수 있다. 대체로 교육체제와 학교교육력에 성공하기 위해서는 막대한 교육재원과 풍부한 인간자본, 교육열을 비롯한 사회적자본이 요청된다. 그러나 예외적으로 쿠바는 교원정책을 안정적으로 운영하고 사회적 신뢰 등에 기반을 두는 교육풍토 속에서 교육개혁에 성공한 사례이다. 이런 신흥국가들의 교육 성공사례는 여전히 글로벌 교육계에서 심각한 양극화 체제에서 교육을 진흥시키는 데 많은 어려움을 겪고 있는 아시아 · 아프리카, 중동, 중남미 지역 국가들이 적극 활용할 수 있는 귀감이 되고 있다(박춘성, 윤종혁 외, 2023).

향후 세계 교육은 미국, 영국과 OECD 주도국(독일, 프랑스, 일본 등)이 주로 한국, 싱가포르, 핀란드 등의 교육개혁 노하우를 다른 국가에 적극 권고하는 실천 과정이 핵심이라고 할 수 있다. 사실상 한국과 일본, 싱가포르 등의 교육성과는 기본적으로 미군정기를 통한 민주주의 교육을 전수하는 미국의 원조전략에서 비롯한 바가 크다고 볼 수 있다. 그러므로 미국이 직접 개입하지 않아도 진보주의 교육체제를 발전시킨 신흥국의 성공사례를 적극 활용하는 경향이 강하다고 볼 수 있다. 오히려 미국이 주도하는 시장경제와 교육경쟁력을 강조하는 포스트코로나 교육뉴딜체제가 이후 교육복지안전망과 인공지능사회의 디지털교육 시스템을 주류화시키고 있다(박춘성, 윤종혁 외, 2023).

이와 같이 비교교육학은 국가적인 수준 이상의 글로벌 수준에서 세계시민교육과 지속가능발전교육을 실천하며, 대륙권역 혹은 지역권역 중심의 연계협력연구가 다문화혹은 문화 간 교육으로 추진될 수 있다. 그리고 지역 내 쟁점으로서 국가 내부의 새로운 거버넌스에 대한 쟁점을 국제적 수준의 이해교육, 즉 UNESCO 협동학교 실천사업 등과 같이 교육현장과 사회를 연계하는 문제적 접근방식이 중요하게 작용한다. 이런 비교국제교육학 연구를 활용하여 교육혁신 혹은 교육변혁에 대한 정책을 이해하고 실천과제 역할까지 수행할 수 있다. 이런 과정이 초국가적인 차원의 국제교육으로서 미래 교육혁신을 독려하는 UNESCO 및 OECD 등의 SDGs 2030 전략과 UN이 주관하는 미래교육변혁 2050(Transforming 2050) 구상 등으로 발전하고 있다. 최근에는 디지털교육혁신[Digital Tranformation(DX) 전략]과 연계하여 더욱 초극대화하는 방식으로 국가 범위를 넘어서는 비교교육연구 영역이 더욱 주목되고 있다.

### 3) 비교교육학과 비교교육사: 역사적 접근방식의 활용 쟁점

캔들의 『비교교육학(Comparative Education)』(1933)이 제안하는 교육학 특성은 주로 각 국가의 고유한 교육제도와 교육문제가 발생하는 이유 및 원인 분석, 각 국가별 교육조직 간의 차이와 원인에 대한 분석, 이런 교육 행위와 현상에 대해 해결방법을 탐구하는 것으로 본다. 그러므로 교육제도에서 진실한 의미를 이해하고 평가하기 위해 해당 국가의 역사와 전통, 그 나라의 교육을 지배하고 있는 여러 요인과 다양한 생활 태도, 국민성 등을 결정하는 정치적·경제적 조건 등에 대해 규명해야 한다.

그래서 캔들은 비교교육에 대해 다음과 같이 특징적인 견해를 밝히고 있다. 캔들에 따르면, 비교교육은 제도를 중심으로 쉽게 파악하기 어려운 정신적·문화적 여러 분야에 작용하는 동력을 평가하는 것이라고 볼 수 있다. 특히 학교가 이런 교육제도로 정의되고, 사회적·정치적인 여러 관념(개인주의, 민주주의, 국가주의 등)을 분석하는 것이 중점적으로 이루어져야 한다. 그리하여 캔들은 비교교육의 목적에 대해 다음과 같이 정리하고 있다. 첫째, 국가별로 서로 다른 배경요인에 영향을 받는 교육원리·실천의 현대적 연구, 즉 각국의 교육문제·실천을 비교분석한다. 둘째, 국가별로 다른 교육제도를 비교분석하여 교육적 배경까지 광범위하게 고찰하고, 이를 주도적으로 지배하는 여러 원리를 발견한다. 이는 특히 역사적 관점에서 비교교육연구는 교육사 연구를 현대로 연장한 것이라고 할 수 있다. 이와 같이 캔들은 교육현상과 관련한 역사적 접근법을 중심으로 소박하면서도 사회철학적 관점의 접근법을 활용한 것이라고 볼 수 있다. 이는 우리 교육학 연구의 초창기 비교분석 방법으로서 캔들의 역사적인 비교교육 방식이 중요한 소재가 되었다고 볼 수 있다.

그런데 한국교육학계는 일반적으로 비교교육학이 비교분석 방법을 주로 활용하는 교육학 영역이라고 생각하는 경향이 강하며, 그런 측면의 역사적 접근방식에 대해 비교교육학을 현재까지의 교육사로 연장하는 방식으로 이해하기도 한다. 이는 비교교육학이 곧바로 비교교육사라는 경향이 강하게 보이는 학문이라는 것과 유사한 이해 방식이다. 그러나 교육사에서 비교하는 분석방법은 비교교육사 자체로서의 특징을 가지는 것이며, 이는 교육사의 전체 영역에서 필요한 부분에 대한 연구방법론이라고 할 수 있다. 오히려 비교교육학은 교육사에서 활용할 수 있는 부분에 대해 비교분석하는 방식으로 필요한 영역을 추출하는 측면이 강하다. 그러므로 비교교육학의 다양한 연구 영역에서 교육사의 비교분석 내용이 필요한 관점에서 활용될 수 있는 것이지, 비교교육학이 곧바로 비교교육사와 동종 혹은 유사한 영역이라고 진단하기는 어렵다.

이런 관점에서 볼 때, 비교교육학에 대한 역사적 접근방식은 비교교육사 연구에 대한 문제제기 자체가 구별되어야 할 것이다. 비교교육학의 역사적 접근방식은 비교교육사가 제기하는 연구 소재와 내용 측면에서 근접한 학문 영역의 한계영역을 가지는 측면에서 차이점을 보이면서도, 비교분석 방법이나 연구 비평 및 소견 등의 전개 방식에서 동질적인 내용이 중첩되는 접촉점을 가지는 것으로 이해할 수 있다. 그런 측면에서 비교교육학의 역사적인 접근방식으로 분석 · 생산된 여러 논문 성과들이 교육사학 성과에서도 다양한 준거비교분석 방법 등으로 동시 평가를 받을 수 있는 접촉점을 수용할 수 있어야 한다.

비교교육의 역사적 접근, 즉 비교교육사 연구 관점에서 다음과 같은 두 가지 특성을 고려할 수 있다. 첫째, 비교교육사 연구는 두 나라 이상의 역사적 교육 사건의 접촉과 교류 관계를 조사한다. 물론 일반화된 연구방법은 역사 인과법이나 문화인류학이나 사회학 조사연구방법을 사용하기도 한다. 이런 기반에서 주요 선진국의 교육사상 및 제도가 지닌 특성 혹은 인과관계 및 교류관계를 분석함으로써 한 국가의 교육사상을 명확하게 이해할 수 있다. 둘째, 상호 교류 · 접촉이 빈번한 국가 간 비교 이상으로 전혀 연고가 없거나 아주 희박한 관계의 국가를 선택 · 비교한다. 이는 세계적 수준 혹은 대륙 권역 등의 광역단위 비교분석 방식, 혹은 국제기구 등이 주관하는 특정 주제의 비교분석 등의 메타연구가 이에 해당한다. 즉, 2개국 이상 복수 국가들의 역사적 교육현상을 비교함으로써 우선 각 개별 국가의 교육현상 특성이나 문제점을 분석하고, 대상 국가 간 차이점과 유사점 등의 특성과 원인을 규명한다. 이 경우에는 교육적 교환 · 소통 · 교류 관계를 재해석·추출하고, 인종적·풍토적·종교적·경제적 요인과 연계하여 역사적 인과관계와 임의적으로 유형 분류하는 전략 등을 구상할 수 있다. 비교교육 관점에서는 두 개 국가 간의 상호 비교분석 방식이 일반적이며 좀 더 실제적인 과제라고 할 수 있다. 사실상 세계사적인 관점 혹은 한국교육 변화 관점에서 볼 때 근대 이후 국가 간의 빈번한 접촉·교류를 통해서 해당 국가의 교육·문화를 형성·변화하는 과정에 초점을 맞추고 있기 때문이다.

그러므로 앞으로의 교육사 연구는 모두 '비교교육사적인 접근'을 통한 비교교육학 영역으로 접맥하는 것이 중요한 과제라고 할 수 있다. 비교교육학 영역에서 비교교육사 연구가 중요한 핵심 기둥이 되어야 할 것이며, 비교교육학 연구도 역사적 접근법을 통한 비교분석 방법을 확대할 것이다. 새로운 교육과제를 추구하는 비교교육학 연구는 지난 역사적 근거 자료와 전승 등을 활용하여 미래 혁신과제에 부합할 수 있는 과학적·종합적인 접근법을 발전시켜야 한다.

교육사 영역에서 비교교육학 분석방법을 통해서 추진할 수 있는 주제 영역은 다음과 같은 몇 가지 특성으로 분류할 수 있다.

첫째, 원시 사회의 교육문화적인 특성을 세계사적인 시각 혹은 문명사적 관점에서 추론하고 재해석하는 방식이 이에 속한다. 지리학 시각에서 고고학적 근거를 활용한 각 대륙권별로 문명 변화 차이를 분석한 것이 이에 속하며, 문학·예술 등의 사회적 현상을 철학적 근거와 연계하는 사례가 있다. 교육학 분야에서도 원시 사회 이후 전승과 신화 등을 문명사회 속의 교육사상과 제도를 조명하고 비교하는 것이 이에 해당한다.

둘째, 동서양의 교육사상과 제도, 한국을 포함한 세계 속의 비교문화와 교육제도가 이에 해당한다. 한국의 교육제도와 사상 등을 동서양 주요 국가의 교육사상가 혹은 교육제도와 비교함으로써 한국교육이 지닌 제도적인 원형과 동서양의 주요한 교육흐름, 교육사상 및 추세 등을 고찰할 수 있다. 예를 들면, 신라 화랑도와 중세 서양 기사제도의 교육적 특성을 고찰한 연구, 혹은 고대 한국과 일본의 교육사상 및 제도를 비교분석한 성과로서 두레공동체 교육활동 등을 추정한 것이 이런 유형이라고 할 수 있다.

셋째, 자본주의 시대 이전과 이후, 혹은 문명론적 시각에서 근현대 교육제도 비교현상을 분석할 수 있다. 서양 중세사회가 봉건제 혹은 종교적인 권위 위계 중심으로 이루어지는 도제교육과 종교교리 중심 주입식 교육에서 벗어나서 새로운 인간중심 교육, 르네상스와 종교개혁 중심의 교육체제로 전환되는 과정과 절차에 대한 사상과 제도, 이념을 분석한다. 비교교육사 측면에서 근대 사회를 성립하는 근거로서 개인의 자유로운 성장과 자연주의적 관점, 산업혁명과 과학기술 발전을 근거로 하는 자본주의 성장 과정 속에서 교육의 역할과 통일된 국가 발전 구조를 고찰할 수 있다. 이는 주로 구미 산업자본주의 선도 국가의 국가주의 교육사상과 새로운 진보적 교육역할에 대해 분석하고 탐색한다.

넷째, 미래 과제의 개혁방안과 혁신을 비교교육학 측면에서 근대 자본주의 발전 이후 세계교육의 동향 분석을 추출함으로써 비교교육의 역사적인 특성을 잘 반영하는 분석을 할 수 있다. 특히 2000년대 이후로는 UN을 비롯한 국제기구를 중심으로 전 세계 교육발전에 대한 연구를 추진함으로써 글로벌 교육의 발전전략을 구상하기도 한다. 이를테면, UNESCO는 교육의 최근 변화동향을 역사적 시각과 사회학, 심리학적 조사방법론을 결합하는 방식으로 매년 Global Education Monitoring(GEM) 보고서 등을 작성한다. 이는 세계 각국의 교육현상을 글로벌 공통 척도를 통해서 분석 · 처방할 수 있는 진단을 내리면서 공교육과 지구촌 공생공영 구상을 실천하고 있다.

비교교육학 측면에서 볼 때, 20세기 제2차 세계대전 이후 교육적인 변화 과정은 그 자체가 국제적인 교육조류와 결합 · 연계하여 근대 자본주의 교육체제가 질적으로 전환하는 계기를 마련한 시기라고 할 수 있다. 1945년 이후 전 세계는 미국과 구소련 중심의 자본주의 대 공산주의 체제로 양분되었다. 미국의 아동중심, 흥미중심의 진보주의 교육체제는 전 세계 신생독립국의 기본교육제도로 채택 · 보급되었다. 그러나 1957년 구소련이 인공위성 스푸트니크 1호를 우주에 발사하는 데에 성공함으로써 미국의 교육력, 과학기술 역량이 개편되어야 한다는 논의가 확산되었다. 이후 미국의 교육체제는 아동중심 교육체제를 유지하면서도 학문적 구조, 과학기술을 중시하는 교육과정으로 개편되었다. 미국과 영국을 중심으로 하는 자본주의 체제는 학교교육에 대한 공적 재원을 투입한 성과까지 검증하는 새로운 교육개혁을 추진하였다. 교육의 수요자, 즉 학생과 학부모, 기타 교육고객이 만족할 수 있는 학교를 구축하기 위해 교육경쟁과 선발체제 등 시장자본주의 원리를 교육체제에 적용하였다. 이와 같은 시장경제 원칙을 교육에 적용한 신자유주의 교육개혁이 1990년 구소련 붕괴 이후 전 세계 교육동향에 새로운 패러다임으로 정착되었다. 다만, 지난 100년 이상 자본주의 경제체제가 미국이 주도하는 경제체제로 전환되면서 교육체제는 이런 경제 인프라를 지원하는 구조라는 측면에서 시장원리와 효율성을 강조하면서도 교육의 본질 요소로서 아동과 성장이라는 기본 철학은 여전히 진보주의적 철학기조 안에서 움직이는 것이 이를 증명하는 사례라고 할 수 있다 (박춘성, 윤종혁 외, 2023). 결국 20세기 중반 이후 미국과 구소련 간의 교육적 대립체제를 극복하는 과정에서 전개되는 글로벌 수준의 교육개혁 동향 자체가 비교교육학의 국제교류협력, 즉 비교국제교육학 연구 영역으로 범위를 확대했다고 볼 수 있다.

이와 같이 비교교육학이 추진하고 있는 발전 방안으로서 역사성, 즉 지난 시기에 경험하였던 교육특성과 변화 과정 등을 분석함으로써 비교교육학이 세계교육을 보전하는 '박물관' 역할(海老原遙, 1974)로서 교육사를 활용할 수 있다. 이런 기반 속에서 비교교육학은 역사적 근거를 통해 수집한 교육현상과 교육제도 등에 대해 다양한 관점에서 분석하는 것에 초점을 맞춘다. 비교교육학에 대한 역사적인 접근 자체가 국가 혹은 세계 교육동향에서 중요한 교육사상과 제도, 정책 등에 대한 선정 근거와 추론이 중요한 선결 요건이라고 할 수 있다. 앞으로 비교교육학을 역사적 방식으로 실행할 경우에는 철학적 근거와 연계하고 교육사 자체에서 잘 활용하지 않는 사회학 및 인류학 조사방법론, 혹은 교육통계 및 심리분석방법론 등을 다양하게 적용하여 교육사 영역을 확대하는 것이 필요하다.

비교교육학의 역사적 접근, 주로 비교교육사 연구를 통해서 비교교육연구의 한 범주를 획정하는 것이야말로 교육의 변화 발전과 연계하는 방식으로 현재의 글로벌 차원의 교육 제도와 이념, 정책 등을 이해하고 분석하는 데 효과적일 수 있다. 이에 따라서 서구 자본주의 문명에 따른 제국주의 시기의 교육, 사회진화론적 관점의 국가 주도 공교육으로 인해 식민지 지배 주종관계가 형성되는 등 글로벌 교육의 지배-종속 관계 등이 19, 20세기 교육흐름을 주도하였다. 즉, 근대 산업자본주의와 제국주의 침략전쟁 시기 등과 관련한 교육현상에 대한 역사적인 전개 과정을 추적함으로써 자연스럽게 아시아·아프리카 지역 식민지 교육체제와 비교하는 방식의 교육연구 영역으로 확대되었다.

그리고 제2차 세계대전 이후 식민지체제를 벗어나서 신생독립국으로서 교육근대화를 위한 비교분석 방법이 추가되었다. 신생독립국들이 구식민지 종주국의 교육적 종속관계를 극복하지 못하는 사례도 있으며, 구소련 주도의 소비에트사회주의 체제를 적용하는 제2세계형 교육방식 실천사례, 혹은 일본, 서독 등이 보여 주는 방식처럼 전후재건 계획을 실천하고 성공적으로 자본주의 교육체제를 이식하여 도약·발전하는 사례도 있다. 앞의 구식민지 종주국과 연계된 교육적 종속관계를 저발전의 교육체제로 이해할 수 있으며, 이는 대부분의 아시아·아프리카, 중남미 교육체제에서 잘 드러난 사례로서 영국 및 프랑스, 미국 등이 주도하는 교육체제가 그대로 이들 신생국의 교육체제에 그대로 이식 · 수용된 저발전형 교육체제로 유지되었다. 반면에 전후 소비에트사회주의 및 인민민주주의 등 동유럽 권역과 중국, 북한, 몽골 등의 동북아시아, 이후 인도차이나 지역 국가 및 쿠바 등을 중심으로 10년제 종합기술교육을 근간으로 하는 제2세계형 교육체제가 독자적으로 전개되었다. 이런 교육체제는 주로 마르크스 · 레닌주의 교육사상을 기반으로 하면서도 노작교육을 강조하는 진보적인 성격이 강한 동서양 근대교육사상을 적절하게 반영하는 비교교육의 역사적 접근을 잘 드러낸 것으로 볼 수 있다.[1]

다른 한편, 미국과 영국 등 서구식 교육체제는 제2차 세계대전 이후 패전국의 교육체제로 이식 · 수용되어 후발자본주의 교육체제로 발전하였다. 일본과 구서독(독일)의 교육은 미국과 영국이 주도하는 교육체제와 유사하면서도 기본교육체제와 정책 측면에서 자국의 특성을 극대화한 방식으로 모범적인 교육국가로 부상하였다. 이는 비교교육학의 교육 이식 및 수용 단계를 전형적으로 실천한 성공사례라고 할 수 있으며, 이후 UNESCO와 OECD 등의 국제기구를 통한 교육개발협력에서 미국, 영국과 함께 일본, 독일 등이 주축 선도국의 역할을 하는 원천으로 작용하였다. 미국식 교육체제, 일반적으로 20세기 이후 듀이식 자유주의 및 아동중심 교육사상을 골자로 하는 민주주의 교육체제는 중남미 및 동북아시아, 태평양도서 지역 등을 중심으로 주도적인 지원 역할을 하였다. 국제비교교육학 측면에서 볼 때, 미국식 교육체제가 도입 · 수용됨으로써 동북아시아 지역과 중남미 지역은 전혀 다른 성과와 체제로서 비교분석할 수 있다. 한국, 일본, 대만 등의 동북아시아 지역은 전통적인 유교문화를 기반으로 하는 교육열과 학력주의 풍토를 강조하고 인적자원개발을 통한 교육근대화에 성공한 세계적인 교육모범국가로 부각되었다.[2] 반면에 중남미의 교육체제와 교육사상은 미국에 대한 교육적 종속

---

1) 비교교육사 연구 및 비교교육학의 역사적 접근방식으로 볼 때, 마르크스 · 레닌주의 교육사상에 따른 종합기술교육체제는 1990년대 구소련 붕괴 등에 따른 정치경제적인 변화에 따라 시장경제체제 인력 양성체제에 적합한 교육과정, 학제로 변경되었다. 실제로 현재도 종합기술교육이 지닌 장점으로서 교육과 노작활동을 결합하는 교육활동은 여전히 시장주도 교육체제의 대안형 교육과정 및 교육활동으로서 전 세계의 기초교육 개혁 및 평생교육혁신전략의 실천과제로 작용하고 있다.
2) 비교교육학 측면에서 볼 때, 동북아시아와 중남미 지역에서 교육을 통한 국가발전전략은 교육문화, 국민성, 교육열 및 지역풍토 등의 내부적 요인에서 유교문화와 가톨릭문화 등의 전통과 교육적 관심 정도에서 많은 차이점을 가지고 있다. 특히 결정적으로 한국의 교육성장에서 주요한 교육재원과 교육인프라를 확충하는 기반을 형성하는 과정에서 미군정 교육개혁 및 미국의 직간접 교육개발협력은

상황을 비판하는 등 미국식 교육체제를 수용하는 것에 대한 반목과 대립 상황에서 극심한 교육 침체와 저발전 과정을 벗어나기 위해 고심하고 있다. 미국의 국가안보정책과 연계한 카리브연안 및 중미 지역에 대한 교육과정 지원정책은 비교교육사 측면에서 볼 때, 국가별로 미국에 대한 친소관계에 따라 교육적 성과가 다양한 양상으로 드러났다. 그리고 칠레, 브라질 등의 신자유주의 교육개혁이 많은 과제를 안고 있는 반면에, 쿠바는 국가 교육과정 혁신에서 두드러진 긍정적 성과를 보이면서 중남미 국가의 교육체제에 또 다른 비교 준거 사례로 활용된다.

특히 1980년대 이후 '아시아의 네 마리 용'이라는 한국 등 동아시아 4개 신흥국(지역)은 개발도상국과 별도로 구분할 정도로 사회경제 및 교육문화를 성공적으로 달성한 것으로 평가되었다. 이런 성장 배경 속에서 한국은 1996년 OECD 회원국으로 가입한 이후 OECD 선진국 기준의 교육혁신으로 도약할 수 있었다. 한국의 성장 과정은 비교교육학의 역사적 접근방식과 관련하여 후발 개발도상국에게 가장 큰 비교 준거로 작용할 수 있다. 이는 특히 2000년 이후 OECD에서 매 3년마다 시행하는 국제학업성취도조사(PISA)에서 2023년까지 한국이 최우수 영역의 교육성취를 이루는 것에서 국제사회의 주목을 받고 있다. 비록 교육성취수준 자체가 한 국가의 교육력을 전부 대변하는 것은 아니지만 학교교육 인프라와 작동 시스템, 교원과 학생 관계를 나타내는 객관적이고 과

상당히 큰 역할을 한 것으로 보인다. 우정은(2006)은 1945년 이후 1979년까지 미국의 국제원조수혜를 가장 많이 받은 국가는 이스라엘 다음으로 한국이라고 분석하였다. 제2차 세계대전 이후 패전국 일본에 대한 미군정은 중국공산당 정권이 들어선 이후 전후 감시 대상국으로 견제하는 대신에 구소련에 대한 극동방어기지 역할을 부여하였다. 결정적으로 극동지역에서 미국의 대소련 반공정책은 일본의 경제부흥정책을 지원하기 위하여 한국을 일본물자 수입국으로 지정하고 역할을 부여하였다. 미국의 대한 지원정책은 자연스럽게 일본의 수출상품을 구매할 수 있는 소비시장 여건을 조성하는 역할을 강조하였다. 자연스럽게 (일본상품 구매고객으로서) 한국을 위한 국제원조가 집중되어야 했는데, 실제로 미국이 연간 한국에 지원하는 원조물량은 전체 50개 아프리카 국가에 지원하는 매년 원조금액보다 훨씬 더 많았다(예, 1959년 대한 원조는 4억 달러인데 비해서 전체 아프리카 지역에 대한 원조액은 2억 8천만 달러로 추정됨; 박지향 외, 2006). 당시 미국의 대한 원조는 교육분야에서도 교과서, 교육인프라 지원비, 교육전문컨설팅 및 교원교류 등을 통해서 미국교육을 직접 수용하는 비교교육사 측면의 접근이 적용된 사례가 되었다. 이런 교육적 기반 속에서 1950년대 말 초등의무교육을 양적 성장 측면에서 달성할 수 있었고, 인적자원개발정책에 성공함으로써 1980년대초 OECD가 관심을 가지는 아시아의 네 마리 용(한국, 대만, 홍콩, 싱가포르)으로 부각되면서, 전 세계 개발도상국가들의 벤치마킹 사례로서 관심을 모으고 1996년 일본에 이어서 아시아에서 두 번째 OECD 회원국으로 정식 가입하였다.

학적인 지표이기 때문에 전 세계가 주목하고 있다.

더구나 한국은 제2차 세계대전 이후 식민지 상황에서 벗어난 개발도상국 중에서 거의 유일하게 OECD에 가입하는 등 선진국 대열에 진입한 국가이다. 한국의 성장 배경으로서 교육의 발전전략이 주요 원동력으로 국제사회에 알려져 있다. 이런 성과를 벤치마킹하고 배우려는 개발도상국에 대한 교육발전 노하우를 공유 · 제공하는 것이 바로 비교교육사의 영역이며, 비교국제교육학 측면에서 교육개발협력 노하우를 제공하는 국가교육발전경험 공유사업(Knowledge Sharing Program: KSP)인 것이다. 그러므로 비교국제교육학을 연구하는 추진 방식으로서 아시아 및 아프리카, 중남미 지역 등의 개발도상국가에 대한 교육제도와 교육정책, 교육현상 등을 분석하고 고찰하는 지역연구가 활성화되어야 할 것이다. 이와 같이 지역연구 성과를 근거로 하여 해당 개발도상국에 대한 국제교육협력 차원에서 우리의 교육발전 경험 분야를 비교교육사 방법으로 축적한 성과를 공유할 수 있다. 이는 비교국제교육학 측면에서 우리 비교교육학계가 추진 · 발전시켜야 할 연구과제라고 할 수 있다.

## 4) 비교국제교육학의 연구 영역:
### 지속가능발전교육, 세계시민교육과 국제이해교육의 역할과 쟁점

### (1) 세계시민교육(GCED)과 지속가능발전교육(ESD)의 개념 이해[3]

세계시민교육(Global Citizenship Education: GCED)과 지속가능발전교육(Education for Sustainable Development: ESD) 등에 대해 검토할 때, '세계시민의식'과 '지속가능발전'에 대한 세계적 수준의 논쟁이 있다. 세계시민의식은 글로벌 사회가 생각하는 공동체에 대한 소속감을 직관하고, 공동체주의 철학이라는 관점에서 연대의식, 집단 정체성, 전 지구적 차원의 사명감과 책임의식을 실천하는 보편적인 인간성을 인식하는 것이라고 볼 수 있다. 그러므로 더 나은 세상과 미래를 추구하기 위한 시민행동으로서 대체로 세계시민의식, 즉 공동체에 대한 정체성을 확인하는 측면에서 인권, 민주주의와 법치, 형평

---

3) 이 내용은 본 연구자가 2022년에 연구책임자로 수행한 한국교육개발원 연구보고서 『지속가능개발목표(SDGs) 달성을 위한 교육개발협력연구(VI): 지속가능발전교육과 세계시민교육을 통한 SDGs 범분야 실천전략』의 제2장 1절 37-88쪽 내용을 요약하고 수정 · 보완한 것임을 밝힌다.

성과 공정성을 강조하는 원칙에서 드러나는 차별에 대한 반대와 다양성 존중 등의 보편적 가치에 기반하고 있다. 반면에 지속가능발전은 일반적으로 "미래 세대가 자신들의 필요를 충족시킬 수 있는 능력을 훼손하지 않으면서 현재의 필요를 충족시키는 발전"(브룬트란트 보고서 『우리 공동의 미래』, 세계환경개발위원회)으로, 주로 사회·경제·환경 문제에 대한 대응으로서 최근의 환경교육, 탄소중립 결의 등이 이에 해당한다고 볼 수 있다(환경부, 2022).

그럼에도 불구하고, 세계시민의식과 지속가능발전은 다음과 같은 몇 가지 측면의 공통 특성을 지니고 있다. 첫째, 인류에게 영향을 미치는 세계 문제에 대한 대응이다. 이는 바로 환경과 기후변화, 분쟁과 갈등, 성 불평등, 지구환경의 악화, 천연자원의 공정한 관리 등이 해당되며, 이로 인해 발생하는 과격화 현상, 민족 간의 긴장 고조, 테러 등에 대응책도 포함한다고 볼 수 있다. 둘째, 인류 공동의 긴급한 요구를 포함한다. 즉, 평화롭고 지속가능한 사회를 건설하고, 인류의 공존 방법과 인류가 지구와 공존하는 방법에 대한 근본적인 변화를 요청한다(UNESCO한국위원회, 2017b).

세계시민교육은 반기문 전 UN 사무총장의 다음과 같은 발언에서 잘 드러나고 있다. "우리는 세계시민의식을 증진해야 합니다. 교육은 문해력과 산술 능력 이상의 것을 다루는 것입니다. 이는 또한 시민의식에 관한 것입니다. 교육은 보다 공정하고 평화롭고 포용적인 사회 건설을 지원하는 필수적 역할을 떠맡아야 합니다."[반기문 UN 사무총장의 2012년 글로벌 교육우선구상(GEFI) 발표문: UNESCO한국위원회, 2017b 재인용]. 현재 세계시민교육은 학생들이 주체적으로 참여하여 타인에 대해 배려하고 포용적이면서도 평화로운 터전, 지역사회 그리고 지구촌을 연상하며 만드는 활동에 적극 참여하고 역할을 할 수 있도록 지원하는 것을 목표로 한다. 그래서 세계시민교육은 글로벌 사회에서 세계인으로 살아가는 사명감과 책임의식을 강조하며, 보편적 인간성에 기반을 두고 민주주의와 인권, 법치에 따른 좋은 거버넌스, 공평하고 형평성 있는 교육여건, 차별을 반대하며 다양성을 존중하는 보편적인 가치를 학습하도록 한다. 대체로 세계시민교육은 평화와 인권, 다양성 존중과 관용, 문화 간 이해 포용성, 시민의식교육 등을 다루고 있다(UNESCO한국위원회, 2017b).

그런데 지속가능발전교육은 "모두를 위해 더 나은 내일을 만드는 것이다. 그리고 그것은 바로 오늘 시작되어야 한다."(UNESCO, 2019)는 선언에서 출발한다. 지속가능발전교육은 학생들이 현재 자신의 세대만큼이나 미래 세대를 인식하고 제한된 지구촌 환경에서 안정적인 경제와 공정한 사회를 달성하기 위해 필요한 교육활동에 대해 탐구하고 실천하는 것을 주된 목적으로 한다. 그러므로 교육활동을 실천함으로써 정확한 지식을 바탕으로 결정을 내리고 책임감 있게 행동할 수 있는 능력을 키우는 것에 초점을 맞추어야 하며, 이런 실천 과정 속에서 스스로 공정하고 지속가능할 수 있는 공동체와 학교 현장을 구성할 수 있도록 지원한다. 주로 지속가능발전교육은 환경과 사회와 경제의 요구 사이에서 균형을 찾는 방법을 배우고 있다(UNESCO한국위원회, 2017a: 9). 그런 측면에서 지속가능발전교육의 주제는 기후변화, 지속가능한 소비, 생물다양성 등에 초점을 맞추고 있다.

지속가능발전교육과 세계시민교육의 국제개발협력에 있어 비교적 활발한 움직임을 보이는 분야는 교사교육이다. 대표적으로 UNESCO를 중심으로 지속가능발전교육과 세계시민교육을 위한 교사연수 사업이 비교적 활발하게 진행되고 있으며, 교사의 지속가능발전교육과 세계시민교육에 대한 이해도를 높이고 교육콘텐츠 및 수업 사례 공유 등 교육현장에 적용할 수 있도록 지원하고 있다.

## (2) 1974년 국제이해교육 권고안 개정과 세계시민교육 등의 과제[4]

지난 1974년 11월 19일 UNESCO총회에서 국제이해와 협력, 평화, 인권을 포함한 기본적인 자유권이 지닌 존엄성을 증진하기 위해 〈국제이해, 협력, 평화를 위한 교육과 인권, 기본 자유에 관한 교육 권고(Recommendation concerning Education for International Understanding, Co-operation and Peace and Education relating to Human Rights and Fundamental Freedoms)〉(이하 EIU 권고)를 채택하였다(UNESCO, 1975). 이는 당시 미국과 구소련 양국이 데탕트(화해) 정책에 돌입하면서 조성된 해빙 분위기와 함께 아시아 · 아프리카 신생독립국의 탈식민주의 요구를 반영한 것이었다. 즉, 새로운 국제화의 흐름 속에서 〈UN헌장〉 〈UNESCO헌장〉 〈세계인권선언〉을 통해 제안된 정의, 자유, 인권 및 평화를 진흥하는 수단으로서 모든 이의 교육을 보장하는 것에 초점을 맞춘 것이라고 할 수 있다.

---

4) 이 내용은 본 연구자가 2022년에 연구책임자로 수행한 한국교육개발원 연구보고서 『지속가능개발목표(SDGs) 달성을 위한 교육개발협력연구(VI): 지속가능발전교육과 세계시민교육을 통한 SDGs 범분야 실천전략』의 제4장 2절 317-323쪽 내용을 요약하고 수정 · 보완한 것임을 밝힌다.

EIU 권고를 채택한 지 50년이 되는 지금 시점에서 이미 글로벌 교육환경이 보는 교육에 대한 관점은 급속하게 변하고 있다. 특히 최근의 기후 위기와 코로나19 대유행 등의 새로운 변화 과정에서 평화와 국제이해를 위협하는 요소가 더욱 늘어나고 있다. 더구나 2015년부터 국제사회가 실천하는 지속가능개발목표(SDGs) 2030 전략의 4.7번 목표는 국제이해교육과 함께 세계시민의식, 지속가능발전교육, 문화적 다양성 존중과 젠더, 평화와 비폭력 등이 새로운 의제로 부각되었다. 이와 같은 시대적 · 환경적 변화요인을 반영하여 EIU 권고를 새로운 이해 방식으로 개정해야 한다는 국제사회의 요구도 급속히 늘어났다. 그중에서도 EIU 권고를 개정하게 되면 21세기 SDGs 전략에 부합하는 방식으로 세계시민교육과 지속가능발전교육 등을 적극 반영해야 한다는 논리가 강조되었다(UNESCO, 2022a).

현재 국제사회가 검토하고 있는 개정 EIU 권고안은 대체로 (가칭) '세계시민성, 평화, 인권, 지속가능성을 위한 교육권고'안(Recommendation on Education for Global Citizenship, Peace, Human Rights and Sustainable Development)으로 합의하고 있다(UNESCO, 2022a). 실제로 2024년 개정 '1974년 국제이해교육 권고안'(이하 개정 EIU 권고안)은 궁극적으로 모든 연령대의 사람이 잠재력을 완전하게 발현하고, 사회 발전과 평화, 인권, 지속가능한 개발 및 세계 시민권을 진전시키기 위한 의사결정 과정과 행동에 효과적으로 참여하는 데 필요한 지식, 기술, 가치 및 태도를 육성하고 책임의식을 부여하는 것에 초점을 맞추고 있다. 그래서 개정 EIU 권고안은 일상생활 전반에 걸쳐서 교육이 인권을 보호하고 평화롭고 정의로우며 평등하고 포용적인 사회, 건강하고 지속가능한 사회를 육성하기 위한 국가 수준의 개혁을 권고한다(UNESCO, 2022b). 그러므로 교육은 학습자가 평화, 인권, 지속가능한 개발 및 세계 시민권을 촉진할 수 있도록 하며, 학교교육현장을 통해서 다음과 같은 역량을 함양할 수 있도록 해야 함을 강조한다(UNESCO, 2022b).

① 분석적 사고, 비판적 사고에 대한 이해
② 미래와 기회에 대한 예측 기술과 새로운 가능성에 대한 적응 능력
③ 문화 다양성에 대한 이해와 다원주의에 대한 존중
④ 인간에 대한 공감대 형성과 배려, 연대의식
⑤ 책임의식의 강화와 회복 탄력성 강조

⑥ 자아 존중감 및 타인에 대한 헌신성

⑦ 협동력과 창의성, 유연한 적응력, 의사소통 역량

⑧ 평화적 방식으로 갈등 해결 전환

⑨ 미디어 · 정보 문해 및 디지털기술 혁신

그러므로 학교교육은 이와 같은 역량을 육성할 수 있는 교육과정을 실천해야 하며, 교육은 평화의 유지와 육성, 인권과 지속가능한 발전에 대한 책무성을 발휘해야 한다. 결론적으로 교육은 국제 이해와 인권 및 세계 평화를 강화하고, 문화적 다양성을 존중하고 인종차별 등 모든 형태의 편협성에 반대할 수 있는 태도를 길러야 한다(UNESCO, 2022b).

현재 1974년 EIU 권고안에 대한 개정 과정은 상당히 많은 쟁점과 논란을 남기고 있다. 당초 2021년 11월 24일 UNESCO총회에서 의제41C/Resolution 17에 따라 UNESCO 75주년을 대비하고, 핵심가치인 '평화'를 구체적으로 이행하기 위해 1974년 EIU 권고를 개정하기로 의결하였다. 여기에서 'EIU 권고'라는 명칭을 그대로 쓸 것인지 여부에 대해서는 회원국을 포함한 국제전문가 그룹에서 논의하였다. 문제는 글로벌 수준에서 국제이해교육(EIU)과 세계시민교육(GCED)에 대해 전문가 그룹조차도 양 개념에 대해 제대로 이해하기 어려운 측면이 존재한다는 점이다(윤종혁, 2022a).

그런데 글로벌 교육계는 적합성 측면에서 1974 EIU 권고가 냉전 시대의 흔적을 가지고 있는 상황에서 과연 2020년 이후의 예측 불가능한 'VUCA(Volatility, Uncertainty, Complexity, Ambiguity)' 시대의 상황을 수용할 수 있는가라는 논란도 있다. 신냉전 상황이라는 오늘날 미국과 중국 등의 자국중심주의는 오히려 자유주의를 위협하고 있으며, 신식민지적인 불평등과 불관용을 제어하는 역할 측면에서 1974년 EIU 권고가 훨씬 더 설득력이 있다. 그래서 EIU 권고를 최소 규모로 개정하자는 의견을 중심으로 정치적으로 쟁점화하는 의제로서 부각시키지 않으려는 분위기가 여전하다고 볼 수 있다.

더구나 2000년 이후 UNESCO와 미국의 불편한 관계는 국가 간 전쟁에 대한 미국의 개입에서 상당히 작용하고 있다. 특히 우크라이나 전쟁이 장기화할 것으로 예견되는 상황에서 국가 간의 이해와 협력 및 패권주의적 국제질서에 대한 비판이 더욱 중요하지만, 개정안에는 평화, 반전, 전쟁억지 등과 같은 EIU의 핵심 화두가 충분하게 반영되지는 않을 것으로 보인다. 권역별 논의에서는 한국을 중심으로 세계시민교육이 많이 강조되고 있지만, 국제전문가 그룹 논의에서는 실효성(effectiveness) 중심의 접근에 대해 다소 부정적인 분위기도 이루어지고 있다. 그럼에도 불구하고 1974 EIU 권고는 완전하게 사라졌다고 볼 수 있으며, (이는 개정이 아니라) 특정 이해집단의 관점에서 EIU를 완전히 새로운 가칭 '평화, 인권, 지속가능 발전 교육권고'(Revised Recommendation on Education for Peace, Human Rights and Sustainable Development)를 구상한 것으로 이해할 수도 있다. 앞으로 일여 년간의 특별위원회 논의를 거쳐서 2023년 UNESCO 제42차 총회에서 가결·승인함으로써 2024년부터 개정된 권고를 실천하고 있다.

### 5) 국내 비교교육학의 실천사례: 한국교육개발원의 비교교육학과 비교국제교육 변화 과정과 성과

#### (1) 한국교육개발원의 국제교육협력과 비교교육연구

1972년 8월 한국교육개발원(KEDI)은 미국 국제협력단(The US Agency for International Development: USAID)의 개발협력사업 일환으로 국가 교육발전을 위한 싱크탱크로 설립되었다.[5] 그 이후 한국교육개발원은 설립 초기부터 우리나라의 교육발전에 귀감이 될 만한 선진국의 교육적 경험과 노하우를 적극적으로 받아들여 우리의 교육현실에 접목시키고자 하였다. 이 시기는 한국교육개발원이 대등한 입장에서 국제사회와의 상호 교류를 진척시켰던 국제교류·협력이라기보다는 발달된 선진국의 노하우 도입을 통해 우리의 내적 역량을 강화시키려는 성격이 강했다. 당시 국제교류·협력 활동은 주로 국제기구나 선진국의 대학 등에서 발달된 교육 경험과 기술을 전수받는 형태로 이루어졌다. 선진 기술 및 경험 습득을 위한 국제 연수, 해외 연수와 관련하여 가장 밀접한 관계를 맺은 기관은 플로리다주립대학교였다. 개발원은 1973년 체결된 기술연수계약에 의거하여 해외 장단기연수를 실시하고 자문 교수를 파견하였다. USAID의 경

---

5) 1972년 당시 문교부가 미국 국제협력단(USAID)의 한국지원자금을 받아서 국민교육과 교육방송을 집중 실천하는 연구기관으로서 한국교육개발원을 설립하였다. 이후 초창기에 한국교육개발원은 미국 플로리다주립대학교 지원단과 피츠버그대학교 교수자문단의 협력을 받아서 교육방송사업과 교과서·교육과정개발 사업 중심으로 교육정책지원연구를 본격적으로 전개하였다. 이와 유사한 방식으로 USAID는 1960년대 중반에는 한국과학기술원(KAIST), 1971년에는 한국개발연구원(KDI) 설립을 지원함으로써 한국의 과학기술, 경제개발, 교육개발을 촉진하는 외부협력자 역할을 하였다.

우에도 개발원 설립 이전부터 기술 지원 협력 계획에 의거하여 해외 연수 및 자문 활동을 활발하게 전개하였다. 이런 과정에서 1979년 8월 16~17일 양일간 한국교육개발원에서 우리나라의 교육제도 발전을 위한 국제전문가 초청 세미나를 실시하기도 하였다.

그런 한편으로 아시아교육발전혁신프로그램(Asian Programme for Educational Innovation for Development: APEID)을 통해서 아시아 국가 간 교육개혁을 독려하고 방향을 공유하기 위한 협력체계에 참여하였다. 또한 UNESCO 및 산하의 '교육계획기구(IIEP)' '국제교육국(IBE)' 'UNESCO 아 · 태 지역사무소(UNESCO-PROAP)' 등은 당시 개발원과 국제사회를 연결하고 정보를 교류하는 데 있어 매우 중요한 역할을 수행하였다. 또한 한국교육개발원은 1973년 '국제교육과정기구(ICO)'에 가입함으로써 교육과정 연구 · 개발의 동향을 파악하고 한국의 수업 체제를 세계에 소개할 수 있었다(한국교육개발원, 2022: 37-39).

이와 같은 국제교육협력을 촉진하는 배경 속에서 아시아 · 태평양 지역 교육협력은 물론이고 미국, 일본, 영국, 프랑스, 독일 등의 주요 선진국 교육개혁 및 제도를 차용하거나 우리 교육풍토에 적합한 방식으로 수용하는 연구를 장려하는 분위기가 조성되었다. 이에 따라서 1985년 독자적인 연구 영역으로서 비교교육연구실이 설치되었다. 이 연구실은 국제적 관점에서 우리나라와 외국의 교육체제를 비교 · 분석함으로써 교육제도의 개선을 위한 정책과제를 모색하는 데 필요한 시사점을 도출하고자 했다(한국교육개발원, 2022: 56). 당시 1980년대 중반 이후로 기관의 기본연구과제로서 주요 국가들의 사회지리과 교과서에 나타난 한국 관련 내용 분석 및 개선 요청, 요구 사안 발굴 사업을 비롯하여 초 · 중 · 고등학교 교육과정 국제비교연구, 초 · 중등교육 교육환경 비교연구, 국제화에 대비하는 교육전략, 초창기 원격교육의 국제동향, 사립학교 및 교원정책 등에 대한 비교연구가 활발하게 이루어졌다. 그중에서도 국제화 관련 연구는 국제이해교육, 외국 사회과교과서 한국관분석, 국제교류(학생 · 교수 교류, 학술교류), 국제지역연구, 해외교포교육, 외국어교육 등을 포함하는 방식으로 진행되었다.

특히 1990년대에 들어서면 탈냉전 분위기에 따라서 북한과 중국 등 공산권국가의 교육제도 연구가 활발해지고, 교육부문 시장개방의 전망과 대책에 대한 연구, 다문화 정책을 준비하는 재중국 한인교육의 실상과 지원방안 연구 등이 새로운 추세로 등장하였다. 그리고 비교교육에 대한 연구 영역이 확대되면서 교육정책 중에서도 지방교육재정, 교육과정 개혁, 교육자치제 및 학교경영, 교사양성체제 및 연수, 장학연구 등의 비교사례분석이 이루어졌다. 1990년대 중반에 주목할 비교교육연구는『국가 기간사업으로서의 교육: 교육투자의 확대논리』(1992)인데, 이 연구는 당시 우리나라와 비슷한 중진국 수준에 있는 10개국의 국가 교육환경을 추출하기 위해 1인당 GDP에 따른 교육투자 비율 사례를 분석하였다. 그리고『남북한 학생과 주민의 통일사회 적응 연구』(1995)를 통해서 재일동포 일본사회 적응사례, 독일 사회통합, 통일베트남 국민들의 사회적응, 한인 이민자의 미국사회 적응 등을 비교분석하는 연구 성과를 제시하였다. 그 외에 국제교류협력을 실천하기 위한 초기 단계 연구 성과로서『한국교육개발원 국제연수체제 개발 연구』(1996)을 통해서 본격적으로 한국교육발전경험을 배우려는 외국인 교육자를 위한 연수모델을 발굴하였다. 이는 특히 교육 계획 및 정책, 한국교육과 국가발전, 고교단계의 직업기술교육, 사회교육, 교육과정 및 교과서 개발, 교육공학 등 6개 분야를 중심으로 단기 국제연수 프로그램 모형방안을 개발하였다.

### (2) 한국의 교육발전경험 전수사업과 비교국제교육학의 발전

1970년대 말 1980년대 초반 이후 동아시아 유교권 문화중심으로 급속한 경제성장을 이룬 한국, 대만, 싱가포르, 홍콩 등 이른바 '아시아의 네 마리 용(NIES)'에 대한 국제사회의 연구가 활발해지면서 한국의 교육발전이 새로운 연구과제로 부각되었다. 당시 한국 등의 신흥공업국에 대한 국제사회의 연구관심이 고조되면서 OECD, 세계은행 등과 공식적 · 비공식적인 교류연구사업도 진행되기 시작하였다. 이런 배경 속에서 1996년 아시아 두 번째 국가로서 한국이 OECD 29번째 회원국으로 정식 가입하는 계기로 확장되었다. 한국의 OECD 가입은 본격적으로 한국의 국가 발전기준, 특히 공교육현장에서 선진국 평균 수준 이상으로 개편되어야 하는 과정으로 전환된 것이라고도 할 수 있다. 이는 비교교육학 영역에서 선진국과의 국제교육 벤치마킹 교류 · 정보공유 사업, 후발 개발도상국에 대한 교육교류협력 등을 본격적으로 추진하는 계기로 작용하였다.

그래서 1980년대에는 한국교육개발원의 요구와 필요에 의해 다양한 교육연구기관을 선정하여 실시하는 이른바 '맞춤형 연수' 형태로 진화하였다. 또한 한국의 경제발전 성공 사례와 교육의 역할이 전 세계에 알려지면서 개발도상국의 연수 요청이 점차 증가하기 시작했다. 태국, 인도네시아, 네팔, 파키스탄, 스리랑카, 바레인, 필리핀, 말레이시아, 인도, 피지 등의 개발도상국가들이 한국교육개발원에 교육행정이나 직업교육 관련 시찰 · 연수를 의뢰하였고, 대만의 경우는 교육과정개발 및 교과서 편찬 관련 상호교류를 진행하였다(한국교육개발원, 2022: 71).

　　그런데 2000년대 중반 이후로는 한국교육개발원이 UNESCO 및 OECD 등과 교류하는 과정에서 개발도상국에 대한 교류사업을 교육개발협력사업으로 전환하는 연구사업을 수행하였다. 2006년부터 UNESCO 본부 및 방콕사무소가 주최하는 아세안 회원국에 대한 국제교사연수사업에 본격적으로 참여하였다. 또한 이 시기부터 스리랑카, 캄보디아, 중국, 몽골 등에 대한 교육협력연수사업을 착수하였고, 이런 축적된 성과를 국제교육개발협력사업을 본격적으로 실천하기 위한 기초연구로 반영하였다. 2007년 「아시아 개발도상국가와의 교육협력에 관한 연구」는 교육개발협력을 위한 수요조사를 목적으로 해서 중국, 몽골, 베트남, 라오스, 캄보디아, 인도네시아, 우즈베키스탄 등 7개국 교육을 본격적으로 분석하였다. 3년간 진행한 이 연구는 한국교육개발원의 국제교육개발협력 영역을 확충시키는 계기가 되었으며, 중간 단계에서 중동 지역 이슬람 기구를 활용하는 교육협력사업, 그리고 중앙아시아 및 남미 지역 동포를 지원하는 교육협력사업을 추가 발굴하기도 하였다(한국교육개발원, 2022: 142).

　　2006년부터 한국교육개발원은 UNESCO방콕사무소와 교육개발협력의제를 발굴하고, 이를 아세안 회원국의 교사 연수 및 세미나에 활용하는 방안을 실천하였다. 이런 과정에서 한국교육개발원이 35년 이상 한국의 교육 발전을 위해 연구 개발한 성과를 그대로 개발도상국에 제공하는 사업이 주요한 이슈로 부각되었다. 당시 한국이 개발도상국 신분을 졸업한 새로운 신흥공여국으로서 전 세계 24번째 OECD 국제개발원조위원회 (Development Assistance Committee: DAC) 가입을 앞둔 시기이기도 하였다. 한국의 발전역량을 배우고자 하는 개발도상국 입장에서 수용할 수 있는 새로운 사업으로서 바로 **발전경험공유사업**(Knowledge Sharing Program: KSP)을 수행하게 된 것이다.

　　한국교육개발원은 주로 국가발전을 위한 교육정책을 분석하는 연구와 교사양성 사업 등을 본격적으로 연구 · 보급하였다. 2008년부터 추진한 '한국형 교육협력모델'은 첫 번째 KSP 사업으로서 개발도상국이 선호하는 초 · 중등교육 보편화, 교육정보화 육성산업, 직업훈련교육, 교육과정 및 교과서 정책 등을 중심으로 영문판 책자를 국제사회에 소개하였다. 이와 같은 교육경험보급사업은 이후 중동, 아프리카 및 중남미 지역 개발도상국에 대한 교육전문가 연수사업의 실천활동 교재로 활용되었고, 2010년대 이후 교육부와 외교부, 한국국제협력단의 교육 ODA(Official Development Assistance) 사업, 한국개발연구원 · 기획재정부의 KSP 사업과 연계하는 교육개발협력사업으로 발전하였다.

이런 배경 속에서 한국교육개발원은 2011년 11월 28일부터 29일까지 부산에서 '교육을 통한 세계개발원조: 원조에서 개발로'라는 주제로 국제교육 ODA포럼을 개최했다. 이 포럼은 국제개발 분야에서의 교육의 중요성을 강조하고, 새천년 개발목표(MDGs)와 만인을 위한 교육(Education For All: EFA) 그리고 HLF(원조효과성 고위급회의) 이후 교육개발협력의 방향을 모색하기 위해 마련되었다. 1일차 포럼은 세계개발원조총회의 사전행사로, 2일차 포럼은 세계개발원조총회의 부대행사로 각각 진행되었으며, 교육 ODA(Official Development Assistance) 사업 담당 정부부처 관계자, 교육관련 정부출연 연구기관 연구위원을 비롯해 약 200여 명의 관계자들이 참석했다. 이 포럼은 교육개발 협력의 과거·현재·미래를 조망하고, 한국의 교육을 통한 국가발전의 경험을 공유함으로써 교육을 통한 발전과 개발협력의 향후 방향을 모색하고 새로운 비전을 제시하는데 기여하였다(한국교육개발원, 2022: 85).

### (3) 국제교육개발협력 기초연구의 축적과 지역국제연구 활성화

국제교육개발협력 기초연구는 국책연구기관 내에서 개발협력에 대한 이해가 미흡하였던 2000년대 중반부터 선도적으로 수행되었으며, 국제개발협력연구실의 중추적 연구과제로 자리잡았다. 특히 「개도국과의 교육협력방안 연구」는 국제교육 개발협력실의 대표 연구로 연구내용, 연구기간, 연구수행방식 측면에서 기존 연구들과는 차별화된 모습을 보였다. 이 연구 사업은 2007년 「아시아 개발도상국가와의 교육협력에 관한 연구」를 시작으로 아시아, 아프리카, 중남미 지역 국가들과의 교육개발 협력 연구를 지역별로 3개년씩 총 9개년에 걸쳐 수행한 획기적인 연구였다. 한국교육개발원은 개발도상국가의 교육 및 교육개발협력 추진 현황과 개발협력 요구조사를 토대로 이들 국가와의 교육개발협력방안에 대한 마스터플랜을 제안하는 동시에 중점추진과제 실천 전략을 제시함으로써 연구의 실효성을 높였다(한국교육개발원, 2022: 183-184).

또한 2013년부터 2015년까지 교육부가 발주한 「중점협력국가별 교육 협력전략 개발 및 마스터플랜 수립 연구」「중점협력국가의 교원교육 분야 협력방안 연구」를 수행하였다. 개발원은 이들 연구를 통해 국가 수준의 국제교육개발협력 전략의 틀 안에서 중점 협력 국가를 대상으로 교육개발협력을 추진하는 방안을 제안하였다. 또한 KOICA로부터 「KOICA 대학교 국제개발협력 이해증진사업 종합평가 연구」, 교육부로부터 「교육부

ODA 사업의 질 제고를 위한 사업방식 개선방안 연구」 등을 수행하면서 정부가 주관하는 교육개발협력 사업을 모니터링하고 개선 방향을 제안하였다.

한국교육개발원은 지난 2007년부터 10년 동안 아시아 · 아프리카 · 중남미 지역의 중점지원 대상 개발도상국에 대한 교육진단 및 협력방안 등을 지속적으로 연구해 왔다. 당초 한국교육개발원은 2007년부터 3년 동안 아시아 지역 중점국가 협력연구를 시행하기로 하였으며, 이에 따라 몽골 · 베트남 · 인도네시아 등 7개국을 대상으로 교육현황 및 교육협력요구진단, 중장기 협력과제 등을 구상 · 제안하였다. 그리고 이와 비슷한 연계전략으로 2010년부터 이집트 · 나이지리아 · 콩고민주공화국 · 에티오피아 · 탄자니아 등의 북아프리카 및 사하라이남 아프리카 지역에 대한 교육협력 방안이 작성되었다. 이후 2013년부터는 3개년 연구로 중남미 지역의 콜롬비아 · 파라과이 · 페루 · 볼리비아 · 과테말라 등 5개국 지원방안 연구도 성공적으로 완료하였다.

이처럼 한국교육개발원에서 주도적으로 수행한 지역별 중점지원국가 개발협력방안 연구는 국무조정실 ODA 기술협력으로 적극 활용되기도 했다. 2016년 이후로는 UN이 새롭게 제안한 '지속가능개발목표(SDGs)' 전략을 통해 글로벌 교육개발협력 방안으로 발전했다. 특히 2010년대에 이룬 한국－아프리카교육개발협회(ADEA) 교육협력사업으로서 부르키나파소에서 개최된 '한국의 날' 행사, 한국－이슬람교육기구(OIC) 교육협력사업, 아프리카 세네갈, 케냐, 에티오피아 교육협력사업과 아시아권의 스리랑카, 캄보디아, 몽골, 이라크, 요르단 연수사업 등이 10년 연구 성과를 바탕으로 본격 추진되었다(한국교육개발원, 2022: 223). 이러한 연구사업 실적을 기반으로 한국교육개발원은 2017년부터 개발도상국가에 대한 교육협력방안을 기초교육, 직업기술교육훈련, 고등교육, 교육형평성 지원, 문해교육, 지속가능발전역량지원 등 6개 단계로 구분해 구체적인 협력방안을 마련하였다. 한국교육개발원은 앞으로도 2030년까지 교육개발협력의제를 중심으로 기후환경변화, 좋은 일자리와 경제성장, 불평등감소, 지속가능한 도시와 공동체, 성평등과 보건복지, 빈곤해소 대책 등 글로벌 혁신의제와 연계하는 '그랜드 교육개발협력의제 실천연구' 사업을 본격적으로 구상 · 적용할 계획이다(한국교육개발원, 2022: 223-224).

### (4) 2015 인천교육선언 이후 지속가능개발목표 2030년 실현과 비교국제교육학

교육부는 한국교육개발원을 '2015 세계교육포럼' 전문기관으로 지정하고 세계교육포럼 의제개발 및 행사준비 전반에 대한 지원을 요청하였다. 이에 한국교육개발원은 2015년 5월 열린 2015 세계교육포럼 행사 전반을 지원하였다. 2015 세계교육포럼 지원은 크게 두 개의 축으로 이루어졌다. 하나는 세계교육포럼 의제개발 연구였다. 개발원은 2013년부터 2015년까지 「Post-EFA 세계교육회의 의제개발」 「2015 세계교육회의를 위한 한국의 교육경험 의제발굴 및 확산지원 사업」 「Post-2015 글로벌 교육의제 동향 분석」 등 여러 연구를 플랫폼으로 활용하여 기존의 글로벌교육의제인 모든 이를 위한 교육(EFA)의 추진 경과 및 성과 분석, 국제사회의 새로운 교육의제 논의 과정 추적 및 분석 등을 수행하였다. 또한 국제회의에 참석하는 우리 정부 대표단을 지원하였는데, 특히 한국 정부가 지지하는 주제인 세계시민교육을 의제화하기 위한 정부차원의 노력을 지원하였다(한국교육개발원, 2022: 188).

이러한 사전 연구 활동 이외에도 한국교육개발원은 교육부가 위탁한 2015 세계교육포럼 본행사 특별세션 운영, 세계교육포럼 부대행사 기획총괄 및 한국교육개관 전시관 운영, 교육부의 전체 행사 기획총괄 지원, 세계교육포럼 부대행사로서 국제포럼개최, 국내외 홍보 지원 등을 수행하였다. 특히 '2015 세계교육포럼 특별세션'은 국내외 포럼 참석자들에게 교육과 발전의 조화로운 관계 설정에 대한 진지한 논의의 장을 마련하였다는 평가를 받았다. 이처럼 한국교육개발원은 2015 세계교육포럼의 성공적인 개최에 기여함으로써 명실상부한 교육정책 연구분야의 싱크탱크로서의 역할을 수행하였다(한국교육개발원, 2022: 188-189).

한편, 2015년 9월 UN이 선언한 '지속가능개발목표(SDGs) 2030'은 지속가능한 인류의 발전을 위해 2030년까지 달성해야 할 17개의 목표들을 제시하고 있으며, 국제사회는 효과적인 SDGs 이행전략 수립을 위해 노력하고 있다. 한국교육개발원은 이러한 시대적 요구에 부응하기 위해 2017년부터 6개년에 걸친 중장기과제로서 「지속가능개발목표(SDGs) 달성을 위한 교육개발협력 연구」를 수행하였다. 각 연차별 연구주제는 다음과 같았다(한국교육개발원, 2022: 221).

- 1년차(2017년) SDGs 교육목표(4.1 & 4.2) 기초교육 분야 개발협력 실천 전략
- 2년차(2018년) SDGs 교육목표(4.3 & 4.4) 기술직업교육 · 훈련 실천 전략 도출
- 3년차(2019년) SDGs 교육목표(4.3) 고등교육의 개발협력 실천 전략을 도출
- 4년차(2020년) SDGs 교육목표(4.5) 교육형평성 보장을 위한 개발협력 실천 전략

- 5년차(2021년) SDGs 교육목표(4.6) 청소년·성인의 문해교육 개발협력 실천 전략
- 6년차(2022년) SDGs 교육목표(4.7) 지속가능발전교육과 세계시민교육 협력전략

이 연구는 개발도상국의 SDGs 달성을 지원하기 위한 교육개발협력 전략 수립에 큰 도움을 주었다. 특히 2022년 연구에서는 지속가능개발목표(4.7 세부목표)로서 '지속가능발전교육과 세계시민교육을 통한 교육개발협력' 의제 이외에도 교육 분야 협력목표와 나머지 16개의 SDGs를 연계하여 환경, 경제, 양성평등, 평화, 보건위생, 인권 등의 글로벌 협력의제까지 포괄하는 연구를 추진하였다(한국교육개발원, 2022: 222).

한편, 한국교육개발원이 교육개발협력 분야에서 새로운 연구 영역으로 발전한 분야가 교육통계지원사업이라고 할 수 있다. 이미 2010년대 중반부터 아시아 지역 개발도상국을 대상으로 교육통계지원사업을 실시함으로써 최근에는 베트남, 캄보디아, 인도네시아, 우즈베키스탄, 몽골, 스리랑카 등에 대한 협력사업을 성공적으로 수행하고 있다. 이런 성과는 2021년 5월 26일 통계청과 교육통계 분야 국제개발협력(ODA) 공동 추진을 위한 업무협약을 통해 더욱 촉진되고 있다. 업무협약을 통해 양 기관은 통계분야 연수 및 프로젝트 전문가 지원·자문, 국제개발협력 관련 지식 공동 활용, 인력 교류를 통한 사업 및 연구 활동 추진, 기타 상호 기관 발전 및 우호 증진 등에 협력하기로 했다. 통계청과의 업무협약을 통해 한국교육개발원은 개발도상국들의 교육정책 수립과 모니터링을 위한 통계데이터 수집·분석·활용 역량 강화에 도움을 주는 것은 물론, UN의 지속가능개발목표(SDGs) 달성에도 크게 기여하게 되었다(한국교육개발원, 2022: 217). 그리고 개발도상국가와의 교육통계 및 교육지표 관련 개발협력을 위한 업무협약을 베트남·몽골·스리랑카·캄보디아·우즈베키스탄·인도네시아 등과 체결하였다. UNESCO 아시아 지역사무소, UNICEF 등의 국제기구는 물론이고, 한국국제협력단(KOICA), UNESCO 한국위원회 등의 국내 유관기관과의 네트워크를 구축하고, 협력을 강화하였다(한국교육개발원, 2022: 218).

## 2. 비교교육학에서의 비교: 철학적 탐구

철학이 근본적인 것, 근본적인 조건에 대해 탐구하는 질문이고 그에 대한 답을 찾는

일이라고 할 때, 여기에서는 '비교란 무엇인가?' 그리고 '교육학에서 비교는 왜 필요한가?'에 대한 근본적인 물음을 던지고 그에 대한 답을 찾아보고자 한다. 이러한 질문은 비교의 본질, 학문적 인식의 수단으로서 비교, 교육학에서 비교의 목적, 교육학의 계획과 성찰의 구성요소로서 비교란 주제로 구체화된다.

## 1) 비교의 본질

『표준국어대사전』에 따르면, 비교는 "둘 이상의 사물을 견주어 서로 간의 유사점, 차이점, 일반 법칙 따위를 고찰하는 일"을 의미한다. 이러한 비교의 의미는 서양 고대에서 사용되던 비교의 의미에 비추어 볼 때 성찰적인 사고작용이 추가된 것이라고 할 수 있다. 비교에 해당하는 그리스어 명사 παραβολή(동사 παραβάλλειν)와 라틴어 명사 comparatio(동사 comparāre)는 '나란히 세우다' 또는 "함께 세워놓다"를 의미한다(Ritter, Grunder, & Gabriel, 2001: 675). 힐커(F. Hilker)는 『비교교육학. 역사/이론과 실천으로의 입문(Vergleichende Pädagogik. Eine Einführung in ihre Geschichte/Theorie und Praxis)』(1962)에서 비교의 본질적 속성을 언급하기 위해 비교가 언어적으로 어떻게 사용되어 왔는가에 대해 살펴보고 '정신적 작업(geistige Operation)'으로서의 비교에 대해 고찰하고 있다(pp. 96-106). 먼저 그는 비교의 어원과 독일어에서 그 사용의 역사를 살피면서 15세기 이후부터 비교의 의미가 점차 변화하였음을 밝히고 있다. 15세기 이전에는 비교의 의미가 나란히 세움, 동렬로 세움이었으나 그 후에 비판적인 관찰, 비판적인 평가의 의미가 포함되었다는 것이다. 이전의 비교는 비교대상을 나란히 세움으로써 대상의 동일성을 드러낸다는 의미가 더 강했다면, 오늘날의 비교는 비교대상의 동일성과 함께 차이를 드러낸다는 의미가 더 강하게 발전되었다는 것이다. 그는 어원과 언어 사용의 역사적 고찰을 통해 비교의 이중적 의미를 다음과 같이 정의하였다.

> 비교는 사람들, 사물들, 사건들의 외적인 나타남과 관계되어 있다. 그리고 비교는 동일함, 유사함, 다양함까지 관계의 모든 가능성을 포함한다(Hilker, 1962: 98).

그리고 힐커(Hilker)는 비교하는 행위를 '정신적 작업'이라는 관점에서 다룬다. 정신적인 작업으로서의 비교하기는 서술적(deskriptiv)인 측면과 기능적(funktional)인 측면을 갖는데, 서술적 측면에서 비교하기는 "직관하는 활동, 분석하는 활동, 정리하는 활동의 결합"(Hilker, 1962: 99)으로 이해된다. 직관하는 활동과 분석하는 활동은 상황에 따라 어느 하나가 더 큰 비중을 가질 수 있다.

힐커에 따르면, 다른 동물들로부터 말을 식별해 내려는 농부는 동물들을 비교할 때 무엇보다도 직관에 의존하게 된다. 그러나 필요한 물건을 구매하려는 주부는 앞에 놓여 있는 물건을 서로 비교할 때 농부처럼 물건의 외관에서 시작하기는 하지만 구매 목적에 맞는지를 숙고하고 그에 따라 결정한다. 농부와 주부가 말과 물건을 구매하는 경우에 또한 가격이 중요한 역할을 할 것이기 때문에 비교는 감각적으로 지각될 수 있는 대상 뿐만 아니라 그 외의 것으로 확대된다. 그러므로 비교하는 행위에는 비교하는 당사자의 다양한 입장들이 반영될 수 있고, 그런 이유로 이런 경우에는 직관보다는 '사고하는 분석'이 더 중요하게 작용하게 된다(Hilker, 1962: 99). 특히 중요한 것은 정리하는 활동인데, 이것은 어떤 기준에 따라 두 개의 대상 혹은 그 이상의 대상이 갖는 특징들을 판단하는 활동이다. 즉, 이 기준이 농부에게는 '말'이고 주부에게는 경험에서 만들어진 물건과 합목적성에 관한 표상이다. 이것은 비교하기에는 개인적으로 유효하든 혹은 일반적으로 유효하든 둘 혹은 그 이상의 대상을 비교가능토록 하는 상위의 가치 기준이 작용하고 있음을 의미한다.

기능적 측면에서 비교하기는 '관계에서 사고하기(Beziehungsdenken)'이다(Hilker, 1962: 100). 이때 비교하기는 비교의 결과에 따라 비교대상 간의 동일함(일치), 유사함(유사), 다양함(불일치)의 관계를 생산해 내는 것으로 이해된다. 물론, 비교를 통한 유사함이나 다양함의 결과가 새로운 지식 생성으로 이어지기 위해서는 앞에서 언급한 대상간의 비교를 가능하도록 하는 상위의 가치와 관계하여야 한다. 힐커는 이러한 논의를 바탕으로 비교하기를 다음과 같이 정의하고, 그 정의에 내포되어 있는 비교의 속성들(접근의 현상성, 대상의 복수성, 교육적 상황의 전체성, 현상들의 비교가능성)을 비교의 본질로 언급한다.

> 비교하기는 다양하게 현상적으로 주어져 있는 현실들 사이의 동일한 점들, 유사한 점들, 다른 점들을 찾아내고 상위의 관점에 따라 그들을 평가하는 것을 의미한다(Hilker, 1962: 101).

접근의 현상성은 모든 비교가 구체적인 현상으로부터 출발해야만 한다는 것을 말한다. 즉, 대상들의 공통점과 유사점, 차이점을 인식하는 방법으로서의 비교는 비교의 대상이 현실적인 것이어야 한다는 것이다. 이와 관련하여 힐커는 비교교육연구의 선구자로 알려진 줄리앙(Jullien)도 1817년 자신의 출판물에서 사실들과 관찰한 것들을 수집하고 그것들을 비교하면서 그로부터 확실한 원칙들과 규칙들을 도출할 것을 요구하였다고 강조한다. 힐커에 따르면, 현상성은 비교하는 방법의 본질적인 특징인데, 이를 수업 지도안 작성의 문제를 예로 든다. 가령, 일반교육학은 수업 지도안 작성의 문제를 해결하기 위해 추상적이고 반성적인 사고를 하지만, 비교하는 방법은 개개의 구체적인 수업 지도안 작성 사례들을 기술하고 그 안에 내재되어 있는 원리들을 인식하기 위해 그로부터 특징들을 찾아내고 서로 대조하고 하나의 더 높은 관점에 따라 숙고한다는 것이다. 대상의 복수성은 비교를 위해서는 최소한 2개의 대상이 있어야 한다는 것을 말한다. 대상들을 관계에서 인식하기 위해서는, 즉 대상들이 동일한지(공통점), 유사한지(유사점), 다른지(차이점)를 인식하기 위해서는 최소한 2개의 대상이 필요하다.

교육적 상황의 전체성은, 예를 들어 비교의 대상인 교육 시스템이나 교육시설은 단지 행정적인 규정이나 대책의 결과물이 아니라, 그것에는 정신적 가치의 전통, 역사적이고 정치적인 노력, 사회적인 발전, 경제적인 필요성 등 많은 것들이 함께 작용하고 있다는 것이다. 그러므로 비교하는 방법은 가능한 한 특정한 교육문제를 대상으로 할 때, 그 문제에 함께 작용하는 것들과의 복잡한 관계에서 그 문제를 파악하여야 한다는 것이다. 현상들의 비교가능성은 교육적인 삶에 동반되는 다양한 현상이 모두 비교될 수는 없다는 것이다. 이것은 현상들이 더 높은 관점(원칙)에 의해 다른 점들, 유사한 점들, 동일한 점들을 보여 줄 수 있어야 한다는 것이다.

힐커는 이러한 비교의 속성이 비교의 본질을 구성하는 것이므로 앞에서 제시했던 비교의 정의가 다음과 같이 단순화될 수 있다고 한다.

> 비교는 실제적인 대상들을 관찰하는 것에서 시작해서 분석과 가치구별의 과정
> 을 거쳐 유효한 인식에 도달하는 정신적인 과정이다(Hilker, 1962: 106).

지금까지 힐커를 중심으로 살펴본 비교의 본질로부터 비교의 일반적인 구조를 다음과 같이 정리할 수 있다. 첫째, 비교는 비교하려는 인식의 주체와 비교의 대상인 객체

를 전제하고 있다. 둘째, 비교를 위해서는 최소한 두 개 이상의 대상이 있어야 한다. 셋째, 비교는 두 개 이상의 대상을 관계에서 파악하는 것이다. 관계에서 파악한다는 것은 비교대상을 공통점과 차이점 그리고 유사점의 관계에서 확인한다는 것을 말한다. 이와 같은 맥락에서 후설(E. Husserl)은 "비교하는 것은 관찰된 내용들이 동일하거나 혹은 다양한, 즉 동일하지 않은 결과를 제공할 수 있다."(Husserl, 1970: 55)라고 언급하였다. 넷째, 비교는 항상 어떤 것을 고려하려 행해진다. 즉, 공통점과 차이점은 특별한 관점에서 인식된 것이다. 그러므로 비교는 의도된 것이다. 다섯째, 비교의 대상은 비교의 목적에 맞게 비교가능한 것이어야 한다. 이것은 비교대상이 "유사한 구조, 공유하는 기능 또는 동일한 방향으로 설정된 의미를 갖고 있어야 한다(Seidenfaden, 1966: 13)."는 것을 말한다.

## 2) 학문적 인식의 요소로서 비교

비교는 인식에 동반되는 근본적인 요소라고 할 수 있다. 우리는 한눈에 알아차리기 어려운 대상이나 상황을 판단하기 위해서 비교를 하게 되는데, 이것은 두 개 이상의 대상 혹은 상황 간 차이점과 유사점, 공통점을 찾아내고자 하는 것이다. 이때 비교의 대상 혹은 상황은 현재 마주하고 있는 두 개 이상의 것일 수도 있고, 현재의 것과 과거의 경험에서 끄집어낸 것일 수도 있다. 이렇게 우리가 무엇을 알기 위한 사고의 과정에는 언제나 비교가 동반된다. 이러한 이해에서 딜타이(Dilthey)는 비교를 "사고의 수단(Denkmittel)"(1964: 303)이라고 언급하였다. 그러므로 우리가 어떤 대상을 인식한다는 것은 그 대상을 비교하여 구분하고 공통점, 유사점을 확정하는 것이라고 할 수 있다. 그렇다면 '일상적 비교와 학문적 비교는 다른 것인가?' 이 물음은 '일상적 지식과 학문적 지식은 어떻게 다른가?' 하는 물음과 닿아 있다.

베니거(E. Weniger)는 교육의 이론과 실천의 관계에서 이론을 3개의 등급으로 구분하였다. 처음 두 등급의 이론은 실천에 내재하는 이론으로 이해된다. 첫 번째 등급의 이론은 주관적인 이론으로 실천가가 교육행위를 실행하기 위해 이미 가지고 있는(내재화된) 그의 입장을 의미한다. 이 이론은 어떤 세계관의 선험적 인식, 윤리−교육적인 선험적 인식으로 실천가는 이 인식에 근거해서 행위한다(Weniger, 1975: 38이하). 이 등급의 이론은 의식적으로 명확하게 드러나지 않기 때문에 베니거는 실천에 "감추어져 있는 합리성(einhuellter Rationalitaet)"(Weniger, 1975: 40)이라고 정의한다.

두 번째 등급의 이론은 전승되거나 직접 행한 실천적 경험들, 경험에 따른 원칙들, 생활 규칙들 등으로부터 얻어진 것을 의미한다. 이 이론은 성공적인 실천가의 이론이나 수업론이라고 볼 수 있다. 이 이론은 항상 의식하거나 소환되지 않더라도 조금만 노력하면 의식하게 되거나 언어적으로 기록될 수 있다(Weniger, 1975: 39). 세 번째 등급의 이론은 학문적인 이론을 의미한다. 즉, 실천가의 이론이 아닌 이론가의 이론이라고 할 수 있다. 이 이론은 실천에서 나오는 것으로 실천에 내재해 있는 이론과 실천의 관계를 해명하는 과제를 갖는다. 이 이론은 실천을 개선하려고 시도할 때만 의미 있고 정당성을 갖는다(Weniger, 1975: 42). 그러므로 학문적인 이론은 실천에 내재해 있는 이론을 적합한 방법을 통해 밝혀내고 실천에서 그 이론을 의식할 수 있도록 영향을 미쳐야 한다. 즉, 학문적 이론은 실천에서 출발해서 실천에 도움을 주는 것이어야 한다.

이론을 지식의 체계라고 한다면, 앞에서 언급한 3개의 이론 등급에 상응하는 3개의 지식형태가 가능해진다. 즉, 검증되지 않은 주관적 지식, 경험들을 특정한 관점에 따라 반성적으로 숙고하면서 정리한 지식, 그리고 적합한 방법을 매개로 해서 얻어진 지식이다. 이러한 지식형태 구분으로부터 전 학문적 지식과 학문적 지식의 구분은 지식을 구하는 방법의 사용 유무에 달려 있다는 것을 알 수 있다. 이와 같은 전 학문적 지식과 학문적 지식의 구분은 몬테소리(M. Montessori)의 교육활동과 교육이론의 관계에서도 확인할 수 있을 것이다. 몬테소리는 아이가 자발적으로 스스로 과제를 수행하는 과정에서 배우는 것(인식하는 것)을 중시하고, 그것을 그녀가 실험하는 교육활동에서 하나의 기본 원리로 삼는다. 그리고 그러한 실험적 교육활동을 관찰하면서 그로부터 과학적 교육원리를 발견하고자 한다. 즉, 관찰이라는 방법이 동원되기 이전은 전 이론적 차원의 교육활동이고, 관찰의 방법을 통해 발견한 교육원리가 학문적 차원의 이론인 것이다. 이러한 관점에서 학문적 인식은 주관적인 인식이 아니라 적합한 연구방법을 매개로 한 인식이라고 할 수 있다.

연구방법은 해석학, 현상학, 경험 과학적 방법 등 다양할 수 있다. 여기에서 또 제기될 수 있는 물음은 '비교연구에서 어떤 연구방법이 가장 좋은 것이고 나쁜 것인가?' 하는 것이다. 이 물음에 대한 답은 1962년 실증주의 논쟁에서 볼 수 있는 것처럼 연구자의 학문 이론적 배경에 따라 선호하는 연구방법이 있으므로 단정하기 어렵다. 그리고 그러한 물음이 오늘날에도 여전히 유효한지는 의문이다. 왜냐하면 연구과제와 연구대상의 다양한 특성에 따라 적합한 연구방법을 융통성 있게 적용하는 것이 더 요청되기 때문이다. 이러한 이해에서 뢰어스(H. Röhrs)는 연구 영역의 특성에 맞게 가능한 모든 방법이 연구 전략적으로 유연하게 투입되는 것을 허락하는 "방법다원주의(Methodenpluralismus)"(Röhrs, 1995: 26)를 제안하였다. 연구대상의 다양성과 복잡성에 비추어 통일적인 방법을 적용하는 것은 연구대상을 그의 특성에 맞게 파악하는 데 제한적이기 때문에 유연한 방법 적용이 필요하다는 입장에서 방법다원주의는 동의될 수 있다. 그를 위해 방법다원주의는 연구자의 다양한 방법에 대한 전문적인 지식과 비판적 의식 그리고 방법을 현장에 적용하고 해명할 줄 아는 능력을 전제조건으로 한다(Röhrs, 1993a: 51-52).

학문적 인식의 수단으로서 비교는 연구방법을 통해 이루어지는 비교라는 점에서 일상적인 비교와 구분된다. 그렇다고 해서 비교 그 자체는 연구방법이 아니다. 앞에서 살펴본 것처럼, 비교는 대상 간의 공통점과 차이점을 드러내는 정신적인 작업이다. 학문적인 차원의 비교는 연구방법을 매개로 이루어지는 정신적인 작업이다. 자이덴파덴(F. Seidenfaden)은 『교육학에서의 비교(Der Vergleich in der pädagogik)』(1966)에서 비교는 교육학, 특히 비교교육학의 전유물이 아니라 모든 학문에 동반되는 어떤 논리적 구조를 갖는 사고의 과정 혹은 행위임을 밝히고 있다. 그는 비교교육학의 모든 연구방법(해석학, 현상학, 경험적 연구방법 등)에서 비교의 중요성을 보여 주면서 교육학에서 비교의 예를 들고 있다. 교육사에서 원전 텍스트들의 비교, 교육적 사실 연구에서 학업성취 비교, 방법 비교, 요인 간 상관관계, 통계적으로 처리된 숫자의 비교, 체계적인 교육학에서 사고형식 내지는 사고모형의 비교 등이 그것이다(Seidenfaden, 1966: 25이하). 이러한 예들로부터 그는 비교의 논리적 구조를 다음과 같이 도출해 낸다.

① 비교에서는 차이(또는 일치)를 드러내고, 경우에 따라 그것을 해석하고 설명하려는 의도에서 둘 또는 그 이상의 대상들이 서로 대조된다.

② 비교는 항상 무엇을 고려하여 일어난다. 즉, 비교는 목표가 있다.

③ 비교는 비교될 수 있는 대상들이 비교 목표에 비추어 비교가능하다는 것을 전제로 한다. 즉, 대상들이 어떤 유사한 구조, 공동의 기능 또는 동일한 방향으로 설정된 '의미'를 갖고 있다는 것을 전제로 한다(Seidenfaden, 1966: 13).

비교의 논리적 구조는 비교가 비교학문의 특별한 학문적 방법이 아니라, "모든 학문적인 인식에 내재하고 있는 요소"(Kern, 1973: 36)라는 것을 분명하게 보여 준다. 이것은 교육학 혹은 비교교육학에서 어떠한 연구방법에 동원되더라도 정신적인 작업인 비교는 동반될 수밖에 없다는 것을 의미한다. 이러한 관점에서 비교연구에서 비교의 단계는 연구방법이 아니라 정신적인 작업의 과정으로 이해되어야 한다. 앞에서 언급된 비교의 논리적 구조가 학문적 인식에 내재되어 있다고 할 때, 이 구조는 학문적인 차원에서의 비교와 일상에서의 비교를 구분하는 중요한 기준이 될 수 있다. 특히, ③은 학문적 비교를 위한 시작점으로 ①과 ②에 선행되어야 한다. 왜냐하면 우리는 비교의 관점에서 비교를 시작하기 이전에 대상이 비교가능한 것인지를 먼저 물어야 하기 때문이다. 학문적인 비교가 전 학문적인 비교(일상에서의 비교)와 구분되는 지점은 비교하려고 하는 대상이 비교될 수 있는가(비교가능성) 하는 물음을 상대적으로 더 깊게 제기하는 데 있다. 일상적인 비교에서 우리는 비교의 가능성을 깊게 생각하지 않고 대상들을 쉽게 비교하는 경우가 있는데, 이때 누군가에 의해 비교대상이 성질에서 근본적으로 서로 다르기 때문에 비교될 수 없다는 의견이 제기되기도 한다.

③은 비교대상 간에 어떤 공유(공통)의 것이 없으면 비교하는 것이 의미가 없다는 것을 말한다. 그러므로 비교가능성은 대상 간에 어떤 공유(공통)의 것이 있어야 한다. 예를 들어, 화분은 화분의 성질을 갖고 있는 것끼리 비교를 해야지 다른 범주의 것과 비교하는 것은 의미가 없다는 것이다. 미국의 초등학교, 유럽의 학교, 한국의 중학교를 비교하는 것은 무의미하다. 각 학교의 성질이 다르기 때문이다. 우리가 화분을 비교하는 것은 어떤 것이 좋은 화분인지 혹은 쓸모있는 화분인지를 비교하려는 의도에서인데, 성질이 다른 대상과 화분을 비교한다면 비교의 의미를 찾을 수 없게 된다. 대상들이 비교가능한 것이라고 해도 나란히 세워 놓았다고 해서 비교가 되는 것은 아니다. 그 대상의 특정한 무엇이 비교되는 것이다. 화분 두 개가 나란히 있을 때, 높이를 비교하던지, 둘레를 비교하던지 비교하고자 하는 무엇이 있어야 비교가 가능하다. 이때 높이, 둘레는 제3의 비교점(Tertium Comparationis)이 된다. 그러므로 연구자는 대상의 무엇을 비교할 것인지 비교점을 정해야 한다. 비교점은 체계적인 비교를 위한 조건이다. 비교점은 화분의 높이, 둘레와 같이 직접적인 비교가 가능한 것도 있지만, 무엇이 좋은 화분인가와 같은 간접적인 것도 가능하다. 비교점은 비교대상으로부터 얻어지는 것이 아니라 연구자의 의도와 관련되기 때문에 제3의 것이 된다. 비교점은 두 대상의 다양한 비교점들

중에서 특정한 점에서 관계시키는 것이므로 영국의 교육제도와 미국의 교육제도보다는 학생평가, 교사양성, 다문화 교육 등과 같은 구체적인 것이어야 한다. 이때 구체적인 비교점은 그와 관련된 더 큰 것(정책적, 경제적, 사회적, 문화적, 역사적 맥락 등)과 관계에서 파악되어야 한다. 비교교육연구에서는 학생 수, 평균점수 등과 같은 직접적인 비교는 큰 의미가 없다. 오히려 직접적인 비교가 교육적인 의미 해석과 결합될 때 의미를 가질 수 있다.

대상의 비교가능성은 연구자가 비교하고자 하는 '무엇'과 밀접하게 연결되어 있다. 즉, 그 '무엇'에서 비교가능해야 한다. 다시 말하면, 비교는 그 '무엇'과 관계된 비교대상의 공통점과 차이점을 찾는 정신적 작업인 것이다. 그 '무엇'은 외적으로 드러나는 직접적인 것만으로는 충분하지 않다. 교육학의 비교에서 '무엇'의 첫 번째 조건은 "교육적으로 의미"(Seidenfaden, 1966: 92)가 있는 것이어야 한다. 이와 관련해서 다양한 나라의 학교 건축 사진 전시를 관람하는 다양한 직업의 사람들을 상상해 볼 수 있다. 건축가는 건축가의 관점에서, 예술가는 예술가의 관점에서 사진들을 비교한다면, 교육자는 교육의 관점에서 사진들을 비교할 것이다. 이러한 내용을 종합해 보면, 학문적인 비교의 특징은 "비교가능성을 문제삼고, 동시에 의미 있는 척도에 대해 성찰하는 것"(Sedenfaden, 1966: 18)이다. 이와 같은 맥락에서 뢰어스는 "학문적인 비교는 제3의 비교점을 정의해야만 한다."(Röhrs, 1992: 177)라고 강조한다.

## 3) 비교교육학에서 비교의 목적

비교교육학에서 비교의 목적은 비교교육학의 시점으로 알려진 줄리앙의 『비교교육연구를 위한 예비적 고찰』(1817)에서 실천적인 차원과 이론적인 차원으로 확인할 수 있다. 실천적인 차원에서 줄리앙은 비교연구의 목적을 "교육을 개혁하고 개선"하는 데 있고, 그를 통해 최종적으로는 "인간의 행복" 실현에 있다고 강조한다(Jullien, übersetzt von Espe, 1954: 14-22). 이러한 목적은 그 당시의 사회 상황과 교육에 대한 그의 진단에서 기인한다. 그는 모든 유럽 나라를 잔혹하게 황폐화시킨 것이 무엇인지를 묻고 다음과 같이 진단한다.

모든 인간적인 의무에 대한 무지, 경시 또는 억압을 통해서, 모든 종교적 · 관습

적 · 사회적 결속의 느슨함과 해체를 통하여, 정신적이고 심적인 측면에서 인간의
상실과 같은 무절제한 타락을 통하여. 이러한 타락은 교육을 통해서 뿌리를 뽑아
야만 한다. 그 교육은 인간적인 본성에 더 적합하고 동시에 개인이 자신의 활동영
역에서 알려고 하는 것과 행해야만 하는 것에 관한 느낌과 지식을 전달할 수 있어
야 한다(Jullien, übersetzt von Espe, 1954: 12).

줄리앙은 자신의 저서 여러 곳에서 인간이 타락하였음을 안타까워하면서 교육개혁
을 통해 인간성을 실현해야 한다고 강조하고 있다. 그는 새로운 교육과 관련하여 페스
탈로치(J. H. Pestalozzi)와 펠렌스베르크(P. E. von Fellenberg)의 교육시설을 언급하고
있는데, 이것은 그가 신체적 · 도덕적 · 정신적으로 조화를 이룬 인간을 교육받은 인간
으로 그리고 있기 때문으로 보인다. 그가 추구하는 인간상에 비추어 그가 바라보는 그
당시의 교육은 다음과 같다.

이성적인 사람으로서 유럽의 다양한 나라들에서 정신적인 상태를 관찰한 자라
면, 오늘날 가정과 공립학교에서 제공되는 교육이 대부분 충분하지 못하고 완전하
지 못하다는 비통함을 가져야만 한다. 교육의 다양한 단계를 관통해야만 하는 일
관성과 같은 내적 연관성이 부족하다. 학생들이 통합적인 정신에서 그리고 하나의
통합적인 목적에 따라 지도되어야 하는 육체적 · 도덕적 · 정신적 교육영역들 사
이의 상호 연관이 없다. 그리고 마지막으로 교육은 아동과 청소년들의 실제적인
욕구들에 상응하지도 않고 국가와 정부의 필요(요구)와 같은 사회 내에서의 목적
도 고려하지 않고 있다(Jullien, übersetzt von Espe, 1954: 11).

비교교육학에서 대부분의 비교는 교육에 대한 시야 확장을 통해 교육을 개혁하려는
동기에서 이루어진다. 비교교육학의 발달 과정에서 19세기에 활발했던 외국 여행도 다
른 나라의 성공적인 교육사례를 차용하여 자국의 학교제도와 교육행정기관 운영에서
부족한 점을 극복하기 위한 것이었다. 비교를 통해 교육개혁을 의도할 때 개혁의 방향
은 이상적으로 생각하는 교육관에 따라 달라질 수 있겠지만 '교육적인 것'으로 변화시
키고자 한다는 방향에는 이의가 없을 것이다. 줄리앙이 고려하고 있는 교육적인 것은
아마도 인간의 본성에 적합하고 인간의 다양한 잠재력을 조화롭게 계발시키는 것과 관

련된 것으로 읽힌다. 그리고 그가 "좋은 것과 유용한 것의 상호 차용", 스위스의 "칸톤들이 서로 닮아 간다.", 그리고 "이러한 사고가 대유럽 국민 가족으로 옮겨갈 수 있다." (Jullien, übersetzt von Espe, 1954: 20)라고 표현한 것으로 보아 유럽 여러 나라의 교육이 비교연구를 통해 인간성을 실현하는 방향으로 점차 닮아 가게 되는 것을 상상하고 있는 것으로 보인다.

교육을 인간의 행복 실현이라는 방향으로 향하게 하려는 줄리앙의 이상은 오늘날 그의 생각과는 다른 방향으로 실현되고 있는지도 모른다. 국제화, 세계화 시대에 한 나라의 교육정책은 세계의 흐름을 반영하지 않을 수 없다. IBA, OECD, UNESCO 등의 국제기구는 세계의 교육정책을 주도하고 있고, 각국은 그것을 자국의 교육정책에 반영하고 있다. 또한 TIMMS, PISA와 같은 국제비교연구는 학업성취의 측면에서 세계교육 시스템을 표준화해 가고 있다. 이러한 현실에 직면해서 경계해야 하는 것은 다른 나라의 성공적인 사례를 무조건 모델로 도입하려는 태도이다. 자국의 교육현실은 역사적 · 문화적 · 사회적 맥락에서 형성된 것이므로 외국의 사례들은 그러한 점을 고려하여 검토되고 실현가능한 것으로 변형을 시도하는 과정을 거쳐야 할 것이다. 오늘날과 같이 인간성 상실이 문제가 되고 생태파괴가 인간의 삶을 위협하는 상황에서 교육개혁의 방향이 학업성취와 경쟁에 필요한 능력 습득으로 축소되어서는 안 된다. 오히려 비교연구를 통해 비인간적인 교육을 보다 인간적인 교육으로 개혁하고자 했던 줄리앙의 계획을 되새길 필요가 있다.

이론적 차원에서 비교교육학의 비교연구 목적은 학문으로서 교육학의 발달에 있다. 줄리앙은 교육에 관한 학문은 "사실과 관찰들을 수집하고, 그로부터 확실한 원칙과 특정한 규칙들을 끌어내기 위하여 그것들을 분석하여 표로 정리하고, 척도를 가지고 그들을 병렬시키고, 비교하는 것이 필요하다. 그럴 때만 교육에 관한 학문은 어느 정도 실증적인 학문이 될 수 있다."(Jullien, übersetzt von Espe, 1954: 16)라고 강조한다. 계속해서 그는 "비교교육연구는 교육에 관한 학문의 완성을 위해 새로운 재료를 제공해야 한다." (Jullien, übersetzt von Espe, 1954: 17)라고 언급한다. 이러한 강조와 언급은 교육학의 학문적 성격에 관한 논의를 배제하더라도 비교교육연구를 통해 원칙과 규칙을 발견할 수 있고, 그것을 통해 교육학이 완성되어 갈 수 있다는 의미로 해석된다. 이와 관련하여 뢰어스는 "비교교육학은 다른 학문들처럼 우선적으로 진리탐색과 진리발견의 의무가 있다. 결코, 개혁 동기를 발견하는 데에 의무가 있지 않다."(Röhrs, 1992: 179)라고 강조한다. 여기에서 진리탐색, 진리발견은 비교라는 정신적인 작업에서 차이점보다는 공통점을 탐색하고 찾아내는 일이라고 할 수 있다. 비교연구는 교육현상들을 그의 고유성에 드러내는 작업이기도 하지만, 그 현상들에 내재되어 있는 공통점을 드러내는 작업이기도 하다. 달리 말하면, 비교교육학에서 비교연구는 진리탐색, 진리발견이라는 측면에서 교육현상들에 공통으로 내재되어 있는 '교육적인 것'이 무엇인지를 밝히는 과제를 수행해야 한다는 것이다. 이러한 과제 수행에서 비교교육학은 자신의 학문적 발달은 물론 일반교육학의 학문적 발달에 기여할 것이다.

# 비교교육의 영역 및 방법

## 1. 비교교육의 독자성과 연구 영역

### 1) 비교교육의 독자성

어떤 학문이 성립되기 위한 조건으로 해당 학문 영역 특유의 연구주제와 연구방법이 언급된다고 할 때, 비교교육학의 연구주제는 모든 학문 분야를 포함(Khoi, 1986)하는 동시에 연구방법으로는 교육학에서 다루는 높은 수준의 인식론적 방법을 모두 포괄하고 있다(Olivera, 1988). 이러한 비교교육학의 연구주제와 연구방법으로 인해 비교교육학의 주제가 포괄적이고 그 접근방법 역시 다양할 수 있다는 점은 비교교육학 연구물의 특성이 그 연구의 목적과 연구자, 비교 시점 등의 기준에 따라 달라질 수 있음을 의미한다.

세계의 교육현상과 발전 전략을 종합적으로 비교분석하는 비교교육은 각 나라의 우수한 교육문화를 전 세계로 전파하여 교육을 통한 전 인류의 행복과 번영의 토대를 마련해 왔다는 점에서 중요한 가치와 역할을 가지고 있다(이병진, 1996). 특히 비교교육학이 독자적인 학문 영역으로 등장한 이래, 비교교육학은 탐구하는 주제와 연구방법, 연구의 관심 분야에 이르기까지 폭넓은 범위를 다루는 학문으로, 접근방법과 연구방법은 비교교육 분야에서 주요한 관심사가 되어 왔다(Bray, Adamson, & Mason, 2014).

교육학의 다른 분야나 영역과는 달리 비교교육학은 매우 폭넓은 학문과 방법론적 접근법을 포용하고 있으며, 수많은 실제적인 주제들을 다루고 있기 때문에, 비교교육학 분야에 대한 역사 및 학문적 성격을 규명하는 것은 쉬운 일이 아니다. 특히 비교교육학이 단순히 비교될 수 있는 주제는 모두 비교교육이라는 인식에서 벗어나 비교교육학의 정체성을 찾는 하나의 과정이며, 과도기로 본다면 더더욱 비교교육학의 명확한 목적과 학문적 영역을 설정하는 문제는 중요한 핵심이라고 할 수 있다.

비교교육연구의 주요한 흐름은 국내외 교육, 정치, 경제, 사회, 문화 및 과학기술체제와의 상호 관계 등과 같은 거시적 접근에서 최근에는 외국의 교수방법이나 교육과정, 교원교육, 학업 성취 등의 미시적이고 다양한 주제들로 연구의 관심(영역)이 점점 확장되고 있다는 것이다. 심지어 비교교육학은 전 세계를 연구의 대상으로 삼고 있으며, 다양한 교육 관련 영역을 비교하는 것이라면 어떠한 주제라도 수용되는 것으로 받아들이기도 한다.

그러나 이로 인해 비교교육의 정의와 정체성 관련 문제가 유발되기도 한다. 즉, 목적과 연구 범위의 비교 측면에서 무제한적 주제 설정은 비교교육 자체의 정체성 문제뿐만 아니라 또한 방법론의 문제를 낳기도 한다. 바로 이것이 비교교육의 학문적 논의나 독자적인 고유한 방법론 개발을 어렵게 하는 측면도 있다. 더욱이 비교교육학은 여러 면에서 다른 관련 학문과 주제 설정에 있어 깊은 관련을 가지고 있기 때문에 독자적인 학문적 위치를 정립하는 데 있어서 어려움을 겪고 있다.

이와 같은 비교교육 그 자체의 지적 타당성에 대한 지속적인 논쟁에도 불구하고, 하나의 구별된 학문 분야로서 존재하고 그 자체를 제도적으로 영속시킨다는 것을 맨존(Manzon, 2015: 3-4)은 강력히 주장하고 있다. 왜냐하면 비교교육은 인지적 기준을 기반으로 하는 내적 논리에서뿐만 아니라, 푸코(Foucault, 1972)가 지적하는 상호 연계하는 사회적 담론들의 결과와 부르디외(Bourdieu, 1969)가 지적하는 사회적 구조와 인간의 행위 주체, 둘 모두에서 발견되는 영향력 관계의 상호작용으로써 이루어진 지식의 본체이기 때문이다. 따라서 그것의 제도적 기반과 지적인 정의 구성에 있어서, 담론들과 사회적 구조와 인간 행위주체에 깊이 새겨진 영향력 관계들이 인지적 원칙들과 결합되어 나타나게 된다.

우리나라의 경우, 비교교육학은 현재 한국연구재단의 학문 분류 체계에 있어서도 일반 교육 중 하나의 독자적인 영역으로 설정될 만큼, 이미 학문 계열에서는 고유한 영역으로 인식되고 있다.[1] 그러나 한국에서의 비교교육연구의 학문적 성과와 발전 과제에 대한 활발한 논의가 있었으나, 한국에서의 비교교육학의 이론과 모형의 정립·개발과 과제 도출을 위한 심도 있는 논의의 장은 다소 부족한 면이 있다. 교육학의 다른 분야나 영역과는 달리 비교교육학은 매우 폭넓은 학문과 방법론적 접근법을 포용하고 있으며, 수많은 실제적인 주제들을 다루고 있기 때문에, 비교교육학 분야에 대한 역사 및 학문적 성격을 규명하는 것은 지속적인 연구와 개발을 요하는 작업이다. 특히 비교교육학이 단순히 비교될 수 있는 주제는 모두 비교교육이라는 인식에서 벗어나 비교교육학의 정체성을 모색하는 하나의 과정이며 과도기로 본다면, 더더욱 비교교육학의 학문적 성과와 과제에 대한 탐구는 지속적인 학문의 정체성 확립에 중요한 핵심이라고 할 수 있다.

## 2) 비교교육의 연구 영역

비교교육학은 교육학적인 계획과 반성의 구성적인 요소로서 그의 고유한 학문적 특성을 획득한다. 여기에서는 교육학의 학문적 체계 속에서 비교교육학의 위치를 제시하고 있는 뢰어스의 견해를 살펴보기로 한다. 뢰어스는 정신과학적 교육학을 대표하는 놀(Nohl)의 제자인 플리트너(Flitner)의 제자이다. 뢰어스에게 있어서 다양하게 세분화되고 전문화된 교육학들은 교육현실의 모든 중요한 영역들에서 나타나는 교육적 문제들을 파악하려는 공동의 관심을 갖고 있는 교육학의 부분들이다. 전문화된 형태의 교육학들의 공동적인 목적은 모든 삶의 상황에서 그리고 삶의 상황을 위하여 인간에게 적합한 교육을 추구하는 것이다. 정신과학적 교육학자들이 교육학을 교육현실의 이론으로서 인간적인 삶의 실제로 방향을 맞추어 '교육현실'을 다른 학문들에 의하여 중심적으로 파악될 수 없는 교육학의 고유한 연구 영역으로 규정하는 것처럼, 뢰어스에게 있어서도 교육학 연구는 전체 현실에서 교육현실의 형성을 가능하게 하는 실천적인 교육에 제한된다. 그에게 있어서 교육현실은 "인간 간의 행위를 매개로 하여 자율적인 형태에서 그리고 기관화된 형태에서 증명될 수 있는 교육적인 영향들의 모둠이다. 교육현실은 모든

---

[1] 교육철학/사상, 비교교육, 교육사학, 교육법학, 교육과정, 교수이론/교육방법/교수법, 교육공학, 교육평가, 교육심리, 교육행정/경영, 교육사회학, 교육인류학, 교육상담, 교육재정/경제

삶의 상황에서 인간을 형성하는 의식적이고 무의식적인 교육적 상호작용들의 다양한 드러남을 구체화한다."(Röhrs, 1996a: 235)

뢰어스에게서 특징적인 것은 교육현실이 그의 복잡성에 근거하여 모든 삶의 영역들에서 구별되는 현상의 형태들로 나타나고 교육학은 그에 상응하여 전문화를 필요로 한다는 것이다. 교육현실의 복잡성으로부터 교육학이 학교교육학, 사회교육학, 치료(특수)교육학, 경제교육학, 평화교육학, 스포츠 교육학 등과 같은 전문화된 연구방향으로

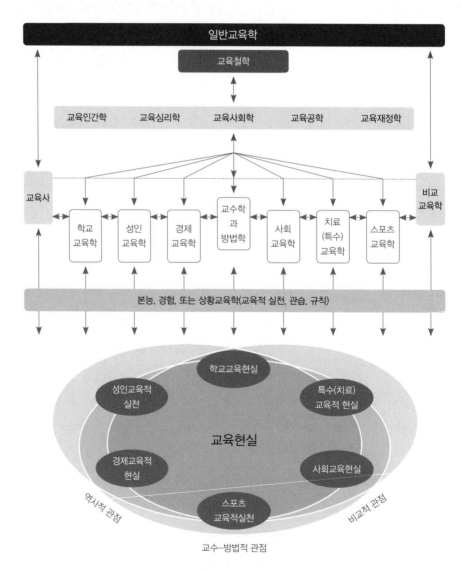

[그림 3-1] 교육학과 그의 연구 영역

출처: Röhrs (1993b: 74).

세분화되어야 할 필요성이 결과적으로 나온다. 이러한 세분화 과정은 복잡한 교육현실에 직면해서 계속해서 열려 있다. 그래서 앞으로도 계속해서 기준들만 충족시킨다면 새로운 교육학들이 생겨날 수 있다. 이러한 기준은 "경계지을 수 있는 연구의 장, 그로부터 이끌어져 정의될 수 있는 과제의 범위, 상대적으로 독자적인 연구방법"(Röhrs, 1993b: 11)이다. 전문화된 교육학들은 연구대상의 특수성에 따라서 교육적으로 중요한 주변 학문의 결과들을 교육학적인 반성으로 가져와야 하기 때문에 교육학은 대상 영역에 따라 전문화된 교육학들 외에 교육인간학, 교육심리학, 교육사회학, 교육공학 등을 구체화한다. 지금까지 살펴본 것처럼, 교육현실을 연구대상으로 하여 교육현실을 해명하고 개선하려는 과제를 가진 학문으로서의 교육학 이해로부터 다음과 같은 교육학의 체계가 성립한다([그림 3-1] 참조).

뢰어스에게 있어서 비교교육학은 "그의 방법, 과제와 문제제기에 있어서 교육학적 작업에 통합되는 요소"(Röhrs, 1995: 18)가 되어야만 한다. 이러한 권고는 그가 의도하고 있는 교육학의 근본과제(현실파악, 현실해명 그리고 현실형성: 개선)와 연관되어 있다. 뢰어스가 추구하는 교육학은 '연구적인 증명'으로부터 학문적인 정체성의 근거를 세우고자 한다. 그를 위하여 연구 전략적으로 이끌어지고 평가되는 연구실천은 하나의 중요한 조건이 된다. 이러한 연구 전략적으로 구성된 방법에서 교육학은 교육현실을 개선하려는 목적을 성취할 수 있다.

현재의 발달상태가 연구 전략적으로 이끌어진 연구에 의하여 드러난 후에 그 결과들을 가지고 계속적인 발달을 위한 하나의 가정이 세워질 수 있다. 그때 해결되어야 하는 문제 영역에 기여할 수 있는 국제적인 경험들이 비교적인 관점에서 비판적으로 다듬어지고 포함되어야 한다. 이러한 교육현실 개선을 지향하는 미래적인 관점으로부터 비교교육학은 "모든 교육학적인 계획과 반성의 구성적인 요소"(Röhrs, 1995: 11)로서 그의 고유한 학문적 특성을 획득한다.

뢰어스는 비교교육학과 교육사에게 교육학의 체계에서 특별한 위치를 부여한다. 교육사가 그의 물음권을 모든 대상의 역사에 제한하는 반면, 비교교육학은 교육학의 모든 문제제기를 그의 연구대상으로 가질 수 있다. 즉, "비교교육학은 비교를 수단으로 교육현실의 모든 영역들을 연구한다."(Röhrs, 1993a: 447) 그로부터 비교교육학은 일반교육학처럼 학교교육학, 교육사, 교육경제학, 교수학과 방법학, 사회교육학, 특수교육학, 스포츠교육학에서 그의 연구를 수행할 수 있다. 그러므로 비교교육학의 틀에서 비교학교

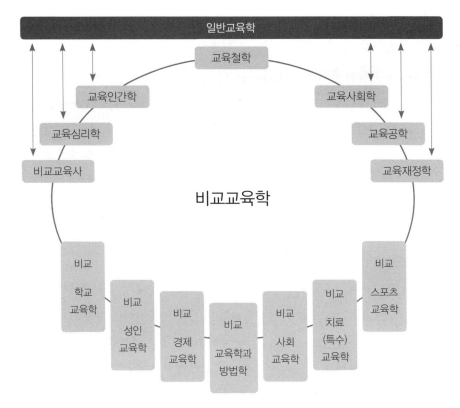

**[그림 3-2]** 교육학에서 비교교육학의 연구방향

출처: Röhrs (1995: 19).

교육학, 비교경제교육학, 비교사회교육학, 비교특수교육학 등이 구성될 수 있다. 모든 영역에서 학문적인 이론, 교수학, 방법들의 문제, 교육적 관계, 벌에 대한 규정 등과 같은 물음을 국제적으로 비교하는 것이 가능하다([그림 3-2] 참조).

비교교육학은 일반교육학도 자신의 연구대상으로 할 수 있다. 다른 나라의 교육공간에 존재하는 일반교육학에 대한 비교연구를 통하여 일반교육학은 새로운 자극을 받아들이고 계속 발전할 수 있는 기회를 얻는다. 계속해서 비교교육학에는 외국교육학, 국제교육학, 선진국교육학, 개발도상국교육학과 같은 광범위한 지구적인 연구방향들이 추가된다. 이러한 분류는 1931년 슈나이더가 창간한『국제교육학지(Internationale Zeitschrift für Erziehungswissenschaft)』에서 국제교육학, 외국교육학, 비교교육학을 구분한 것과는 다르게 이들은 비교교육학의 연구 영역에 포함하는 것이 특징이다.

외국교육학(Auslandspädagogik)의 "근본적인 관심은 외국의 교육적인 문제들을 그들이 갖고 있는 이념과 정신역사적인 연관성으로부터 서술하고 의미 있게 개척하는 것이다."(Röhrs, 1994: 235) 뢰어스에 따르면, 외국교육학과 비교교육학을 명확하게 구분하는 것은 어렵다. 왜냐하면 외국교육학적인 연구에는 이미 비교가 포함되어 있기 때문이다. 외국의 교육문제에 대한 분석의 과정에는 이미 자국의 문제를 위한 잠정적인 해결 단서가 놓여 있기 때문에 외국교육학은 비교교육학의 틀에서 다른 문제영역들의 연구에 이미 포함되어 있다고 할 수 있다. 이러한 관점에서 보면, 비교는 자신(자국)의 위치에 대한 의식화로 이해될 수 있다.

국제교육학(Internationale Pädagogik)은 국제적인 이해를 증진하는 교육학이다. 국제적인 이해는 "다른 국가(국민)의 상황을 특별한 문화역사적인 조건들과 삶의 상황에서 주어져 있는 것들을 고려하여 자신의 척도들로부터 상대적으로 독립해서 해석하는 것이다."(Röhrs, 1970: 97) 국제적인 태도와 국제적인 이해능력을 위한 교육이 경제적 · 정치적 · 종교적 갈등과 국가적 선입견에 직면해서 오늘날 필요한 교육학의 과제 영역 중의 하나이기 때문에, 어떻게 이러한 교육 이념이 교육실천에서 실현될 수 있을까 하는 교육학적 숙고를 하게 될 때 국제교육학은 비교교육학의 특수한 연구방향으로 의미를 갖는다.

선진국교육학(Pädagogik der Industrieländer)의 과제는 선진국가의 상황을 교육학적인 관점에서 해명하고, 그를 통하여 드러나는 문제들을 비교적인 연구를 통하여 해결하는 것이다. 여기에는 다음과 같은 물음들이 속한다. "산업적인 것이 얼마나 특별한 태도방식으로 개인의 삶에 각인되었는지? 어떠한 변화들이 기술공학적인 사회로 진행되는 과정에서 나타나는지? 대화매체들은 어떠한 영향을 주는지?"(Röhrs, 1992: 186)

개발도상국교육학(Pädagogik der Entwicklungsländer)은 개발도상국가의 국민에게 국가발전을 위한 의식을 일깨우고 계속적인 발전을 위하여 고유한 교육체제를 건설하는 것을 목적으로 한다. 그를 위하여 개발도상국교육학은 어떻게 선진국가의 교육형태들이 식민지 기간 동안에 이식이 되었는가? 식민지 교육학이 태도방식과 생활방식, 교육체제에 오늘날까지 어떤 영향을 미치고 있는가와 같은 질문을 통하여 선교교육학과 식민지 교육학적인 교육형태들에 대한 역사적인 분석을 하고, 그 나라 국민의 생활 속에서 성장한 자연적인 교육형태를 분석하여 개발도상국가의 교육학에 고유한 법칙적 단서를 제공하려고 한다(Röhrs, 1996b: 297). 또한 국가발전을 위한 원조에는 국가의식과 시민의식, 국제적 의식을 일깨울 수 있는 교육원조가 필수적으로 포함되어야 하는데,

이때 낯선 선진국의 교육제도를 이식하는 교육원조는 성공할 수 없다. 개발도상국가에서 개인의 태도 형태와 사고 형태는 사회문화적인 맥락에서 형성된 것이다. 그러므로 개발도상국교육학은 식민지 교육학과 구분되게 선진국의 교육모델을 동일한 척도에서 사회문화적으로 다르게 구조화된 개발도상국가에 이식할 것이 아니라, 고유한 삶의 토대로부터 비판적으로 수정되어 받아들여져야 한다. 이러한 과정에서 선진국가들 역시

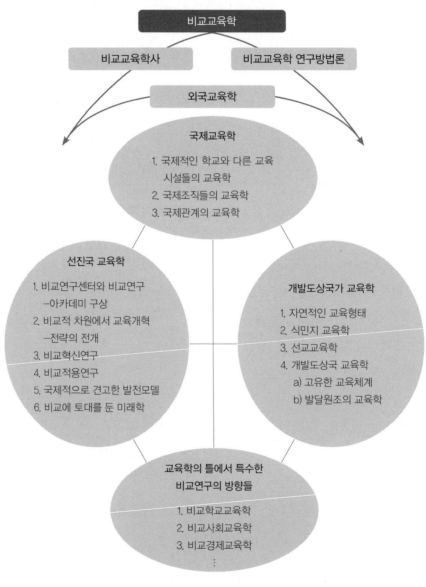

[그림 3-3] 비교교육의 연구방향들

출처: Röhrs (1995: 27).

자신의 교육적 문제들에 대한 해결의 실마리를 얻을 수 있다.

지금까지 살펴본 비교교육학의 연구방향들을 뢰어스는 [그림 3-3]으로 제시한다.

비교교육학이 교육현실과 대응하여 정당성을 획득하려면 교육현실이 교육사의 연구대상으로서 시간적으로 연장되는 것처럼 교육현실이 공간적으로 국제적인 장으로 확대되어야 한다. 국외의 교육현실이 엄연히 존재하고 있으므로 비교교육학은 교육사와 함께 교육학의 모든 영역을 자신의 연구대상으로 가질 수 있는 중심적인 교육학이다. 비교교육학이 다른 교육학들과 구분되는 것은 '외국의 교육현실'을 '비교의 안경'으로 바라보는 데 있다(Adick, 2008: 52).

교육학의 근본적인 과제는 교육실천을 개선하는 데 있으므로 교육실천에 나타나는 문제해결을 위하여 동반되는 연구에서 역사적이고 비교적인 관점은 포기될 수 없다. 그런 이유에서 비교교육학은 교육학 내에서 그의 과제 영역을 가질 수 있다. 교육실천에서 제기되는 문제에 대한 해결책을 찾기 위하여 가설을 세울 때 역사적인 관점과 비교적인 관점이 필요하고, 연구 결과의 해석에서도 필요하다. 이러한 교육현실에 대한 교육학의 과제 때문에 비교교육학은 그의 정당성을 확보할 수 있다. 세분화되고 전문화된 교육학들이 자신에게 주어져 있는 교육현실들을 개선하려는 과제를 수행할 때 모든 교육학적 계획들과 반성들을 구성하는 요소로서 비교교육학은 교육학에서의 특수한 위치를 갖는다.


## 2. 비교교육의 연구방법

### 1) 비교교육의 접근방식

비교교육을 위한 특별한 방법이 있는 것은 아니다. 비교교육연구에는 여러 가지 접근방식이 있다. 비교교육학의 발달 과정에서 본 것처럼 비교교육학 연구를 위해서는 여러 가지 방법들이 동원된다. Khakpour(2012: 21-22)는 비교교육의 접근방식을 역사적, 사회적, 방법론적, 철학적, 과학적 접근(구, 신) 등으로 범주화하고 있다.

비교교육연구의 목적과 주안점이 광범위하게 다르듯, 사실들의 기술, 역사적 설명, 과학적 법칙 도출 등 다양한 방법들이 동원된다. 때로는 질적연구, 때로는 양적연구가 이루어지며, 질문지법, 면담법, 문헌분석 등 여러 가지 소기법이 연구목적에 따라 단일 혹은 복합적으로 사용된다. 그러나 '비교교육학(comparative education)'이란 명칭에서 시사되듯 비교교육학 연구의 중심 방법은 역시 '비교(comparison)'이다. 따라서 본격적 비교교육학의 방법론에 대한 논의는 자연적으로 그러한 비교가 어떤 기법과 절차를 통해서 어떠한 방식으로 수행되는지에 대한 내용을 중심으로 한다.

비교라는 것이 비교학만의 전유물은 아니다. 대부분 학문은 그 연구 과정에서 사실

**표 3-1** **비교교육의 다양한 연구 접근**

| 연구 접근 | 주요 강조점 | 장점 | 단점 | 수집 자료 |
|---|---|---|---|---|
| 역사적 접근 | 역사 및 문화 | • 수집 자료의 진정한 의미를 이해하기 위한 확인과 평가<br>• 자료 인식에 기반한 각 지역 공동체의 성장과 발달 비교 | • 평가 대상을 가정하기 쉽지 않고, 회귀적인 접근임 | 질적 |
| 사회적 접근 | 분석 | • 공통점과 차이점을 확인하기 위해 동시에 다양한 사례들을 대상으로 하는 연구를 통해 확인될 수 있는 모든 수준, 모든 제도의 고등교육과 비교할 수 있는 교육 가치를 강조 | • 결과 일반화의 어려움<br>• 수연구의 복잡성 | 질적 |
| 방법론적 접근 | 연역 및 귀납 | • 어떤 현상 속의 많은 것들과 일치하는 적은 수의 조건들, 일반화된 경험적 연구, 사례연구를 위한 해결점 제공 | • 시간 소요 및 복잡성 | 양적 |
| 철학적 접근 | 인류 진보 | • 사회적 삶을 다루는 세상, 교육 그리고 수단을 통제하고 개선하는가에 대한 이해 | • 아동기와 죽을 수밖에 없는 현상으로서의 삶에 대한 태도에 초점 | 질적 |
| (구)과학적 접근 | 대조 | • 성인교육의 이슈들을 비교하고, 연구 프로젝트의 과학적인 유형들을 제공하며 합리적 분석 가능 | • 대부분 비경험적 초기 연구 프로젝트 | 양적 |
| (신)과학적 접근 | 사회적 맥락 | • 좀 더 정확하고 비교가능한 자료와 정보 수집<br>• 연구결과의 타당성 제고 | • 양적 및 질적 결과의 혼합 어려움<br>• 양적 및 질적 방법에 치중 | 질적+양적 |

과 법칙의 비교는 물론 경쟁 이론들의 비교에 이르기까지 상당 부분 비교의 방법이 기초가 되고 있다. 비교교육학, 비교정치학, 비교문학과 같은 소위 비교연구에서 '비교'라는 말은 통념상 그 비교 수준이 '국가 내지는 지역' 단위이기 때문이다. 이런 맥락에서 보면 전통적으로 사용되어 온 비교교육학 방법의 경우 '비교'란 말이 무색해질 때가 있다. 즉, 전사 시대 비교교육학은 특정 외국 교육에 대한 단순 서술에 불과하였고, 체계적 비교교육학이라 불리는 줄리앙 시대 비교교육도 그 의도적 · 실증적 자료의 분석 · 종합이란 점을 제외하고는 여전히 자료수집 활동에 머물렀기 때문이다. 역사적 설명의 시기에서도 이러한 경향은 많이 나아지지 않았다. 단지, 이 시기에서는 특정 국가의 교육이 나름의 특정을 갖게 된 요인들을 규명하려는 시도에서 비교라는 개념에 어느 정도 가까이 갔었다고 할 수 있다.

비교교육학이 그 명칭과의 괴리를 좁히며 각국 교육 실제와 아이디어들을 본격적으로 비교하게 되는 것은 베레디(Bereday)에 와서다. 그에게서는 이전처럼 특정의 국가나 지역에 관심을 갖고 기술하고 설명하는 경우는 '지역연구'로 구분되어 여러 나라와 지역에 동시에 관심을 갖고 병치 및 비교하는 '비교연구'와는 본질적으로 차별화되었다.

비교의 전 단계로서의 지역연구의 가치를 인정하면서도 성숙한 비교교육학의 수행을 위해서 지역연구 단계에서 머물러서는 가설검증에 근거한 법칙도출이라는 과제가 어려워짐을 분명히 인식하였다. 베레디(1964: 28)는 '지역연구'[기술(description)과 해석(interpretation)]와 '비교연구'[병치(juxtaposition)와 비교(comparision)]에 포함된 각 방법

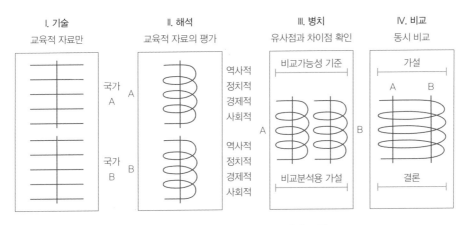

[그림 3-4] 베레디의 비교연구 이해 모형

출처: Bereday (1964: 28).

들의 특징들을 [그림 3-4]와 같은 방식으로 예시해 주고 있다.

비교를 향한 베레디의 이러한 관심을 좀 더 특정 문제에 관한 사례연구 중심으로 발전시킨 사람이 바로 홈즈(Holmes)이다. 홈즈의 중심 과제는 비교교육학의 과학성, 즉 예측과 접근방법을 강조하는 것이었다. 그는 한 나라 교육개혁과 계획수립을 위해 사용되는 비교교육학의 경우 각별히 사회과학적 엄밀성을 지녀야 되는 것으로 이해하였다. 그는 '과학적 방법'이 갖는 논란의 여지(예, 과학적 방법이란 것도 여전히 논쟁의 여지가 없는 것이 아니라 성격상 문제적인 것이라든가, 그 확실성과 타당성이라는 것도 기껏 상대적 유용성에 근거한다는 등)를 인정하면서도 과학적 방법이 갖는 장점, 즉 절차의 가시성과 합리성, 증거 제시의 반복가능성, 결론의 재검증 능력 등으로 표현되는 객관성에 대한 신념을 계속 유지하고 있다.

이런 사회과학적 엄밀성을 가진 한 가지 방법으로 홈즈가 제시한 것은 문제해결법이다. 문제해결법은 두 가지 점에서 정당화되었다. 첫째, 특정 국가가 가진 교육 문제를 알게 함으로써 그 나라에 대한 지식의 확대를 가져온다는 것, 둘째, 문제해결을 통해 초기 학자들이 의도했던 교육개혁 혹은 사회개량을 도울 수 있다는 것 때문이다. 홈즈에 따르면, '국민성'이란 역사적 원인에 대한 탐구도 고작 사실을 설명하기 위한 접근일 뿐, '결과예측'이란 실용적 접근방법 혹은 과학적 접근방법은 아니다. 오히려 현실적 사실들을 여하한 문제의식을 갖고 정확히 파악하느냐는 것이 올바른 예측을 가능하게 한다고 본다. 그리고 어떤 문제를 예측하기 위해서는 우선 기술·통계적 연구에 기초하여야 함을 강조한다. 홈즈는 각각 다른 철학이 지배하는 나라들이라도 각국의 교육제도를 발전시키는 어떤 '공통의 지배원칙'이 있다고 보고 있는데, 이 원칙 혹은 법칙을 탐구하려는 것이 비교교육학이라 여긴다. 그러나 이러한 원칙이나 법칙은 과거와 같이 고정된 의미의 과학이 아니라 '후-상대성 과학(post-relativity science)'으로서, 변동적인 것으로 생각되는 과학에 의해 해결될 수 있다고 본다(Holmes, 1965: 29-32). 이러한 입장에서 관건이 되는 것은 여하히 미래에 대해 신뢰가능한 예측을 할 수 있을 것인가 하는 문제인데, 신뢰할 수 있는 사회개혁을 위해 그러한 능력이 꼭 필요할 것이라 보기 때문이다. 여기서 보다 신뢰할 수 있는 예측방법의 문제와 더불어, 여러 가지 자료 중 어느 것이 가장 가치 있는지를 결정하는 자료 선정의 문제, 선택된 자료의 처리방법 등이 중요 관심사가 된다. 이러한 문제에 대한 대답으로 홈즈가 제시한 것이 바로 존 듀이의 '반성적 사고(reflective thinking)'와 포퍼(Popper)의 '비판적 이원론(critical dualism)'이다.

듀이의『사고하는 방법(How We Think)』(1933)에서 밝혀진 ① 문제의 인식, ② 가설 또는 해결방안 형성, ③ 문제에 대한 지적 정리, ④ 문제의 분석과 명세화, ⑤ 결과의 논리적 연역, ⑥ 실제 검증에 이르는 일련의 '반성적 사고' 과정에 대한 분석은, 첫째, 하나의 혼란한 상황에서 무엇인가를 보다 명확하게 하기 위해 지적 정리란 것이 필요하며, 둘째, 사회과학에서의 문제해결의 방법은 단수가 아니라 복수적인 것으로 그 가운데서 최적의 방법에 대한 선택을 요구한다는 사실을 명확히 해 준다. 이러한 시사점에 토대하여 홈즈는 다음과 같은 네 가지 주요 측면을 상세히 설명하고 있다.

### (1) 문제의 선정과 분석

문제의 선택은 흔히 연구자가 갖는 경험, 지식, 관심에 의존하기 쉽고, 연구자가 속한 사회에서 중요해 보이는 문제나 국제적 관심사가 된 문제로 귀착될 가능성이 많다. 여기서 유념해야 할 것은 선택되는 문제가 여러 나라에 공통적이거나 보편적인 것이어야 한다는 사실이다. 또한 국경과 문화적 경계를 넘어서의 비교분석이 이러한 문제를 명백히 밝혀 주고 가능한 해결방안도 시사해 줄 것이라는 기대도 전제되어야 한다. 일단 문제가 선택되고 나면 다음 단계는 가능한 한 분명하게 개괄지어질 수 있도록 문제를 분석하는 것이다. 예를 들어, 정치, 경제 등이 공통적인 교육문제와 어떻게 관련되고 있는가를 살펴보는 것 등이다.

### (2) 정책입안 혹은 가능 해결방안 형성

문제해결을 위해 실현가능한 정책 선택의 범위를 확인하고, 중심 문제에 대한 참조국들의 실제를 살펴본다. 앞서 공통된 문제를 선정하여 예비적 분석을 시행한다고 해서 그 해결책마저 공통적인 것이 될 것이라고 생각해서는 안 된다. 예를 들어, 선진국과 후진국, 동양과 서양 간의 문제가 동일하고 원인까지 같다 하더라도 그 해결책은 여전히 다를 수가 있는 것이다. 따라서 문제해결상의 정책입안 형성은 상당한 위험성을 내포한다는 사실을 알아야 한다.

### (3) 관련 요인의 확인

홈즈는 필요한 정책의 결정은 목표지향적이며 합리적일 것을 요구하고 있는데(1965: 40), 합리적 결정을 위해서는 관련 요인들의 확인이 필수적이다. 즉, 제시된 여러 가지 대안적 해결방안들이 가질 수 있는 결과를 예측하기 전에 특수 상황에서 특정 해결방 안들에 영향을 줄 수 있는 모든 관련 결정요인들을 확인하여야 한다는 것이다. 홈즈 자 신도 이 작업이 "통찰, 분석적 비판, 엄정한 기술(記述)을 요하는 지극히 복잡한 작업" (1965: 41)이라는 점을 인정한 바 있다. 여기에는 세 가지 작업이 포함된다. ① 초기 조 건이나 '상황적 결정요인'의 확인과 분석(즉, 교육제도와 그 관련 문제 상황을 형성하는 정 치적·경제적·문화적·사회적 제 요인에 대한 자세한 기술과 분석), ② 특별한 문제에 적 절한 결정요인들의 선정, ③ 선정된 결정요인들에 대한 비중 매기기가 그것이다. 그 결 과, ㉠ 관념적 요인(규범, 태도, 가치), ㉡ 제도적 요인(조직, 실제), ㉢ 기타 요인(천연자원, 풍토, 지형)과 같은 체계로 요인들이 삼분된다. 나머지는 목하의 교육문제가 어느 부분 과 가장 밀접한 관련을 가지는지를 확인하는 일이다.

### (4) 예측

이 단계에서는 '최적'의 해결방안, 즉 문제를 가장 효과적으로 해결해 줄 것이라 예상 되는 방안을 찾아내기 위해 위에서 분석된 상황에 따라 가능 해결방안들을 검증하는 단 계이다. 결과적으로 찾아지는 해결방안은 하나 혹은 그 이상이어도 무방하다. 홈즈는 이러한 문제해결법이 역사적 분석에 기초한 방법보다 미래지향적이고 과학적이라는 이유로 교육계획 및 교육개혁에 보다 유용하다고 주장한다. 그러나 문제해결 과정의 각 단계는 적절하다고 간주되는 자료의 선택·정리·조작에 대한 판단을 필요로 하는데, 이러한 판단이 도전과 토론이란 개방적 근거하에서 이루어질 수 있도록 하기 위해 그가 도입한 개념이 바로 포퍼(Popper)의 '비판적 이원론'이다.

포퍼에 따르면, 인간의 환경에는 두 가지 서로 다른 요소, 즉 ① 자연적 요소와 ② 사 회적 요소가 있다. 이것이 자연법칙과 규범법칙을 구별하는 근거가 된다고 본다. 자연 법칙은 사실과 법칙성으로 성립하고, 규범법칙은 인간의 결정 여하에 의존하는 것이라 본다. 그러나 포퍼는 자연법칙이 물리적 질서에만 제한되지 않는다고 본다.

사회적 질서 속에도 자연법칙으로 표현될 수 있는 규칙성이 있다고 보기 때문이다. 즉, 인간생활 속에도 물리환경에 적용되는 법칙과 비슷한 법칙으로 표현될 수 있는 것 이 있는데 그것이 곧 사회학적 법칙이라는 것이다(Popper, 1946). 이러한 관점을 수용 하면서 홈즈는 한 나라 교육사회도 포퍼의 비판적 이원론으로 분석이 가능한 것으로 본다. 사회제도 또는 조직의 작용이 사회학적 법칙을 반영하고 있다고 할 때, 그것들에 대한 예측이 가능하다는 것이다. 이러한 해석에서 그는 세 가지 연구모형을 제시하였는데, 규범적 형태(normative pattern), 제도적 형태(institutional pattern), 물리적 형태(physical pattern)가 그것이다.

① 규범적 형태에 관해서는 두 가지 접근방식이 제시되고 있는데, 경험적 접근과 철학적 접근이 그것이다. 전자를 위해서는 현장연구, 조사, 심리측정 등의 방법을 사용하며, 후자를 위해서는 합리적 구성개념(rational construct)을 형성하는 방법을 사용한다. Holmes는 후자를 더 중시하는데, 그것이 규범에 대한 일반적 진술을 제공해 주고 보다 더 구체적인 연구를 할 수 있도록 보다 단순화되고 실제적인 근거를 제공해 주기 때문이다. 구체적으로는 특정 사회의 대표적 사상가의 작품과 그 저술들을 통해 그 사회가 갖고 있는 규범적 형태(즉, 그 사회 사람들의 성격, 그 사회의 성격, 지식의 성격)를 확인할 수 있다고 한다. 영국의 로크, 프랑스의 데카르트, 독일의 헤겔, 미국의 듀이, 구소련의 마르크스와 레닌, 중국의 모택동 등이 그가 대표적으로 거론하는 인물들이다. 홈즈는 규범적 형태의 구성이 복잡하고 어떤 의미에서는 독단적일지 모르지만, 설명의 단순화를 위해서 불가피한 질서부여 작업이라 한다. 예를 들어, 중등교육의 최종 단계에서의 평가나 자격증 부여 문제의 해결을 논하는 데 있어서 이상적 혹은 실제적 가치와 신념의 확인은 상황을 정의하는 데 매우 중요한 것이 된다는 것이다.

② 제도적 형태의 분석은 교육제도와 관련이 있는 각국의 정치적·경제적·사회적 제도를 더욱 명확히 하는 것이다. 예를 들어, 어느 나라에 있어서 입시제도에 대한 불만이 높을 때 우선 확인해야 할 것이 그 나라의 일반적인 교육체제 속에서 입시제도가 가지는 위치라는 것이고, 또한 입시제도의 변화는 곧 해당 사회의 산업 및 경제제도에도 영향을 주기 때문에 그 입시제도와 산업 및 경제제도와의 관련도 추적되어야 한다고 본다.

③ 물리적 형태에 대한 설명은 비교적 간단하다. 천연자원, 지형, 풍토와 같은 요소는 현실적 측정도 가능할 뿐더러 그 영향을 파악하기도 쉽기 때문이다.

많은 비교교육학도가 홈즈의 문제해결적 접근방법에 대해서는 긍정적이다. 하지만 그의 비판적 이원론에 대해서는 난색을 표한다. 특히 킹(King)은 "여러 나라가 갖는 문

화적 상황의 역동적 생태학"(1959: 34)과 같은 이유를 들어 홈즈의 교육제도 연구에 있
어서의 '객관성'이나 '단순기술'의 가능성에 반대하고 있다. 즉, 문화의 역동성과 다양성
은 확실한 예측이나 불변적 관계의 확인을 불가능하게 만들기 때문에 '예측'이나 '법칙'
을 언급하는 것 자체가 타당하지 않다는 것이다. 그는 홈즈를 염두에 두면서 "비교교육
학이 일종의 예측의 의무를 가지는 과학이어야 한다고 주장하면 할수록 비교교육학 자
체를 더욱 우습게 만드는 격이 된다."(King, 1970: 4)고 일갈하였다.

그에 따르면, "우리는 예측할 수 없다. 우리는 기껏해야 학교와 다른 교육기관에서
일어나는 것에 관한 가설을 발전시킬 수 있을 뿐"이다(King, 1973: 478). 킹이 홈즈의
가정과 방법론에 대해 극단적으로 비판적이었던 데 비해, 노어와 에크스타인(Noah &
Eckstein, 1969)은 홈즈의 객관성에 대한 믿음을 지지하면서 가설에 대한 체계적·통제
적·경험적·통계적 연구가 특색을 이룬다고 생각하는 현대 사회과학의 방법에 집착
하였다. 그들에게서 비교교육학이란 "사회과학과 교육연구와 비교국가 차원의 상호 교
차점"을 의미한다. "관찰자의 상상적 반성적 사고와 직관적 통찰을 포함하면서도 체계
적이고 경험적인 검증을 해 주는 방법이 비교교육학의 발전을 위해 최상의 희망을 보여
주는 것 같다."(Noah & Eckstein, 1969: 184, 191)고 믿는 그들의 일반적인 연구절차를 요
약하면 다음과 같다.

① 문제의 확인
② 가설의 형성
③ 개념과 지표의 정의
④ 사례의 선택
⑤ 자료수집
⑥ 자료의 조작
⑦ 결과의 해석

이들의 방법도 가설검증을 위한 문제해결법이라는 점에서는 기본적으로 홈즈와 동
일하나 그 절차가 좀 더 통계적·계량적 조작을 염두에 둔 것임을 알 수 있다.

이와 같이 1960년대 비교교육학을 주도하던 객관성과 사실성 위주의 구조-기능주
의적 실증적 연구방법론은 1970년대와 1980년대에 들어 신마르크스주의, 페미니즘, 상

대주의 등에 의해 그 주도적 위치를 위협받기도 하였으나 비교교육학뿐만 아니라 교육학 일반에 있어서도 여전히 큰 세력으로 남아 있다.

하지만 비교에 대한 베레디의 관심을 사회과학적 엄밀성을 적용하여 문제해결법으로 발전시킨 홈즈의 접근도 비판적으로 보면 '기술적 관심(technical interest)'에 기반한 도구주의(instrumentalism)의 한계를 벗어나지 못 한다(Kubow & Fossum, 2007: 14-15). 그래서 국가 간의 교육제도에 관한 경험적 자료만으로는 국가사회 교육의 본질을 정확히 파악하기 곤란하다는 전제하에 1970 · 1980년대에는 제3세계의 종속적인 사회와 교육구조에 초점을 두고 서구 선진자본주의 국가들과 제3세계 국가들의 관계가 어떻게 형성되어 있는지에 대한 국제적인 정치적 · 경제적 · 사회적 · 문화적인 맥락에서의 비교연구를 실시하는 '세계체제적 비교방법'과 자본주의 사회에서의 교육 이념, 내용, 방법 등을 비교연구하여 그것들이 어떻게 피지배계급의 아동들에게 인식되고 전달되는지를 교육이념의 차원에서 연구하는 '신마르크스적 접근법'이 대두되어 지금까지도 여전히 전통적 구조−기능주의적 접근방법과 해석에 도전하고 있지만 그 세력과 영향력이 과거만큼 미치지는 못하고 있다. 이 연구들은 어떤 방법론적인 특징에서의 의의보다는 기존의 실증주의적 비교연구가 가질 수밖에 없었던 한계, 즉 사회적 및 세계적 모순에 대한 무감각을 일깨우는 접근방식상의 관점 전환에서 더 큰 의의가 찾아진다.

최근에는 모더니즘의 구조−기능주의나 마르크스주의가 가졌던 이론적 체계에는 필적하지 못하지만 모더니즘이 가졌던 발전에 대한 관심 일변도나 '사회적 기득권 유지(the maintenance of the status quo in society)'에 관한 역동에 대한 지나친 관심을 비판하면서 포스트구조주의 혹은 포스트모더니즘의 시각에서 이루어지는 비교연구들도 있다. 이들 연구들도 방법론적 큰 특징으로서보다는 새로운 목적, 새로운 시각, 새로운 강조로 더 특징지어지며, 지금까지 "망각되고, 무시되고, 탐구되지 않고, 어떤 의미에서는 복멸된 것으로서 여태껏 인문사회적 경험망 주변에 있었던 인간경험들을 '중앙'으로 가져오는 근거이유 제공"에 더 의의가 있었다. 포스트모더니즘은 다음과 같은 것들을 가능하게 해 주기 때문에 더욱 비교연구에서 의의가 있다(Kubow & Fossum, 2007: 58, 63)는 것이다.

- 인간적 맥락의 다양하고 애매한 성격을 수용한다.
- 교육의 가치관련적 성격을 인정하고 명확히 하려함과 동시에 학교에 의한 가치 및

관심 형성과 관계된 권력구조를 인정하고 명확히 하려고 한다.

• 이론의 지방적 맥락−맥락의 이론에의 적용이 아니라 이론의 맥락에의 적용을 강조한다.

## 2) 비교교육의 연구 시 고려 사항

비교교육의 목적을 수행하기 위한 다양한 연구에서 비교교육이라는 연구 접근의 특성상, 고려할 사항이 많다(Prakash, 2016). 먼저, 비교연구 및 국제연구 과정에서 다양한 국가를 연구할 때 대상 국가의 문화에 대한 이해가 부족한 경우가 있다. 이러한 경우 해당 국가의 문화적 측면에 대한 경험이 있는 연구자가 함께 참여하는 것은 많은 도움이 될 수 있다. 또한 비교 데이터의 신뢰성과 질은 모든 비교연구의 성공을 가름하는 중요한 역할을 한다. 비교연구방법을 설계할 때 신뢰할 수 있는 데이터를 확보할 수 있는 방안을 마련하는 것은 매우 중요하다. 만약 신뢰하기 어려운 비교대상 데이터를 수집할 경우 비교연구를 수행할 수 없는 문제가 발생할 수 있으며, 도출된 연구결과 자체를 신뢰할 수 없게 된다.

이와 관련하여 비교연구를 위한 데이터의 신뢰성에 영향을 미칠 수 있는 여섯 가지 문제와 방안은 다음과 같다(Prakash, 2016).

• 핵심 개념의 비동등성: 국가 간 비교연구를 수행하는 연구원은 수집한 데이터의 차이가 질문에 대한 응답자의 다양한 해석의 결과가 아님을 보장하기 위해 질문이 모든 응답자 사이에서 동등한 의미를 갖도록 해야 한다.

• 데이터 수집 언어: 많은 경우에 국가 간 비교연구를 수행하는 연구자는 다른 언어를 사용하는 국가에서 데이터를 수집해야 하는 문제에 직면하게 된다. 응답자가 다른 언어에 익숙하지 않은 경우 연구자가 연구 도구를 응답자의 모국어로 번역하는 경우가 많은데, 응답자의 언어로 연구자가 데이터를 수집하여 번역 비용을 피할 수 있다.

• 번역 프로세스: 다른 언어를 사용하는 국가에서 데이터를 수집해야 하는 경우 데이터 및 연구 도구의 번역은 연구자가 적절하게 처리해야 하는 주요 작업 중 하나라는 점에서 번역 문제는 국가 간 비교연구의 질에 직접적인 영향을 미치기 때문

에 번역 문제를 심각하게 고려하는 것이 중요하다.

- 샘플 일치: 국가 간 비교연구를 수행할 때 고려해야 하는 또 다른 문제는 비교가능성을 위해 샘플을 얼마나 가깝게 일치시켜야 하는지를 식별하는 것이다. 비교연구에서 비교대상 간에 일치성을 확보하는 것이 필요하다.
- 데이터의 타이밍: 데이터 수집의 타이밍은 데이터의 질과 결과적으로 수집된 데이터의 비교가능성에 영향을 미칠 수 있다. 특히 다른 시기에 다른 국가에서 수집된 데이터에 의존하는 연구를 수행할 때 고려되어야 한다.
- 연구 도구의 비교가능성: 연구자들이 데이터 수집을 위해 서로 다른 연구 도구나 프로세스를 사용할 경우, 비교 목적으로 부적절한 데이터를 통해 결과를 도출할 가능성이 있다.

제**2**부

# 비교교육학과 교육학

# 비교교육학의 성립과 학문적 성격

## 1. 비교교육학의 학문적 성립

학문(disciplines)은 학자들이 연구 활동을 한 결과를 축적해 놓은 지식체계로서, 학문은 지식체계로서의 학문과 활동으로서의 학문이라는 두 가지 차원에서 규정될 수 있다. 그러나 '결과'로서의 학문은 그 결과를 낳기까지의 '과정', 즉 활동으로서의 학문과 불가분의 관계에 있다. 학문에는 이때까지 그 분야의 학자들이 발견, 축적해 놓은 개념과 탐구방법이 있으며, 현재 학문을 하는 사람들은 그 개념과 탐구방법을 써서 각각 관련된 현상을 이해하는 활동을 한다. 따라서 일반적으로 학문이라고 하는 것은 해당 분야의 학자들이 축적해 놓은 지식 체계 자체이면서 그것을 구축한 일련의 과정을 포괄하는 개념이다.

비교교육(comparative education)이 어떤 성격의 학문인가를 개념적으로 정의하여 합의를 이루려는 노력들이 여러 차례 있어 왔지만 아직도 그 합의점은 찾지 못하고 있는 상태이다. 물론 비교교육을 연구하는 학자들 간의 시각이나 연구 목적상의 상이함에서 비롯된 것이라고 생각할 수 있지만, 일반적으로 비교교육은 둘 이상의 사회 형태에서의 교육제도, 교육의 제문제, 교육의 결정요소, 교육적 이상 등을 확인 및 진단하고 상호 비교함으로써 유사성 내지는 공통성과 상이성을 찾아내고 이에 대한 사회과학적 연구를 시도하여 질적으로 우수한 교육적 이론을 체계화하려는 학문이라고 말할 수 있다 (Hans, 1958).

역사적으로 비교교육학은 1817년 프랑스 학자인 줄리앙(Jullien)의 『비교교육학 연구를 위한 예비적 고찰』에서 처음으로 그 명칭이 사용된 이후, 20세기를 거쳐 영·미·독·불 등의 나라에서 본격적으로 발전되었다. 특히 미국의 캔들(Kandel), 영국의 한스(Hans), 독일의 슈나이더(Schneider) 등에 의해서 학문적 초석이 다져졌으며, 전 세계적으로 비교교육연구가 확충되면서 학문적 전통을 공고히 하고 있다. 특히 비교교육학은 긴밀한 국제교류(international relationships)를 바탕으로 교육에서도 상호 간에 깊은 이해와 교류를 증진시키며 국제 비교를 위한 비교교육연구의 활성화를 더욱 촉진해 오고 있다. 종래의 타 교육학의 종속적인 연구 분야라는 이미지를 벗어나 독자적인 하나의 학문체계를 확립해 나가고 있다.

비교교육학의 사적(史的) 발달과 관련하여 많이 인용되고 있는 노어와 에크스타인(Noah & Eckstein, 1993)은 비교교육학의 발달을 진화론적인 관점에서 5개의 발달 단계로 제시하며 비교교육학의 학문적 성격을 설명하고 있다(정일환 외, 2012: 14-24).

① 외국에 대한 단순한 호기심에 의한 여행자의 이야기 단계(여행담의 단계)
② 교육적으로 빌려 오는 단계(의식적 차용의 단계)
③ 국가 교육제도를 형성시킨 세력과 요인들을 밝히는 단계(역사적·제도적 설명의 단계)
④ 사회과학적 실행단계('과학적' 법칙 발견의 단계)
⑤ 국제적 교육협력 단계(국제이해교육의 단계)

이들이 분류한 단계별로 살펴보면 비교교육의 발달 단계마다 구분되는 목적이 있었음을 알 수 있다. 첫 번째 단계인 '여행자의 이야기 단계'에서의 비교교육의 목적은 외국에 대한 단순한 호기심의 충족이었다. 두 번째의 비교교육의 발달단계인 '교육적으로 빌려 오는 단계'에서는 자국의 교육 발전을 위해 타국의 교육을 변용 혹은 개작하여 자국의 교육에 적용하고자 하는 것이 비교교육연구의 목적이었으며, 그러나 세 번째와 네번째 단계인 '국가 교육제도를 형성시킨 세력과 요인들을 밝히는 단계'와 '사회과학적 실행단계'에서는 비교교육연구의 목적이 자국의 교육발전을 위한 타 국가교육의 연구라는 목적의 차원을 넘어서 전 세계적으로 통용될 수 있는 어떠한 일반적인 법칙을 찾고자 하는 목적으로 변화하고 있다(Brickman, 1988). 최근 글로벌 사회에서 교육의 국제적 통용성, 국제교육협력이 점증하는 시점에서 비교교육연구는 자연스럽게 국제적인 교육이슈들, 예를 들어 국제학업성취도, 교육 ODA 등에 관심을 갖고 이를 이론적·실증적으로 뒷받침할 수 있는 과학적·체계적인 비교연구의 경향이 강하다고 할 수 있다.

비교교육의 학문적 성립에 있어서 하나의 '과학'으로서 접근되기 시작한 제2차 세계대전 이후는 주목할 만하다(정일환 외, 2012). 제2차 세계대전 이후 비교교육은 빠르게 하나의 과학(science)으로 발전하게 되었으며, 일부 비교교육학자들은 이전 비교교육학자들의 입장을 '비과학적'인 것이라 비판하고, '과학적' 연구방법을 도입, 비교교육학의 과학화를 시도하였다. 즉, 이전의 국민성이나 문화적 결정요인들에 의거한 설명과 해석 중심의 역사학적 접근 대신 엄밀한 개념 사용, 자료수집, 가설 검증에 의거한 사회과학적 접근을 강조하였다. 비교교육학은 이제 역사학이나 철학보다는 20세기 중반 발달한 사회학, 경제학, 정치학과 같은 제 사회과학과의 계량적·경험적 방법으로 연구되어야 한다는 것이다. 비교교육학의 이러한 과학화 노력에 공헌한 인물로는 베레디(Bereday), 홈즈(Holmes), 노어(Noah), 에크스타인(Eckstein) 등이 있다.

특히 비교교육학 발달의 제3단계(역사적 설명)와 제4단계(사회과학적 설명)의 교량 역할을 한 인물이 바로 베레디이다(Noah & Eckstein, 1969: 65). 베레디는 『비교교육연구법(Comparative Method in Education)』(1964)을 통해 과학적인 연구방법을 체계적으로 제시하였는데, 비교교육학이 고도의 지적 수준을 유지할 수 있기 위해서는 사회과학에 기초해야 한다고 강조하며, 비교교육학을 과거처럼 역사학이나 철학 같은 어떤 특정학문에 의하여 설명될 수 없는 여러 가지 학문의 종합(a rosette of different disciplines)으로 보았다. 또한 비교교육학을 교육제도의 과학적 분석에 기초해서 '예측'을 할 수 있도록 조직되어야 한다고 강조하였다.

이와 관련하여 이병진(1998)은 비교교육학의 발달은 단순히 호기심을 충족시키기 위해서 타 국가의 교육을 연구하고 그에 대한 지식을 획득하고자 하는 수준에서, 타 국가의 교육을 연구하여 그 연구결과를 자국의 교육 발전을 위해 사용하고자 하는 수준, 또한 시공을 초월하여, 혹은 어떤 특정 국가의 사회에 국한되지 않고 나타나고 있는 상관관계를 밝힘으로써 전 세계적으로 통용될 수 있는 일반적인 법칙을 발견하고자 하는 목적이 있음을 강조하고 있다. 결국 비교교육의 학문적 노력은 세계교육 문제를 해결하려는 시도이며, 이러한 다양한 문제들 사이의 유사점과 차이점을 고려하여 자국의 교육가치와 조건(맥락)에 맞는 국가 고유의 대안을 마련하는데 기여한다.

## 2. 일반 교육학과의 관계

교육 자체는 역사적으로 오래 전부터 있어 왔고 교육이론에 대한 연구도 오랜 시간 이뤄져 왔으나, 교육학이라는 말을 처음으로 사용하고 그 체계화를 시도한 사람은 19세기 독일 철학자인 헤르바르트(Herbart)로 알려져 있다. 헤르바르트는『일반교육학』에서 교육이란 단순한 경험이나 습관으로서 행해질 것이 아니라, 과학적 기초를 갖추어야 한다고 강조하고 있다. 그러나 교육학이 응용 사회과학의 학문 영역으로 존재함을 분명하게 언급하였음에도 불구하고(Becher & Trowler, 2001), 교육학은 여타의 학문 분야에 바탕을 두고 있고 교육학 연구에 있어 고유한 구별되는 특징이 무엇인지는 거의 언급되지 않고 있다(Furlong & Lawn 2011). 만약 교육학의 전체적인 영역이 하나의 학문 분야로 취급될 수 있는지 의심스럽다면, 비교교육학은 더더욱 그럴 것이다. 영맨(Youngman, 1992), 히긴슨(Higginson, 2001), 그리고 월후터와 포포브(Wolhuter & Popov, 2007) 등은 비교교육학을 하나의 학문 분야로 표현하였지만, 대부분의 사람들은 이 분야를 다른 영역에서의 도구와 관점을 갖추고, 비교적인 상황에서 교육학적인 주제에 초점을 두는 학문으로 생각하기도 한다(Manzon, 2011).

비교교육학이 교육학의 범주에 속하는 학문으로 교육과 연계된 모든 사상(事象)을 비교·고찰·탐색해 가는 통합적 사회과학이라는 점에서 비교교육학의 학문적 성격은 교육학의 학문적 성격과 함께 논의될 필요가 있지만, 교육과 교육학이 다른 차원이듯이 비교교육과 비교교육학은 구분하여 이해될 필요가 있다. 교육학을 교육의 현상과 행위에 관한 학문적 탐구 과정이며, 그 과정을 통하여 얻어진 지식의 체계라고 할 때, 교육에 관한 이론적 탐구가 교육학의 대상이고, 내용이며 목적이 된다. 이러한 점에서 교육학의 대상은 교육행위 혹은 교육사실, 또는 교육현상이라고 할 수 있다(이계윤, 1983).

이와 같은 측면에서 '교육'이라는 실제적 활동을 수행하는 데 응용되는 교육학은 크게 교육목적론, 교육내용 및 방법론, 교육경영론, 교육정치론 그리고 교육환경론으로 구성·설명할 수 있다(정일환, 2003: 3-5). 따라서 비교교육학을 비교교육의 현상과 행위에 관한 탐구 과정을 통해 구축된 지식 체계라고 규정할 때, 교육학의 구성 영역을 포함한 비교교육에 관한 이론적 탐구가 비교교육학의 대상이며, 탐구 목적이 된다고 할 수 있다.

따라서 비교교육학의 목적이 비교 행위를 통하여 교육적 현상과 대상 속에 존재하는 일련의 사실을 찾고 법칙을 만들어 가는 것이라면, 교육학과 마찬가지로 비교교육학은 비교대상이 명확한 경험과학이며 사회과학이며, 일반 교육연구에서 강조하는 기능인 비교대상의 현상이나 사실을 기술·설명·예측하고 더 나아가 통제하게 된다.

그러나 '비교'라는 용어를 사용하고 있는 학문인 비교교육학이 하나의 학문으로 인정을 받고 있다 하더라도, 비교교육학의 학문적 정립의 가장 큰 난점은 비교교육학의 기본 전제나 연구방법이 아직까지 통일되어 있지 않고 학자들 간의 학문 연구에 대한 시각과 연구목적이 상이하다는 점은 비교교육학의 개념적 정의에 관한 합의를 어렵게 하는 근본적인 이유이다(이병진, 1998). 더욱이 비교교육학은 여러 면에서 다른 관련 학문과 깊은 연관을 가지고 있는 까닭에 그 독자적인 위치를 정립하는 문제는 쉬운 일이 아니다.

무엇보다도 비교교육은 자국 이외 다른 한 개 이상 나라의 교육에 대한 진술과 설명을 필요로 한다(정일환, 김병주 외, 2012). 이러한 점에서 교육의 모든 측면이 국제적 시야에서 비교될 수 있다는 점에서, 앞서 기술한 바와 같이 이론적으로 비교교육학은 교육학의 분과학문들과 그 연구주제를 공유할 수 있기 때문에 비교교육은 독립된 비교연구자에 의해서보다는 교육사학, 교육철학, 교육인류학, 평생교육학, 교육사회학, 교육과정학, 교육법학, 교육행정학, 교육재정학, 교육정책학 등의 전공자들에 의해 독자적으로 혹은 협동적으로 학문적으로 접근하기도 하고, 실제 교육현안 문제를 학제적으로 접근하여 그 처방책을 제시하기도 한다. 따라서 비교교육은 교육학 분야의 핵심 개념으로 다양한 전문 학술연구 및 교육실무 집단에 의한, 그리고 다양한 주제하의 외국 및 국제 교육에 대한 관심과 깊이 있는 탐구는 비교교육학의 학문적 영토를 확장하는 계기가 될 것이며, 연차학술대회에서 다룰 계획인 비교문학, 비교정치학 등 교육학 학문분야 외의 인문사회과학 분야와도 그 외연을 확장함으로써 비교교육학의 범위와 깊이를 공고하게 할 것으로 기대된다.

## 3. 비교교육의 학문적 성격

일반적으로 학문으로서 성립하기 위해서는 학문 성립에 필요한 개념적 요소뿐 아니라 고유의 연구 영역 및 대상이 존재하여야 한다. 특히 비교교육이 실제 교육현상이나 대상을 비교하는 행위라면, 비교교육학은 그 현상이나 사실을 탐구하는 것으로 볼 수 있다. 따라서 비교교육학이 하나의 학문으로서 성립되기 위해서는 고유한 연구 영역이 요구된다.

비교교육의 학문적 영역은 비교교육의 목적과 연구방법의 성격하에 논의될 수 있다. 일반적으로 다른 제도에 대한 충분한 정보를 바탕으로 한 시사점 도출이 비교교육의 근본적인 목적이며, 구체적인 목적은 학문 분야로서 비교교육학에 필요한 지식을 축정하는 것, 교육 개혁과 발달의 근거를 마련하는 것, 자국의 교육제도에 대한 기초 자료와 관련 지식을 제공하는 것, 외국의 유용한 교육이론과 실제를 자국에 적용하는 것, 국제 관계와 협력을 증진하는 것 등 다양하게 제시될 수 있다. 또한 노어와 에크스타인(1993)은 교육제도, 과정 및 산출을 기술하는 것, 교육제도와 실제의 발달을 제고하는 것, 교육과 사회의 상호작용을 증진하는 것, 그리고 한 국가 이상에서 타당하게 적용된 교육 관련 이론과 실제의 일반화를 구축하는 것 등을 비교교육의 목적으로 강조하고 있다.

따라서 비교교육학은 정치, 경제, 사회, 문화와 관련시켜 둘 이상의 교육제도, 논쟁적 교육 사건 및 문제, 기타 다른 요인들을 신중하게 비교분석하는 학문이며, 관찰, 문헌 자료 분석, 개인 접촉 등의 방법에 의해 자료수집 및 비교 고찰로 이루어진다. 또한 비교교육학에 있어서 상호 비교·연구함에 있어서는 역사적 접근법, 사회과학적 접근법, 철학적 접근법, 문제접근법 등으로 구분되지만, 그 어느 경우를 막론하고 국제 간 또는 서로 다른 사회 간의 비교를 전제로 비교연구에 있어서는 구체적인 사실의 기술로서 만족할 수 없으며, 역사적·사회적·철학적 일반화가 요구되지만 구체적 사실에 근거한 해석이 선행되어야 한다(이철수, 2008).

비교교육학의 목적이 본래 전 세계적으로 통용될 수 있는 어떠한 일반적인 법칙을 찾고자 하는 것이라면(Brickman, 1988), 그것은 곧 동양과 서양, 세계 여러 나라의 공생공존의 법칙을 찾고자 하는 노력이라고 할 수 있으며, 특정 국가사회에 국한되어 나타나는 현상을 기술하는 사례연구의 차원을 넘어서 시공을 초월한 상관관계를 밝히고자 하는 것이다. 그러나 비교교육은 역사적·철학적·사회과학적 이론과 방법을 교육의 국제 영역의 문제에 적용하는 연구 영역이지만(Epstein, 1983; 1988), 비교교육의 관점을 외국의 교육제도에 대한 분석적인 연구로 단순히 교육제도의 비교에만 초점을 맞춘 비교교육의 접근은 교육학의 포괄적인 관점에서 비교교육의 학문적 영역을 더욱 좁게 할 수 있다(Trethewey, 1976).

연구 접근으로서의 비교교육의 영역과 관련하여 로셀로(Rossello, 1963)는 비교교육연구는 비교대상과 방식에 따라 비교교육의 성격이 다름을 전제하고 다음과 같이 비교교육의 연구 영역을 제시하고 있다.

① 교육체계와 교육구조의 비교
② 교육과정과 교수요목의 비교
③ 방법의 비교
④ 교육이론의 비교
⑤ 지방(지역) 수준의 비교
⑥ 분권제 국가에 있어서 여러 가지 행정단위의 비교
⑦ 기술적 비교연구와 설명적 비교연구
⑧ 정적 및 동적 비교연구

따라서 비교교육학은 주로 학문 내 및 학문 간 연구의 성격뿐만 아니라 비교연구방법으로서의 연구 영역이 있다. 즉, 비교교육은 교육철학·교육심리·교육행정·교육사회·교육공학·교육경제·교육사 등 모든 영역과 범위를 넘어서 종합적으로 연구할 수 있는 학문이므로 다른 영역보다 더 포괄적이고 상호 협동적인 특성을 나타낸다. 결국 비교교육연구는 분석하는 대상에 대하여 단순히 현존하는 상황의 유사(類似)와 상이(相異)를 비교하는 소극적인 비교교육연구에서 보다 적극적인 비교교육연구로 패러다임의 변화가 일어나지 않으면 안 된다.

브레이와 토마스(Bray & Thomas, 1995)는 비교교육연구를 위한 일련의 영역과 수준으로 표현된 입방체 형태의 분석 틀을 [그림 4-1]과 같이 제시하고 있는데, 교육연구의 영역 내 다양한 분야는 다양한 방법론과 개념상 강조점이 다르며, 상호 교류의 정도는 어느 정도 제한되었다고 지적하면서, 비교교육 영역은 국가 간 비교(cross-national comparisons)가 지배적이며 자국 내 비교(intranational comparisons)는 잘 사용하지 않는 반면, 대조적으로 다른 많은 분야는 주로 지역에 초점을 두는 것이 지배적이라고 한다.

[그림 4-1]과 같이 비교교육 분석 틀의 전면에는 비교를 위한 7개의 지리적·지역(장소) 차원의 단위(국가, 주, 학교구와 학교를 통한 세계의 지역이나 대륙으로부터 학급과 개인까지)이 있으며, 두 번째 영역에는 인종, 연령, 종교, 성, 다른 집단, 전체 인구 등이 포함된 비지역적 인구통계학적 내용들이 있다. 또한 세 번째 영역은 교육과정, 교수방법, 재정, 경영구조, 정치 변화와 노동시장과 같은 교육 및 사회 측면의 내용으로 구성되어 있다. 따라서 비교하고자 하는 많은 연구가 [그림 4-1]의 음영으로 된 셀과 같이 세 가지 차원의 다양한 비교교육연구주제 중 하나가 된다. 브레이와 토마스의 분석 틀에서 무엇보다도 중요한 점은 교육현상의 다면적이고 총체적으로 분석하기 위한 비교교육연구에서는 다층적 분석이 필요하다는 점이다. 즉, 많은 연구가 단일 수준에 머물러 있었으며, 그로 인해 교육제도에서의 낮은 수준에서의 양상이 보다 높은 수준에서의 양상에 의해 형성되고 그 반대의 경우도 동일하다는 방식의 인식이 무시되고 있다는 것이다. 설령 연구 목적과 활용할 수 있는 자료의 제약으로 인해 단일 연구로만 수행할 수 있었

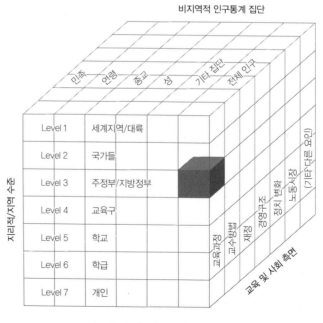

**[그림 4-1]** 비교교육 분석 틀

출처: Bray & Thomas (1995: 475).

다 하더라도, 최소한 자신들의 연구 초점의 한계와 관심 있는 교육현상에 대한 다른 수
준의 상호 영향에 대해 인식할 필요가 있다는 것이다.

따라서 비교연구는 설명적, 역사적, 심지어 철학적 기능에서부터 종합적 및 통합적,
해석적 및 예측적 기능으로 점점 확대되고 있으며, 다양한 형태의 교육에 대한 포괄적
인 설명 및 분류, 교육 및 교육과 사회 간의 다양한 측면이나 요인들 간의 관계와 상호
작용을 설명하고 교육의 변화와 연속성의 조건들을 탐색하는 등의 영역이 다루어지고
있다. 예를 들어, 비교교육은 일반적으로 외국에 대한 교육, 비교연구를 통한 교육, 국
제교육 등과 같이 시간과 공간을 통한 비교연구에 대한 보다 광범위한 주제의 맥락에서
여러 국가 또는 지역을 비교연구하는 것뿐만 아니라 이용가능한 대규모 국제 데이터를
비교분석하는 영역도 가능하다. 따라서 비교교육학의 연구 영역은 실제로 여러 단계가
공존하고 한 단계의 영역에서 다음 단계의 영역으로 상호 관련성을 갖고 비교연구되는
것으로 보는 것이 보다 타당하다(Bray, 2010).

# 교육학의 학문적 성격

## 1. '학문적'의 의미

교육학의 학문적 성격을 누구나가 인정하는 일반적인 차원에서 언급하는 것은 사실상 불가능하다. 일상에서 교육에 관한 수많은 관점이 존재하듯이, 교육학의 학문적 성격 규정에도 서로 동의하지 않는 수많은 관점이 존재한다. 교육에 관한 다양한 관점이 실천적 차원과 관계한다면, 교육학의 학문적 성격에 관한 다양한 관점은 이론적 차원과 관계한다. 교육학 내에는 다양한 학문 이론적 방향이 공존하고 있고 그 방향에 따라 교육학의 학문적 성격이 다르게 언급될 수 있다. '교육학의 학문적 성격이 무엇인가?'라는 물음을 접하게 될 때, 제일 먼저 부딪치는 문제는 "'학문적'이란 의미는 무엇인가?"이다. 이 물음은 '학문으로서의 교육학이 왜 필요한가?'라는 물음과 연결되어 있다. 우리는 교육에 일가견이 있는 사람들이 자신의 경험에서 얻어진 견해나 신념에 근거해서 '~(이런) 것이 올바른 교육'이라고 각기 다른 주장을 하는 경우를 볼 수 있다. 실제로 박애주의자들에 따르면, 18세기 유럽에서는 조금 배웠다고 하는 사람이라면 앞다투어 자녀교육에 관한 글을 써서 부모를 포함한 교육자들을 혼란스럽게 했다(정기섭, 2022: 94).

실천적 차원에서 존재하는 다양한 교육 이해가 옳은 것인지 아닌지를 판단하기 위해서는 '기준'이 필요하다. 이러한 기준을 제시해서 교육실천이 좀 더 교육답게 되도록 돕는 과제의 필요성에서 학문으로서 교육학이 탄생했다고 할 수 있다. 이때 문제가 되는 것은 이 기준을 어떻게 확보하느냐 하는 것이다. '학문적'이란 이 기준의 '근거'를 확립하는 것과 관계한다. '근거'를 확립하기 위해서는 근거의 타당성을 확보하기 위한 '규칙'이 전제되어야 한다. 즉, 어떻게 근거를 확립할 것인가 하는 또 다른 기준(규칙)이 있어야 하는 것이다. '기준'은 교육실천이 지향해야 할 방향이므로, '학문적'에는 교육실천이 전제되어 있으며, 교육실천의 방향과 그 방향에 대한 진술의 근거를 확보하는 방법론이 포함되어 있다. 즉, 학문으로서의 교육학은 교육실천에 도움을 제공하고자 하는 진술들의 근거를 확보하는 방법론의 다름에서 교육학의 학문이론이 구분된다. 학문적인 진술은 자의적인 주장이 아니고 근거에 입각한 것이기 때문에, 교육학은 교육실천에 대한 학문적인(근거에 입각한) 진술들의 체계로 이해된다.

이러한 이해에서 교육학의 학문적 성격에 대한 논의는 학문 이론적 토대에 따라 크게 '규범적(normativ) 성격'과 '서술적(deskriptiv) 성격'으로 나뉠 수 있다. 규범적 교육학은 진술의 근거를 규범에 두는 것이고, 서술적 교육학은 진술의 근거를 사실에 두는 것이다. 교육학의 학문적 성격에 대한 사적 고찰은 시간의 흐름에 따라서 어떠한 학문 이론적 경향이 교육학사에서 지배적이었는지를 들여다보고 그러한 교육학의 특징과 문제를 살피는 것이라고 할 수 있다. 교육학이 교육실천에 도움을 주는 학문이라는 것은 교육자(교육실천가)의 교육적 행위에 도움을 준다는 것으로 이해된다. 교육학의 발전 과정에서 교육학은 때로는 교육자가 교육목적을 의식하고 교육방법을 성찰할 수 있는 규범을 제시하는 학문으로 때로는 목적은 배제하고 주어진 목적을 달성하기 위한 효율적인 방법(수단)을 제공하는 서술적 학문으로 이해된다.

여기에서는 교육학 강좌가 다른 국가보다 이른 시기인 18세기에 대학에 개설되었고, 그로부터 체계적인 교육학에 관한 논의가 전개되어 온 독일어권 교육학의 주요 학문 이론적 경향을 대상으로 한다. 주요 내용은 「독일 교육학의 전문화·세분화와 일반교육학의 위상」(정기섭, 1999), 「교육학의 '비판적 전환'과 비판이론」(정기섭, 1998), 「'교육학' 용어 사용으로 본 독일 교육학의 흐름」(정기섭, 2023)을 토대로 하고, König(1975)의 『교육학 이론. 제1권(Theorien der Erziehungswissenschaft. Bd.1)』과 Krüger(1997)의 『교육학의 이론과 방법 입문(Einführung in Theorien und Methoden der Erziehungswissenschaft)』을 참고한다. [그림 5-1]은 교육학의 전개도이다. 이 전개도에

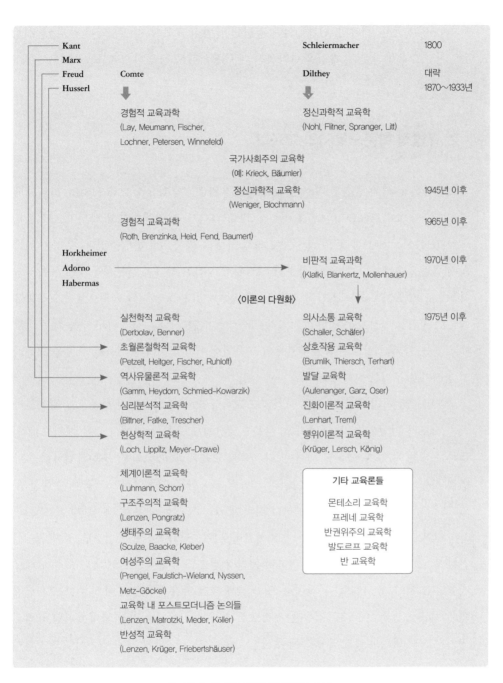

**[그림 5-1]** 독일어권 교육학의 흐름

는 1800년대 초반 헤르바르트에 의해 정립된 규범적 교육학이 포함되어 있지 않지만, 독일어권 교육학의 전개 과정을 파악하는 데 유용하다(우정길 외 공역, 2023: xii).

## 2. 규범적 학문으로서의 교육학

교육학은 18세기 중반 이후에 할레대학의 트랍(E. Ch.Trapp, 1745~1818), 하이델베르크대학의 슈바르츠(F. J. Ch. Schwarz, 1766~1837), 튀빙겐대학의 헤르바르트(J. F. Herbart, 1766~1841)와 같은 교수들에 의해 하나의 학문으로 발전하였다. 우리는 이들의 저술들을 통해 교육학을 타 학문의 영역에서 독립된 하나의 전문성을 갖춘 독자적인 학문으로 기초 세우려는 초기의 노력을 발견할 수 있다. 독자적인 학문으로서 교육학을 최초로 정립한 인물로는 일반적으로 헤르바르트가 언급된다. 사실적 근거를 학문적 토대로 삼는 학자의 일부는 헤르바르트의 교육학이 규범적이라는 이유로 트랍을 교육학의 창시자로 보기도 한다(Lochner, 1963: 89).

헤르바르트 이전 혹은 비슷한 시기에도 교육학을 하나의 규범적 학문으로 체계화하려는 시도가 없었던 것은 아니지만, 학문으로서의 교육학 논의에서 그를 시작으로 언급하는 데는 두 가지 이유를 들 수 있다. 첫째, 교육목적(규범)의 근거를 확립하려는 방법적 차이에 있다. 헤르바르트 이전의 규범적 교육학은 기독교적인 믿음에 토대를 두고 교육목적(규범)을 인간이면 누구나 따라야 하는 당연한 의무로 제시했다면('모든 인간은 신의 질서에 따라 행위해야 한다.'), 헤르바르트는 교육목적을 도야 가능성이라는 인간학적 토대 위에서 윤리학에 의존하여 논리적 검토를 통하여 도달해야 할 최종 상태로 정의하였다(König, 1975: 34 이하 참조). 헤르바르트가 윤리학에 토대를 두고 교육실천의 문제를 고려하여 교육목적을 논리적으로 정의했다는 점은 다른 학자들처럼 규범의 근거를 신의 권위와 종교적 믿음에 두지 않고 학문적으로 근거 지우려는 시도라고 평가할 수 있다. 둘째, 교육목적에 도달하기 위한 교육방법을 모색하는 차이에서 찾을 수 있다. 헤르바르트는 '교육목적에 따른 교육목표가 □□이고, 현실에서는 ○○이 문제이니 △△해야 한다.'라는 식으로 교육방법(수단)을 제시하지 않는다. 그는 생리학이 순수하게 인과성을 분석하는 학문인 것과 유사하게 마음의 인과성을 밝히는 수학적 성격의 심리학을 구상하고 그에 토대를 둔 교육방법을 제시한다. 이런 심리학의 토대에서 헤르바르트는 수업의 형식 4단계를 제시하고 있다(Benner, Oelkers, 2004: 73-74).

헤르바르트는 『일반교육학』(1806)과 『교육학 강의개요(Umriß pädagogischer Vorlesungen)』(1835)에서 교육학을 다른 학문과 구분되는 독자적인 학문으로 기초를 세우려는 노력을 보여 주고 있다. 그는 '고유한 개념들(einheimische begriffe)'을 통해 교육학을 다른 학문과 구분하려 하였다. 즉, 이 개념들이 교육학의 연구대상이고, 교육학은 이 개념들을 계속 발전시켜 실제적인 교육에 도움을 주어야 한다는 것이다.

> 만일 교육학이 가능한 한 철저하게 고유한 [교육적] 개념들에 대하여 숙고하면서 자립적인 사고를 키운다면, 이는 참으로 바람직한 일이다. 이를 통하여 교육학은 하나의 연구권의 중심이 될 것이며, 더 이상 [중앙에서] 멀리 떨어진 변방으로서 타 민족(타 학문: 필자)의 지배를 당하는 위험에 처하지는 않을 것이다(김영래, 2006: 22).

헤르바르트는 "학생의 도야가능성(bildsamkeit)"(Herbart, 1964: 69)[1]을 교육학의 제1의 기본개념으로 보고 이 개념을 논리적으로 확대하면서 학문으로서의 교육학에 관해 언급한다. 그는 이 개념을 학생이 어디로 어떻게 교육되어야 할 것인가 하는 목적과 방법을 포함하는 개념으로 확대한다. 이와 관련해서 교육학은 먼저 무엇을 가르쳐야 하는가 하는 교육목적과 어떻게 목적에 도달할 수 있는가 하는 방법을 명확하게 제시해야 하고, 이는 교사(교육실천가)가 교육현장에서 무엇을 어떻게 교육하는 것이 옳은 것인가 하는 물음에 해답을 줄 수 있어야 한다.

헤르바르트에 있어서 교육을 통해 도달되어야 할 최고의 상태는 '강한 도덕적 품성'이다. 교사(교육실천가)의 임무는 학생을 이 단계로 이끄는 것이다. 교사는 이를 위해 이 개념에 대한 정확한 지식을 필요로 하고 그를 준거로 교육의 영향을 판단할 수 있어야 한다. 그를 위해 교육학은 '도덕적 품성'의 필수적인 조건들을 명확하게 제시해야 하는데, 이를 개념적으로 숙고하기 위해 교육학은 윤리학을 필요로 한다. 다시 말하면, 교육목적인 '도덕성' 또는 '덕(Tugend)'을 개념적으로 분명히 하기 위해 교육학은 윤리학

---

1) 이 글에서 헤르바르트의 "Umriß pädagogischer Vorlesungen"에 관한 인용은 H. Heim의 『Systematische Pädagogik』(1986)에서 재인용하였다.

을 필요로 한다. 헤르바르트에 있어서 이러한 덕의 개념은 관념론적이기보다는 현실적
으로 가능한 것이어야 한다. 따라서 윤리학을 통한 교육학의 기초지움은 "도덕성을 향
한 의지의 도야가능성(Bildsamkeit des Willen zur Sittlichkeit)"(Herbart, 1964: 69)이 실현
가능한 조건들을 다섯 가지의 실천적인 도덕 이념(내면적 자유의 이념, 완전성의 이념, 호
의의 이념, 정의의 이념, 보상 또는 공정의 이념)으로 해명하는 것을 말한다. 이 다섯 가지
교육이념은 교육의 목표로 이해된다.

다음은 윤리학에 의해 기초 지워진 교육목적에 도달하기 위한 방법의 문제이다. 교
사는 수업적인 행위들을 위해 학생을 올바르게 이해하고 해석할 수 있어야 한다. 이를
위해 교육학은 심리학을 필요로 한다. 심리학은 교육의 수단과 방해 요소들을 제시하면
서 학문적으로 교육방법의 기초를 세운다. 학습에 있어서 교사는 먼저 학생들을 관찰하
고 이러한 관찰들이 교사에게 학생의 도야성에 대한 통찰력을 줄 때 수업적이고 교육적
인 행위들이 함께 형성될 수 있을 것이다. 그러나 교사가 다시 이러한 행위들의 영향들
을 관찰한다면 그는 그의 "관찰들을 이해하고 올바르게 해석하기 위해"(Herbart, 1964:
70) 심리학이 필요하다. 심리학을 통한 교육학의 기초지움은 하나의 특정한 개성과 관
련된 학생의 도야가능성에서 출발한다.

그는 인간의 모든 심적 작용을 표상(vorstellung)에 의해 설명한다. 그의 표상심리학
에 따르면, 인간의 경험은 표상(관념)이라고 하는 형태로 마음에 남게 되는데, 이러한
표상들은 서로 방해하기도 하고, 결합하기도 하고, 억압되기도 하고, 재생되기도 한다.
새로운 표상이 들어오면 그것이 동화되거나 거부되는데, 기존의 표상을 통해서 새로운
표상이 획득되는 것을 통각작용(apperzeption)이라 한다. 즉, 기존의 표상들에 섭취, 동
화되어 '사고권역'을 형성하는 것이다. 이렇게 섭취, 동화하는 통각작용을 통해서 인간
들의 모든 이해와 인식 그리고 학습이 가능하게 된다. 그러므로 지식의 진보는 통각의
과정이라고 할 수 있다(주영흠, 1987: 183).

심리학은 어떠한 조건들에서 열망된 표상들이 학생들에게 실현되고 고착되는지를
보여 주면서, 즉 어떻게 표상들이 방해되고, 약한 표상들을 밀어내고, 어떻게 표상들이
연관성 있는 표상권을 형성하는지를 명시하면서 교육방법을 학문적으로 기초 지운다.
따라서 도덕성의 실현을 위한 교육방법은 학생의 마음속에 친숙한 기존의 표상을 고려
하고 흥미를 유도하면서 시작해야 한다. 윤리학이 교육목적과 관련하여 도야가능성 개
념을 논리적으로 확대한다면, 즉 도야되어야 할 방향으로서의 도덕성 또는 덕을 의지와

관련하여 개념적으로 제시하려 한다면, 심리학은 교육방법과 관련하여 어떻게 도덕적 의지가 개별적인 학생의 마음에서 실현되고 고착되는지 또는 방해되는지를 보여 줌으로써 도야가능성 개념의 사상권을 확대한다고 할 수 있다.

이렇게 보면 교육학의 학문적 기초는 결국 윤리학과 심리학이 없이는 불가능하다. 헤르바르트는 이러한 자신의 생각을 다음과 같이 요약했다.

> 학문으로서의 교육학은 실천철학과 심리학에 의존한다······ 실천철학은 목적을 명시하고 심리학은 방법, 수단 그리고 방해들을 명시한다(Herbart, 1964: 69).

지금까지 살펴본 바와 같이, 헤르바르트는 도야가능성 개념을 통해 교육을 목적-수단의 관계로 파악하고 이에 대한 개념적인 이론을 제공하는 것이 학문으로서 교육학의 임무로 보았다. 교육에 대한 일반적인 이론이 가능한 것은 그의 저서 『일반교육학』 (1806)의 부제('교육의 목적으로부터 이끌어진')가 보여 주듯이 모든 교육적인 노력이 그가 구상한 교육목적인 도덕성으로 접근해 가기 때문이다. 교육목적이 실현된 상태는 모든 인간이 다섯 가지 실천적 도덕 이념에 따라 행위하는 상태이다. 헤르바르트 교육학의 규범적 성격은 규범으로서의 교육목적을 확정하고 그에 기초해서 교육실천을 위한 또 다른 지침들을 이끌어 내는 데 있다. 규범적인 진술로서 교육목적은 타당성을 확보하기 위해 윤리학에 토대를 두고 있지만, 윤리학의 보편타당한 문장(공리)으로부터 연역된 것이 아니다. 헤르바르트가 다른 규범적 교육학자들과 구별될 수 있는 점은 궁극적인 교육목적(규범)을 연역의 출발점인 자명한 공리에 두는 것이 아니라, 교육을 통해 도달해야 할 상태로 정의했다는 데 있다(König, 1975: 80).

그러나 헤르바르트의 규범적 교육학은 교육학의 고유한 반성에 의한 것이라기보다는 윤리학과 심리학에 의존하여 교육실천의 특별한 상황들을 고려함이 없이 사변적으로 만들어졌기 때문에 실천적인 문제해결을 위해서 적합하지 않다고 슐라이어마허(F.D. Schleiermacher, 1768~1834)는 비판한다. 사변적이란 의미는 교육실천을 위한 규범적 문장들이 경험을 통해 확인 불가능한 텍스트로부터 가져온 것이라는 것이다.

## 3. 정신과학으로서의 교육학

정신과학적 교육학은 규범적 교육학이 교육실천의 변화(상황 변화)를 고려하지 않고 있다고 비판한다. 교육실천가가 무엇이 교육적으로 올바른 행위인지를 판단하는 기준으로서의 학문적 진술이, 그가 처해 있는 사회적 변화를 고려하지 않고 있다는 것이다. 규범적 교육학에서 교육목적은 항상 같은 것이어야 함으로 교육실천이 변화하지 않는다는 가정에서만 유효하다는 것이다. 이러한 규범적 교육학의 문제를 처음으로 제기한 인물이 슐라이어마허이다(König, 1975: 90). 슐라이어마허는 헤르바르트처럼 목적-수단의 관계에서 교육학이 윤리학에 의존한다는 것에 동의하지만, 보편타당한 윤리학의 문제를 제기한다.

"누구에게나 인정될 수 있는 윤리적 체계는 없기 때문에 우리는 그것을 증거로 끌어들일 수 없다."(König, 1975: 91에서 재인용)는 것이다. 그에 따르면 역사의 발전 과정에서 다양한 윤리 이론이 생성되고 사라진다. 그러므로 단지 윤리학을 토대로 교육 상황과 상관없이 유효한 보편타당한 학문적 진술을 구성하려는 규범적 교육학은 불가능하다. 슐라이어마허는 교육이 추구해야 하는 최고의 목적으로 '선의 이데아(Idee des Guten)'를 언급하지만, 그것은 형식이고 이 형식의 적용은 실제적으로 주어져 있는 것에 의존해야 한다고 강조한다. 즉, 그 내용은 시대에 따라 새롭게 결정되어야 한다고 한다는 것이다(König, 1975: 94). 모든 시대 최고의 교육목적은 선의 이데아여야 하지만 그것이 무엇이 되어야 하는지는 시대에 따라 새롭게 결정되어야 한다는 것이다.

이러한 이해에서 슐라이어마허는 교육을 하나의 역사적·사회적 현실로 이해한다. 그에 따르면, 인간은 삶의 출발부터 자기 발전의 충분한 토대를 그 내부에 스스로가 갖고 있다. 그러한 것은 정신적이고 지적인 삶의 개념에서 엿볼 수 있다. 그러나 인간은 종족 특성상 다른 사람의 영향 없이 혼자서는 공동체 속에서의 삶을 영위하기 위한 일정한 수준에 도달할 수 없다. 그래서 어느 공동체나 성인세대가 젊은 세대를 일정한 수준에 이르도록 영향을 주는데, 이것이 교육이고 교육학의 연구대상이다. 즉, 교육은 성인세대가 영향을 통해서 젊은 세대를 하나의 문화에 적응하도록 하는 과정이다(Schleiermacher, 1969: 1-10). 교육의 기본 토대는 세대 간의 관계이고, 이러한 이해는 교육학의 연구 영역을 학교에서 생활의 장으로 확대시킨다. 이제 교육학은 사변적(연역적)으로 교육실천에 도움을 줄 수 있는 문장들을 도출하는 것이 아니라 실제 주어져 있는 역사적·사회적 현실인 교육현실을 연구하고 그에 도움을 주는 학문으로 이해된다. 교육학은 교육적인 삶 속에 녹아있는 무반성적인 교육이론을 학문적으로 반성하고 이를 통해 교육현실에 도움을 주어야 한다는 것이다. 교육현실에 도움을 준다는 의미는 교육자(교육실천가)에게 자신의 교육활동을 성찰할 수 있는 방향을 제공한다는 것이다. 교육학은 교육실천에서 출발해서 교육실천을 위해 기여 하는 이론(Theorie von der Praxis für die Praxis)으로 이해된다.

그의 제자인 딜타이(W. Dilthey, 1833~1911)는 정신과학적 교육학의 발전에 커다란 영향을 미쳤다. 그는 규범적 교육학이 규범을 다루는 것을 비판하는 것이 아니라, 그 규범이 상황에 적합하지 않다는 것을 비판한다. 왜냐하면, 그에 따르면, 규범적 교육학은 모든 다양한 민족과 시대에 적합한 보편타당한 교육 목적을 추구하기 때문이다. 딜타이에 따르면, 정신과학은 "역사적·사회적 현실을 그의 대상으로 한다." 그리고 이 현실은 "목적들로 충만된 세계이다."(Dilthey, 1958b: 256) 즉, 역사적·사회적 현실에 있는 인간들은 스스로 계획을 세우고 그것을 달성하기 위해서 무엇인가를 행한다. 그러므로 정신과학의 과제는 역사적·사회적 현실에서 인간들이 추구하고 있는 목적들을 명료하게 밝혀 내는 것이다. 이러한 맥락에서 딜타이는 "교육목적은 삶의 목적으로부터 이끌어 낼 수 있다"(Dilthey, 1958a: 57)라고 강조한다.

딜타이에게 있어서도 교육학은 교육실천(교육현실)에 도움을 주는 규범적인 학문이다. 그러나 정신과학적 교육학이 이전의(전통적인) 규범적인 교육학과 다른 점은 규범적인 문장들(진술들)이 특별한 역사적 상황을 고려하여야 하고, 그 상황에서 가치가 있어야 한다고 보는 데 있다. 그리고 규범적 교육학이 학문적 진술의 타당성을 확보하기 위해 연역적 또는 사변적으로 정의하는 방법을 택했다면, 딜타이는 이해하는 방법을 제안한다. 역사적·사회적 현실에서 인간이 계획적으로 수행하는 목적은 외관으로 관찰될 수 없기 때문에 내적으로 이해할 수밖에 없다는 것이다. 그를 위한 토대가 그 유명한 '설명하는' 학문으로서 자연과학과 '이해하는' 학문으로서 정신과학의 구분이다. 규범적인 문장(진술)이 학문적이기 위해서는 이해하는 방법(해석학)을 사용해야 한다는 것이다.

딜타이에 따르면, 모든 학문은 역사적·사회적 현실이라 불리는 전체 문화체계의 한 부분으로서의 연구 영역을 가져야 한다(Dilthey, 1959: 27-28). 그러므로 교육학이 하나의 학문으로 성립하려면 문화적인 현실 속에 교육학이 연구할 수 있는 하나의 연구 영역(교육현실)이 있음을 증명해야 한다. 그에 따르면, 교육은 인간의 삶에 동반되는 역사적 사실로서, 문화체계인 교육현실은 사회 내에 존재한다. 그렇다고 하더라도 교육현실이 다른 문화체계와 구별되는 것은 교육현실에 고유한 이념이 작동되고 있기 때문이다. 딜타이는 교육을 전체 문화체계의 부분 문화체계로 보고 "교육은 하나의 사회기능이다."(Dilthey, 1960: 192)라고 주장한다. 이러한 관점에서 볼 때 역사적·사회적 현실의 한 부분으로서 교육현실을 결정하는 것이 학문으로서의 교육학이 성립하는 기본조건이 된다. 딜타이에 따르면, 교육현실은 다른 학문들로부터 중심적으로 파악될 수 없는 교육학의 고유한 연구대상이다. 이러한 독자적인 연구대상이 존재함으로서 교육학의 상대적 자율성이 가능하다.

딜타이의 직간접적인 제자들인 놀(H. Nohl), 슈프랑어(E. Spranger), 프리샤이젠—퀼러(M. Frischeinsen-Köhler), 베니거(E. Weniger), 플리트너(W. Flitner), 볼노브(O. F. Bollnow), 뢰어스(H. Röhrs) 등은 교육현실을 교육이론의 출발점으로 보고 교육현실을 다른 문화현실들로부터 구분하려는 노력을 한다. 그들에게서 구분되는 점은 교육현실을 연구하는 방법론의 차이에 있다.

정신과학적 교육학을 대표하는 1세대 학자인 놀은 교육현실을 그 자체보다는 교육적인 경험이나 역사적인 텍스트를 통해 연구하려고 한다. 학문적인 이론이 근거를 두어야 할 교육현실은 교육적 경험과 교육적 객관물들이다(Nohl, 1988: 151). 놀은 개별적인 교육행위들에 영향을 미치고 있는 고유한 이념을 교육현실의 구성요소로 보고, 교육학은 이러한 고유한 이념을 교육적 경험과 역사적 기록물, 텍스트와 같은 객관물을 통해서 귀납적으로 밝혀 내고 이를 교육실천가들의 객관적 판단을 위한 기준으로 제공해야 한다고 주장한다. 이는 교육학이 교육현실을 직접적인 학문적 반성의 대상으로 삼는 것이 아니라 교육적 삶의 객관물들로부터 간접적으로 해석하려는 것을 의미한다. 이렇게 과거의 역사적 자료 해석을 통한 방법으로 간접적으로 교육현실에 접근하려는 그의 교육학을 '역사적·해석학적' 교육학이라 부른다(Benner, 1993: 200). 그 예가 개혁교육학(Reformpädagogik, 개혁교육운동) 연구로서 역사적 사실로 존재하는 교육실천을 해석하고 그로부터 현재의 교육실천을 성찰하고 나가야 할 방향을 제시하고자 한다.

지금까지 살펴본 것처럼 인식의 토대가 경험적 연구를 통해 파악될 수 있는 것이 아니라 객관화된 현실이기 때문에 전통적인 딜타이—놀의 정신과학적 교육학은 실제의 교육현실을 직접적으로 파악하는 것과는 거리가 있다고 할 수 있다. 이러한 교육학과 교육현실의 거리를 좁히려는 노력은 플리트너의 "해석학적 · 실용적 교육학"(Flitner, 1957: 23)과 뢰어스의 "해석학적 · 경험과학적 교육학"(Röhrs, 1996)을 통해 더욱 발전된다. 이들은 교육현실을 있는 그대로 파악하기 위해서 해석학적인 연구방법과 경험과학적인 연구방법을 결합하려고 시도했다.

플리트너는 놀의 교육학에 있어서 해석학적 반성의 대상이 과거의 역사적 자료들임을 지적하면서 교육학은 실용적인 학문이어야 한다고 주장한다. 실용적인 학문은 실천적인 상황에서 철학하는 학문으로, 실천적인 상황은 역사적으로 주어진 것이지만 바로 지금 여기에 있는 사실성들에 의해 해명되어야 하는 것으로 본다. 교육적인 실천 상황은 교육현실이 되고 이 교육현실은 역사적으로 주어진 이념과 가치들에 의해 결정되는 교육적인 경험과 그의 객관물 만으로는 파악할 수 없고, 그에 영향을 미치는 사실적인 요인들을 포함해야한다. 이러한 교육현실의 양면성 때문에 교육학의 고유한 방법론적 토대는 해석학적인 방법과 경험과학적인 방법을 결합하는 제3의 방법이어야 한다고 플리트너는 주장한다.

뢰어스는 플리트너의 방법은 경험과학적 연구의 결과들을 일방적으로 해석학적 반성의 대상으로 삼기 때문에 하나의 실천적인 연구에서 두 방법이 서로 보완하면서 통제하는 기능을 소홀히 하고 있다고 지적하면서, 이러한 약점을 극복하고자 하나의 실천적인 연구에서 연구자들이 자신의 전문적인 방법적 지식을 바탕으로 연구방법을 자유롭게 선택하고, 그 결과에 상응하면서 연구계획을 수정 · 보완할 수 있는 해석학적 · 경험과학적 방법을 제안한다. 해석학적 · 경험과학적인 방법은 복잡하고 다양한 교육현실을 가능한 방법들을 상황에 맞게 적용하면서 그의 특성에 맞게 파악하고, 연구 결과의 객관성을 위해 연구자의 연구방법에 대한 명확한 지식과 비판의식 그리고 연구자들 간의 열린 대화를 전제로 한다.

딜타이 이래로 전개된 교육현실에 토대를 둔 교육학의 자율성 논쟁은 1950년대와 1960년대 초까지 절정기였으나 교육현장을 개혁하는 데 실질적인 도움을 줄 수 있는 경험과학적 연구방법이 많이 적용되면서 점점 회의를 갖게 되었다. 왜냐하면 전통적인 정신과학적 교육학자들은 문화체계로서의 교육현실을 방법적으로 하나의 생활권에서 역사적으로 성장한 이상, 가치, 목표 등과 같은 정신적인 요소들로 파악하려 함으로써 교육행위와 관련된 직접적인 사실 요소들을(관찰에 의해 파악될 수 있는) 상대적으로 소홀히 하였기 때문이다.


## 4. 실증적 학문으로서의 교육학

1945년 이후 정신과학적 교육학은 중단되지 않고 계속 이어졌지만, 점차 경험과학적 교육학이 지배적인 경향이 된다. 이러한 발전은 1960년대에 들어서 실증주의 논쟁과 같은 사회과학들의 학문이론 토론을 통해 시작되었다(Adorno et al., 1970). 사회과학연구의 가치중립성 논쟁을 촉발한 베버(M. Weber)의 영향을 받은 사회과학의 실증적인연구방법들이 점점 교육학으로 도입되었고 정신과학적 교육학은 매력을 잃게 되어 "그의 시대의 쇠퇴"(Dahmer & Klafki, 1968)라고까지 언급되게 되었다. 앞에서 언급한 정신과학적 교육학자인 플리트너가 1950년대 말에 교육학의 고유한 연구방법으로 해석학적 방법과 경험과학적인 방법을 결합한 제3의 방법을 제안한 것도 이미 경험과학적 연구방법이 더 이상 거부할 수 없는 흐름이 되었기 때문이라고 할 수 있다.

사회과학적인 방법들의 유입으로 방법론적인 방향 전환을 통해 새로운 교육학의 기초를 세우려는 경향이 생겨났다. 그래서 1960년대 초 교육학에서는 "사실로의 전환(realistische Wendung)"(Roth, 1962: 481)이 요구되었다. 이는 20세기 초에 라이(W.A. Lay), 모이만(E. Meumann), 패터슨(P. Petersen)과 피셔(A. Fischer)에 의해 발전되었던 경험과학적 연구방법이 1960년대에 방법론적인 전환과 함께 로흐너(R. Lochner), 브레친카(W. Brezinka), 뢰스너(L. Rössner) 등에 의해 새롭게 계속 발전하는 것을 의미한다. 새롭게 발전한다는 것은 경험과학적 방법에 토대를 둔 1960년대 이후의 교육학과 20세기 초반의 교육학이 유사하면서도 다른 점이 있다는 것을 의미한다. 훗날 '실험교육학(experimentelle Pädagogik)'으로 명명된 20세기 초반의 경험적 교육학은 아직 실증주의(positivismus)의 영향하에 있지 않았다. 실험교육학은 전통적인 규범적 교육학에 대한비판에서 출발하여 학문적인 이론의 토대를 사실(tatsache)에 두고자 하였다. 실험주의교육학이 실증주의적 교육학과 궤를 같이하는 것은 교육이론이 객관적인 사실에 기초하여야 한다는 것이고, 구분되는 것은 교육학의 규범적 성격을 포기하지 않았다는 점이다. 라이에 따르면, "교육은 …… 규범적인 학문들에 상응하는 인간의 육체적 정신적 발달을 이끄는 것이다."(Lay, 1912: 23: König, 1975: 141에서 재인용) 실험교육학은 교육목적과 같은 규범적 문장이 실험적인 연구의 결과에 비추어 실현 가능한 것인지를 묻는다. 즉, 교육학은 규범적 문장의 근거를 사실로부터 확보해야 한다는 것이다. 모이만에 따르면 "실험교육학은 요구된 목적들이 청소년의 일반적인 발달법칙, 아동의 개별성, 청소년의 발달단계에 적합한 것인지 그리고 어떻게 목적들을 가장 잘 실현할 수 있는지 검토할 수 있다."(König, 1975: 143에서 재인용)고 한다.

실증주의는 학문적인 문장(진술)의 토대는 오로지 자연과학적인 방법에 따라야 한다는 입장을 취한다. 이 입장은 학문의 생명은 객관성에 있으므로, 학문을 있는 그대로 사실을 서술하는 것에 제한한다. 즉, 학문의 기준으로 '가치중립성(wertfreiheit)'을 요구한다. 이 입장을 대표하는 교육학자는 로흐너이다. 가치중립성을 교육학에 요구하는 순간 교육학의 규범적 성격은 더 이상 유지될 수 없다. 이제 교육학의 과제는 교육실천을 돕는 것에 있는 것이 아니라(교육실천가들이 교육목적을 실현하도록 돕는 것이 아니라), 편견이나 선입견 없이 현실을 서술하는 데 있다. 서술은 사실과 일치하는지를 검토하는 '검증'의 방법을 통해 증명될 뿐, 가치 기준에 의해 판단되지는 않는다.

이때 제기될 수 있는 문제는 우리가 사실을 서술한다고 할 때, 과연 이론이나 개념을 배제할 수 있는가 하는 것이다. 무엇을 서술한다는 것은 용어를 필요로 하는데, 그 용어에는 이미 사회 역사적 맥락에서 의미가 부여되어 있다. 또 다른 문제는 검증 불가능성이다. 널리 알려진 것처럼 "백조는 희다."라는 서술이 개별적인 사실 관찰 문장으로부터 귀납적으로 세워진 서술이라 하더라도 검증되기 위해서는 전 세계 방방곡곡에 있는 백조를 모두 관찰해야 하는데, 그것은 불가능하다.

이러한 객관성 확보를 위해 다소 부족한 실증주의 문제를 극복하고자 하는 것이 포퍼(K. R. Popper)와 알베르트(H. Albert)로 대표되는 비판적 합리주의(객관적 문장을 확보하기 위해 규칙을 부분적 변화 시도)이다. 비판적 합리주의는 학문의 기준으로 가치중립성을 더욱 엄격하게 요구한다. 즉, 객관적인 서술들을 비판적으로 검토하고자 한다. 이를 위해 사용하는 방법이 '반증'이다. 일반화할 수 있는 서술은 끝이 없는 대상으로 검증될 수 있는 것이 아니라, 하나의 가정으로서 엄격하게 검토되어야 한다는 것이다. 그러므로 이론은 서술과 다른 대상이 발견(반증)되기 전까지만 가정적으로 유효하다. 검증은 연구자가 서술과 맞는 대상을 찾으려는 마음이 작용할 수 있기 때문에, 서술과 다른 대상을 찾으려는 반증이 더 객관적이라는 것이다. 비판적 합리주의를 토대로 하는 교육학은 사실에 대한 객관적인 언급들의 체계라고 할 수 있다. 이렇게 가치중립성을 학문의

기준으로 삼는 넓은 의미에서 실증주의적 교육학은 교육의 목적과 같은 가치의 문제를
배제하는 서술적 성격을 강조하기 때문에 목적의 근거는 따지지 않고 그를 위한 수단만
중시할 위험성이 있다.


## 5. 비판적 학문으로서의 교육학

프랑크푸르트학파의 비판이론에 토대를 둔 비판적 교육학은 실증주의에 의해 상실
되었던 교육실천을 위한 규범을 회복하고자 한다. 비판이론은 실증주의를 정면으로 비
판한다. 호르크하이머(M. Horkheimer)는 「전통이론과 비판이론」(1937)에서 실증주의는
사회현상을 객관적으로 서술하는 것으로 그치기 때문에 그 사회가 어떤 사회인지 알려
주지 않는다고 비판한다. 사회문제를 극복하기 위해서는 사회의 구성원들이 그들이 처
한 문제를 의식할 수 있어야 실행에 옮길 수 있는데, 실증주의는 가치판단의 문제를 학
문의 영역에서 배제하기 때문에 사회문제를 극복하는 데 충분하지 않다는 것이다. 그는
모든 이론은 더 상위의 가치판단을 내려야 하며 단순한 '사실'만을 기록하고 체계화해
서는 안 된다고 비판한다. 이런 이해에서 비판이론은 '인간의 해방'을 목표로 한다.

1960년대 중반부터 비판이론의 논거들이 교육학으로 수용된다. 1964년 몰렌하우어
(K. Mollenhauer)가 『교육학과 합리성』이란 글에서 하버마스(J. Habermas)의 이론에 기대
어 '성숙성, 행위의 자율과 독단주의로부터 해방'을 촉구한다. 몰렌하우어는 1968년에 출
간된 『교육과 해방』이라는 저서에서 비판적 교육학의 규범적 토대로서 '해방'을 제시하
고 있다. 그는 비판적 교육학의 성격을 규정하는 것은 교육이 목적을 개인의 성숙에 두
는 것이고, 이에 상응하는 교육학의 인식 주도적 관심은 해방이라고 한다(Mollenhauer,
1968: 10). 계속해서 몰렌하우어는 해방을 "인간들의 합리성과 그와 결합된 사회적 행위
들을 제한하는 제약들로부터 인간들의 자유로워짐"(Mollenhauer, 1968: 11)이라고 정의
한다.

이러한 비판적 교육학의 규범적 토대는 하버마스가 학문의 특별한 규범적 토대가 되
는 기술적 인식관심, 실천적 인식관심 그리고 해방적 인식관심에 따라 학문을 경험적 ·
분석적 학문(empirisch-analytische Wissenschaften), 역사적 · 해석학적 학문(historisch-
hermeneutische Wissenschaften) 그리고 비판적 학문(kritisch orientierte Wissenschaften)

의 세 범주로 구분(Habermas, 1968)한 것을 배경으로 하고 있다. 하버마스는 학문 그 자체가 특정한 목적을 가진 인간의 사회적 행위이기 때문에 학문의 기저에 전제되어 있는 목적을 밝히려 하고 있다. 하버마스에 따르면, 기술적 인식관심(technisches Erkenntnisinteresse)은 자연 대상물에 대한 인간의 기술적 통제를 용이하게 할 수 있는 지식획득과 관련된 인간의 관심이다. 기술적 인식관심에 의해 주도되는 경험적·분석적 학문은 과학적 설명의 형태를 갖는 단편적인 도구적 지식의 생산을 목적으로 한다. 실천적 인식관심(praktisches Erkenntnisinteresse)은 인간이 실천적 상황에서 판단을 이끌 수 있는 지식획득에 관련된 관심으로 실천적 인식관심에 의해 주도되는 역사적·해석적 학문은 해석적 이해를 통한 지식획득을 목적으로 한다. 해방적 인식관심(emazipatorisches Erkenntnisse)은 인간의 비판적 자기반성을 가능하게 하는 성숙성에 대한 관심으로 해방적 인식관심에 의해 주도되는 비판적 학문은 이데올로기 비판을 특징으로 한다. 비판이론이 전면적인 비판의 대상으로 삼고 있는 경험적·분석적 학문의 토대가 되는 기술적 인식관심에서 기술적이란 "목적합리적 수단선택"이다(König, 1975: 179). 경험적·분석적 학문의 주요 관심은 목적·수단·관계에서 목적은 따지지 않고 목적에 도달하는 데 효율적인 수단에 있다. 그러나 하버마스는 인간들이 사회에서 함께 살아가면서 발생하는 문제(상호작용, 의사소통)는 기술적인 문제로 다루어질 수 없다고 본다. 그는 호르크하이머와 마르쿠제(Marcuse)에 기대어서 "사회를 자연에 적용되는 동일한 방법으로 통제하려는"(Habermas, 1969: 168) 경험과학은 사회문제 극복에 적절치 않다고 강조한다. 즉, 목적합리적 행위를 확대하는 것으로는 사회문제 해결이 불가능하다는 것이다.

이러한 배경에서 비판적 학문으로서 교육학은 그의 연구대상인 교육현실을 해방적 인식관심에 의해 연구하는 학문이다. 즉, 교육학은 교육이 개인의 성숙과 인간적인 사회 만들기에 기여하고 있는지를 밝혀야 한다. 교육실천과 교육학은 더 이상 기존의 문화를 단순히 전달하는 장도 아니고 역사적으로 주어진 이론을 반성하는 학문이 아니다. 그들은 오히려 "학습자가 스스로 그리고 함께 결정할 수 있는 가능성들을 계발하고, 그를 위한 조건들을 탐구하고 계속 발전시키는 데에 또는 방해들을 제거하는 데 기여해야 한다."(Klafki, 1982: 17) 교육은 학습자의 자율적인 자기정체성 형성에 기여해야 한다는 것이다. 이를 위해 교육학은 교육의 마당에서 나타나는 교육적 관계나 의사소통적 행위 같은 요소들이 지배적 사회관계를 고착시키고, 그것을 이데올로기적으로 정당화하는

지를 비판적으로 연구해야한다.

비판적 교육학은 교육과 사회의 종속관계를 밝히기 위해 교육현실에 녹아 있는 정치적·경제적·문화적 차원들을 비판적으로 반성하고, 이를 정확하게 파악할 수 있는 독자적인 방법을 발전시켜야 한다. 비판적 교육학의 방법론은 소위 말하는 1960년대의 실증주의 논쟁과 밀접한 관계가 있다. 비판이론의 특징인 이데올로기 비판적 관찰방법은 이 논쟁을 통해 정신과학적 연구방법과 경험과학적 연구방법을 비판적 시각에서 결합하는 방법론으로 발전한다. 이데올로기 비판을 위해서는 방법론적 편파성을 극복하고 그때까지 진행된 방법론적 논쟁과 숙고에 의해 발전된 방법들을 절충적으로 받아들이는 방법론이 요구된다는 것이다. 이러한 연구방법들의 결합은 비판이론의 형성에 비추어 볼 때 새로운 것이 아니라 할지라도 비판적 합리주의와의 방법론적 논쟁을 통해 비판이론의 독자적인 방법론적 관점으로 자리매김 한다.

비판적 교육학의 방법론적 관점은 교육현실을 구성하는 요소들, 즉 교육실천을 지배하고 있는 교육이론, 교육의 형태, 교사와 학생 간의 관계, 학생과 학생 간의 관계, 교육의 내용 등을 이데올로기 비판적 시각에서 반성하기 위해 교육학의 방법론 논쟁에서 반복적으로 제기되었던 정신과학적 방법과 경험과학적 방법의 대립을 극복하고자 한다. 클라프키(Klafki)는 그의 저서『방송통신강좌 교육학(Funk-kolleg Erziehungswissenschaft)』(1971)에서 처음으로 자신의 학문 이론적 방향 전환을 시사하고 계속되는 저술들에서 교육학은 비판만 하는 것이 아니라 실천에서 해방에 기여해야 한다는 의미를 갖는 '비판적·구성적 교육학(kritisch-konstruktive Erziehungswissenschaft)'의 개념을 발전시킨다(Klafki, 1971: 351 이하). 그는 해석학, 경험과학 그리고 이데올로기 비판의 상호 종속적인 결합이 교육학 연구에서 필수적이라고 본다. 경험과학(Empirie)이 가설을 세우고 연구결과의 평가를 위해 해석학에 의존해야 하는 것처럼, 해석학은 주관성에 빠질 수 있는 위험성과 기존의 지배적인 의견과 편견을 비판적으로 반성하기 위해 정치적·경제적 조건분석과 이데올로기 비판을 통한 보완이 필요하다는 것이다.

몰렌하우어 역시 이러한 방법론적 입장을『교육과 해방』(1968)에서 "경험 과학적으로 검증될 수 있는 과정들의 분석과 목적들의 비판은 교육학의 분리될 수 없는 과제"(Mollenhauer, 1968: 67)라고 서술하고 있다. 그에 따르면, 교육학은 연구대상을 자연과학적 의미에서처럼 있는 그대로 분석할 수 없는데, 그 이유는 연구자 자신도 교육학이 연구대상으로 하는 사회에 속해 있기 때문이다. 따라서 해석학은 이해하는 과정에서 '비판적'이어야만 한다는 것이다.

비판적 교육학은 그가 추구하는 이념으로서의 이상적 교육현실과 현재의 교육현실과의 모순을 비판하고, 교육목표로서의 성숙을 달성하기 위한 교육적 환경을 제공하려 한다. 그러므로 교육학이 교육현실을 보다 정확하게 파악하기 위해서는 해석학적 방법, 경험과학적 방법이 이데올로기 비판적 관점에서 상호 보완적으로 결합되어야 한다는 것이다. 비판적 교육학을 대표하는 클라프키, 몰렌하우어, 블랑케르츠(H. Blankertz)가 정신과학적 교육학을 대표했던 베니거의 제자들이었다는 점에 비추어볼 때 비판적 교육학은 정신과학적 교육학의 자기반성으로부터 이끌어졌다고 할 수 있다. 정신과학적 교육학이 교육과 사회, 정치, 윤리의 조화로운 관점에서 전인적인 인간 형성을 목표로 하는 개인의 성숙에 집착하였다면, 비판이론적 교육학은 개인의 성숙을 해방이라는 관점에서 이해하고 사회적 성숙에 관심을 갖는다. 왜냐하면 개인은 홀로 자유롭고 자율적인 존재가 아니라 사회적인 제약과 조건 속에서 살기 때문에 개인의 성숙은 성숙된 사회 안에서 실현될 수 있다고 보기 때문이다. 비판적 합리주적 교육학과 비판적 교육학이 전통적인 실증주의를 비판한다는 공통점은 있지만, 비판적 합리주의 교육학은 문장의 객관성을 확보하려는 실증주의의 관심을 그대로 유지하고 있는 반면, 비판적 교육학은 '해방'을 교육실천을 위한 규범으로 제시하고 있다는 점에서 구별된다.

## 6. 경험적 교육연구학들로서의 교육학

1990년대에 들어서 교육학이 경험적 연구로 전환해야 한다는 새로운 분위기가 형성된다. 이러한 분위기는 교육학에서 경험적 교육연구(empirische Bildungsforschung), 정확하게 말하면 경험적·양적(empirische-quantitative) 교육연구가 급격하게 팽창하여 그 입지가 그때까지의 교육학 이해를 흔들 정도로 이전보다 공고해졌다는 것을 의미한다. 사실, 1980년 중반까지만 하더라도 경험적 교육연구는 교육사회학이나 교육심리학에서 주로 수행되는 것으로 인식되어 교육학에서는 주변부에 머무르고 있었다. 1990년대 초까지도 일반교육학이 교육학의 핵심적인 분과학문으로서 대세를 이루고 있었다. 그러나 그 이후 일반교육학은 경험적 교육연구가 성장한 것에 비해 상대적으로 위축되었다. 2012년 교육학 데이터 보고서에 따르면 1987년에서 2010년까지 기간 동안 일반 교육학, 교육사, 비교교육학, 체계적인 교육학 분야의 교수가 총 14% 줄어든 반면, 경험적 교육연구학 분야의 교수 자리는 100개가 증가하였다(Zedler, 2013: 322).

1970년대 교육제도의 개선을 위해 사회과학의 영향을 받은 경험적·통계적 연구들이 있었지만 1990년대에 경험적 교육연구가 급격하게 증가하게 된 배경으로 PISA와 같은 학업성취도 국제 비교연구에 독일이 참여하게 된 것을 들 수 있다. 특히 PISA 2000의 참담한 결과는 정책적인 차원에서 그 원인을 경험적으로 분석하고 대책을 마련하려는 막대한 연구지원으로 이어졌다. 독일연구재단(DFG), 독일 연방교육연구부(BMBF), 주 문화부장관협의회(KMK)의 주도하에 연구수행을 위한 막대한 비용이 투입되어 경험적 교육연구를 수행할 수 있는 연구기관들이 대학의 안과 밖에 설립되었다. DFG는 국제적인 수준의 경쟁력을 갖고 경험적 교육연구를 수행할 수 있는 전문가 수요가 증가하고 있어서 학문의 경계를 넘어서(학제 간) 교육제도의 핵심적인 문제를 연구할 수 있고 후속 연구자를 길러 낼 수 있는 연구자 그룹을 대학에 구축하고자 하였다(DFG, 2002: 786). 이를 위해 DFG는 2002년 경험적 교육연구의 영역에서 연구자 그룹을 확대할 수 있는 프로그램을 마련하여 지원하였고, 이러한 프로그램은 2007년부터 BMBF의 프로그램으로 흡수되었다.

국제적인 학업성취도 비교의 틀에서 DFG, BMBF, KMK의 재정지원에 의해 대규모 연구기관이 설립되고 수많은 프로젝트가 수행되면서 경험적 교육연구는 교육정책의 밀접한 파트너로 인식되었다. 즉, 경험적 교육연구는 교육실천의 문제해결을 위한 정책적인 결정에 합리적인 토대로서 학문적인 정보를 제공하는 학문 분야로 그 위치가 확고해진 것이다. 이러한 상황에 직면해서 2004년 독일교육학회(DGfE) 회장이었던 메르켄스(H. Merkens)는 "TIMMS, PISA, IGLU의 결과로 교육학을 경험적 교육연구의 방향으로 변경하라는 외부의 높은 압박을 관찰할 수 있다."(Merkens, 2004: 13)고 언급하였다. 그는 현재 교육과학이 처한 상황을 "경험적 교육연구의 중요성이 확실히 커졌기" 때문에 "분과학문으로서 경험적 교육연구로 축소될 수 있는 압박으로부터 자신을 지켜 내야 하는"(Merkens, 2004: 21) 상황에 놓여 있다고 정리하였다. 경험적 교육연구의 팽창은 2012년 DGfE의 분과학회로서 '경험적 교육연구학회(GEBF)'가 설립되는 결과를 가져왔다.

경험적 교육연구의 성장으로 인한 교육학의 방향 전환에 대한 요구는 교육학의 학문적 정체성에 대한 논의로 이어진다. 이때의 논의는 '교육학이 신생 학문일 때처럼 학문으로서의 교육학이 가능한가?' 하는 것이 아니다. 교육학은 전 생애에 걸쳐있는 교육을 연구하는 학문으로 이미 대학에 설치되어 발전하고 있으므로 그러한 논의는 더이상 필요하지 않다. 여기에서 문제가 되는 것은 '다양한 영역으로 확대되어 생겨나고 발전해 온 세분화된 교육학들이 하나의 교육학으로 묶일 수 있는가?' 하는 것이다. 이러한 물음은 세력을 확대해 온 경험적 교육연구에도 해당된다. 한편에서는 세분화된 교육학들이 이미 자신만의 영역을 연구하고 결과를 축적해 발전해 가고 있으므로 하나의 구조로 묶는 것은 불가능하다고 주장한다. 이러한 입장에서 '경험적 교육연구가 하나의 교육학으로 묶일 수 있는가?' 하는 물음은 무의미하다. 다른 한편에서는 교육학이 다양한 교육학들로 세분화 될수록 교육학으로 머물기 위해 하나의 구조가 더 필요하다고 주장한다. 이 입장에서는 경험적 교육연구가 교육학의 분과학문이 될 수 있는지에 의문을 제기한다.

　경험적 교육연구의 확대는 1960년대 '사실로의 전환'이 언급된 이래로 교육학이 철학적으로 각인된 학문에서 계속해서 사회과학적 학문으로 변화해왔음을 보여 준다. 1990년대 등장한 '새로운 사실로의 전환'이 이전의 '사실로의 전환'과 다른 점은 교육학의 규범적 요소를 논외로 하고 투입의 산출물로서 학업성취에 대한 국제적인 비교와 학제 간 연구를 중시하는 시대적인 흐름을 반영하고 있다는 것이다. 또한 학교 밖으로 확대된 Bildung 개념과 관계한다는 것이다. 경험적 교육연구의 '교육(Bildung)'은 전통적인 Bildung 개념 혹은 Bildung 이론과 관계하기보다는 생애 전반에 걸쳐 있는 현상으로서 교육의 과정(Bildungsprozesse)과 관계하는 것이다. 독일 교육자문위원회(Deutscher Bildungrat)의 정의에 따르면, 교육연구는 "해결해야 하는 과제, 즉 연구대상이 교육의 과정(교수의 과정, 학습의 과정, 사회화 과정, 지도의 과정), 그의 조직적이고 경제적인 조건들 또는 개혁과 관계"(Deutscher Bildungsrat, 1974: 23) 하여야 한다. 이러한 이해에서 경험적 교육연구는 좁은 의미에서는 이미 오래전부터 수행해 왔던 수업에 관한 연구, 넓은 의미에서는 국가와 사회의 맥락에서 학교 밖에서 일어나는 교육의 과정들을 포함하는 전체 교육제도와 그의 개혁과 관계한다. 경험적 교육연구의 연구대상 범위는 취학 전 교육, 학교교육, 학교 밖에서 이루어지는 아동·청소년 교육, 성인교육 등 생애 전반에서 이루어지는 교육을 포괄한다.

　경험적 교육연구학들(Bildungswissenschaften)의 개념 사용은 경험적 교육연구의 팽

창과 밀접한 관련이 있다. 물론, Bildungswissenschaften이란 개념은 경험적 교육연구와 무관하게 사용되기도 한다. 대학의 교사양성과정에서는 교사로서의 역량 습득을 위해 이수해야 하는 과목들을 묶어서 Bildungswissenschaften으로 표시한다. 또한 대학에서 전공 영역이나 학과를 표기할 때도 사용된다. 이와 달리 교육학의 학문적 정체성과 관련해서 논의되는 경험적 교육연구학들 개념은 2000년 PISA 결과 이후 경험적 교육연구의 호황으로 확산된 것이다(Bellmann, 2016 참조). 관련 연구물에서 '일반교육학과 경험적 교육연구의 관계' '일반교육학과 경험적 교육연구학들 내지는 경험적 교육연구와의 관계'란 표현들이 사용되는 것으로 보아, 그리고 2012년에 독일교육학회 내에 분과학회로 '경험적 교육연구학회'가 설립된 것으로 보아 경험적 교육연구학들 개념과 경험적 교육연구 개념이 명확한 구분과 체계 없이 모두 교육학의 분과학문을 의미하는 것으로 읽힌다.

그렇다면 왜 경험적 교육연구는 단수로 경험적 교육연구학들은 복수로 표기하는 것인지 의문이 생긴다. 단수형인 경험적 교육연구 개념이 사용되는 것은 그 영역과 주제들이 다양하게 분화되었다고 하더라도 경험적 · 양적 연구방법을 공유하고 있다는 관점에서 이해될 수 있다. 복수형인 경험적 교육연구학들 개념이 사용되는 것은 경험적 교육연구가 주제와 영역에 따라 경험적 교육연구들로 분화되어 작업을 수행하고 있는데, 그들이 그 주제와 영역들을 경험적으로 연구하는 교육학들이라는 이미지를 강조하는 것으로 보인다. 그럼에도 불구하고 단수형의 경험적 교육연구학이라고 표기할 수 없는 이유를 다음과 같이 생각해 볼 수 있다. 첫째, 일반교육학과의 관계에서 확인할 수 있었던 것처럼 그들을 체계화할 수 있는, 즉 하나의 지붕 아래에 담을 수 있는 기본 개념들(dachbegriffe)과 같은 규범적 요소가 부재하다. 둘째, 그 분야에 참여하고 있는 연구자들이 교육학 이외의 다양한 학문을 배경으로 하고 있어 간학문적인 성격을 강조하고 있다. 그렇다면 경험적 교육연구학들 개념은 다양한 학문배경을 가진 학자들 간의 연구방법 공유라는 관점에서 경험적 교육연구를 수행하는 교육학이라고 할 수 있다.

지금까지 살펴본 경험적 교육연구학들은 현실교육을 다양한 관점에서 접근하여 그에 대한 다양한 이해를 제공할 수 있는 장점도 있지만, 예상할 수 있는 문제점을 다음과 같이 요약할 수 있다. 첫째, 해결해야 하는 주제를 다양한 각자의 학문적 관심에서 접근하기 때문에 연구자들의 학문적 정체성이 문제가 될 수 있다. 그래서 개괄적으로 표현된 경험적 교육연구학들의 연구자들은 교육학 전공과 거리가 먼 학자들에 의해 채워질 수도 있다(Fatke, Oelkers, 2014: 11; Köller, 2014: 104). 둘째, 교육학이 사실적인 주제 중심의 경험연구와 동일시 될 때 교육학은 교육실천(현실)의 방향을 제안하는 기능보다는 주어진 과제를 수행하는 기능만을 수행하게 된다. 이때 교육학은 단순히 위탁받은 과제만 수행하는 과제수행자로 전락할 수 있다. 셋째, 그렇게 되면 "이론–실천–문제가 느슨해져" 교육실천(현실)은 "특별한 교육이론에 의해 정당화되어야 한다는 강요 없이 데이터를 가지고 수정만 하는 것이 문제"(Fatke, Oelkers, 2014: 11)가 된다. 교육학은 인간의 교육과 관계하기 때문에 가치의 문제를 포기할 수 없다. 교육실천(현실)은 사실적인 측면만 있는 것이 아니라 가치적인 측면이 동반되고 있다. 그러므로 교육학에서 가치와 사실을 나누어 연구하는 것은 필요하지만, 상호 보완적인 관계가 유지되어야만 한다.

## 7. 교육학의 전문화 · 세분화와 학문적 정체성

한국교육학회 차원에서 학문으로서의 교육학에 관한 공식적인 최초의 논쟁은 1967년 '교육학의 성격'이란 주제로 개최된 제6회 연차학술대회에서 이루어졌다. 그 이후에도 1979년, 1982년, 1983년, 1985년, 1987년, 1999년, 2002년, 2011년, 2013년, 2021년 학술대회에서 학문으로서의 교육학과 교육학의 위상에 대한 논의가 이어져 왔다. 1990년대부터 교육학에 관한 논의는 교원양성과정에서 교육학이 처한 현실적인 문제로 옮겨 갔다고 할 수 있다.

1967년 한국교육학회 연차학술대회 주제 강연의 발표자는 독일의 튀빙겐(Tübingen) 대학에서 교육학을 공부한 학자였고, 발표 후에 이루어졌던 교육학의 학문적 성격에 관한 논의에서는 어떤 합의점도 찾지 못하고, 연구방법론의 측면에서 교육학의 성격을 규범과학으로 이해하는 입장과 행동과학으로 이해하는 입장의 대립적인 차이를 확인한 자리였다. 여기에서 언급된 규범과학이란 헤르바르트식의 규범적 교육학이 아니라, 그날 주제 강연이었던 '교육학의 학문적 성격'에서 발표된 독일의 '해석학적 교육학에다 규범과학적 교육학이란 이름'을 붙인 것이었다. 그 이유는 당시 "독일식 교육철학에 대하여 이해하는 학자가 극히 적었(기)"(김인회, 1985: 63) 때문이라고 할 수 있다. 이러한 논의의 결과는 1945년 이후 미국 교육학의 영향에서 성장하여 지배적이었던 행동주의 교육학 이외에 독일식 교육학이 제시됨으로써 한국교육학계에서 교육학의 학문적 성격에 관한 지속적인 논의의 장이 마련되었다는 데에서 큰 의미 찾을 수 있을 것이다. 그럼에도 불구하고 1967년 이후 1972년 한국교육개발원(KEDI) 설립 과정에서 전개되었던 논의와 1980년대 신교육사회학의 관점에서 진단된 한국교육학의 성격은 미국의 영향을 많이 받은 '실증적' '조작적' '공학적' 경향을 띠고 있다는 비판이 제기되었다(이종각, 1994).

> 지난날의 한국교육학의 경향을 살펴보면 철학적인 기초 위에서 주로 인생의 의미와 가치가 논의되는 독일식 교육학과 사실의 토대 위에서 유용성을 중시하는 영미식 교육학의 두 조류가 있었다. 해방 후 한국교육은 그 제도 면이나 사상 면에서 주로 미국의 영향을 많이 받아 과학적 성격이 지배적이었다(박봉목, 1983: 7).

독일어권의 교육학의 학문적 성격에 관한 사적 고찰을 통해 확인할 수 있는 것은 교육학이 규범적 교육학으로 출발하였고, 발전해 가는 과정에서 실증주의의 영향을 받아 규범적 성격이 이전보다는 약해졌다는 점이다. 그럼에도 불구하고 교육학이 교육실천의 개선에 기여하는 학문이어야 한다는 점에는 학자들 간에 크게 이의가 없는 것으로 보인다. 오늘날 교육학이 이전보다 철학적 토대가 약해졌다는 점에 대해서는 독일어권 교육학에서도 우려의 목소리로 들린다. '체계적 교육학'에 대한 논쟁이 그러한 우려를 반영하고 있는 것으로 보인다.

이러한 우려는 한국교육학의 전문화 · 세분화에도 적용될 수 있다. 지난 수십 년간 교육학은 인접 학문들과 관계하면서 수많은 교육학들로 전문화되고 세분화되어 왔다. 한국교육학회에 가입되어 있는 학회의 수만 하더라도 이전과는 비교가 안 될 정도로 많아졌다. 교육학의 연구 영역이 분화되면서 다양한 교육학들이 생겨나는 것은 환영할 일이지만, 그로부터 직면하고 있는 문제는 교육학자들 간의 소통의 어려움이다. 이러한 소통의 어려움 뒤에는 상대적으로 독자적인 학문이 되어 버린 개별 교육학들이 공동의 목적을 잃어버리고 있기 때문이라고 볼 수 있다. 그렇다면 어떻게 교육학들을 하나의 교육학이라고 할 수 있을까? 이에 대한 답을 위해서 교육학과 교육철학의 관계에 대한 논의가 필요하다. 세분화된 개별적인 교육학들이 하나의 교육학이라는 틀에서 논의될 수 있는 것은 그들이 교육학적인 반성을 내포하고 있다는 가정에서이다. 개별적인 교육학들이 서로 다른 영역에서 구별되는 연구를 수행하더라도 교육학이라고 말할 수 있는 것은 그들의 근본적인 물음이 "교육적인 것의 의미(Sinn des Erzieherischen)"(Röhrs, 1993a: 76)이기 때문이다.

이것은 교육학이 하나의 독자적인 학문이기 위해서는 다른 학문들과 구분될 수 있는 독자적인 물음에 대한 해답을 구하려고 노력해야 한다는 것을 의미한다. 다시 말하면, 교육학이 하나의 학문으로 언급될 수 있는 것은 그가 독특한 철학 정신을 보유하고 있기 때문이다. 즉, 교육학이 하나의 포괄적인 틀 속에서 완전한 하나의 상으로 파악될 수 있는 것은 교육학과 교육철학의 분리될 수 없는 관계 때문이다. 이러한 관점에서 교육철학은 교육학의 "구성적 요소"(Röhrs, 1993a: 77)이다. 따라서 모든 교육학은 철학적인 물음을 포함하고 있다고 할 수 있다. 교육학들은 서로 구별되는 연구를 수행할 지라도 그들이 '교육적인 것의 의미'에 대한 물음을 포기하지 않기 때문에 그들이 하나의 틀 속에서 논의될 수 있는 것이다. 그러나 교육적인 것의 의미에 대한 해답은 인간과 인간다운 삶이 무엇이냐 하는 논의 없이는 불가능하다. 왜냐하면 교육은 인간적인 삶의 한 부분이기 때문이다.

교육철학은 교육적인 것을 그의 연관성들에서 탐구하려 하기 때문에 복잡한 현실과의 관계에서 그리고 주변학문들과의 관계에서 "교육학적인 물음의 권(圈)"을 형성하고 "교육학에 하나의 상(gebilde)에서 질서와 연관"(Röhrs, 1993a: 80)을 부여한다. 이러한 관점은 교육철학이 교육학들이 공통적으로 지니는 토대들과 구조적인 연관성들에 대해 묻는 것을 말한다. 그 때문에 교육학적 반성은 교육철학적 반성이라고 할 수 있다.

교육학의 학문적 독자성을 위해 개별적인 교육학들을 하나의 연관에서 파악하려 한다면, 공동의 목표와 책임을 상기시키는 교육학적 반성이 요구된다. 왜냐하면 개별적인 교육학들을 결합하는 교육학적 기본사고(기본개념, 연구방법 등에 대한)를 발전시키면서 교육학을 전체와 경계에서 조망할 수 있도록 하는 것은 교육철학적인 물음을 동반하기 때문이다. 교육학이 교육실천을 교육적인 것으로 개선하는 것을 과제로 한다면, 교육학들도 교육실천에 도움이 되고자 한다면 교육적인 것에 대한 결정은 규범적일 수밖에 없으므로 교육학의 다양한 학문이론적 토대에도 불구하고 교육학의 규범적 성격은 포기될 수 없다.

교육학의 정체성에 관한 물음은 학문 간의 융합적 연구가 증가하는 오늘날의 추세에 비추어 큰 의미가 있다. 타 학문과의 융합연구에서 교육학을 연구하는 학자로서 철학자, 사회학자, 심리학자, 경제학자, 정치학자와 구분되게 무엇에 기여할 수 있을까? 그러한 물음에 답하기 위해서는 교육학 연구가 타 학문과 구분되는 독자적인 무엇이 있어야 한다. 이러한 문제에 직면해서 '교육학 연구가 학문적 정체성을 확보하기 위해서는 연구가 무엇에 기여해야 하는가?' 하는 과제(목적)의식이 규범적 토대가 되어야 한다고 본다. 교육학 연구는 교육현실의 개선에 기여해야 한다는 것은 잘 알려진 사실이다. 그러나 교육현실을 개선한다고 할 때, 그 방향은 인간이해에 기초한 교육의 개념을 어떻게 이해하느냐에 따라 다양해질 것이다. 그러므로 교육실천을 통하여 추구하고자하는 목적과 목표가 교육학의 규범적 토대가 될 수 있을 것이다. 교육의 목적은 연구자가 어떠한 학문이론적 방향을 취하느냐에 따라 달라질 수 있다. 교육학 연구에서도 연구자가 어떠한 학문이론적 방향에 터한 교육목적을 갖고 있는가에 따라 연구문제의 선정과 결과의 해석이 달라질 것이다. 그러므로 융합적 연구에서 교육학자는 어떤 학문이론적 방향에서 교육개념을 취할 것인지가 우선되어야 할 것으로 보인다.

교육학자들이 교육학의 연구대상이라고 여기고 있는 '교육' '학교' '교사'는 교육학 연구의 전유물이 아니다. 철학, 사회학, 심리학, 정치학, 행정학, 경제학, 여성학, 법학 등 다양한 학문의 연구대상이기도 하다. 중요한 것은 이러한 대상에 접근하는 학문적 관점의 차이이다. 교육학이 학문적 독자성을 확보하기 위해서는 무엇보다도 무엇이 교육학적 관점인지를 고민해야 할 것이다. 고유한 교육학적 관점 없는 교육학 연구는 이미 교육학 연구가 아니며, 타 학문의 연구에서도 가능할 것이기 때문이다. 교육학의 고유한 관점을 확보하기 위해서는 교육학 연구가 추구하는 고유한 물음이 있어야 할 것이다. 그 물음은 '무엇이 교육적인 것인가?'로 귀결될 수 있을 것이다. 다양한 인접학문의 연구결과를 교육학으로 수렴하는 과정에서도 학문의 자주성이 확보되려면, '무엇이 교육적인 것인가?'에 대한 물음의 답이 전제되어야 할 것이다. 이것이 교육학의 독자적인 물음이 될 수 있고, 이 물음에 대한 답은 '교육적 동물'로서의 인간에게서 보여지는 인간적인 현상의 일반을 고유한 교육적 차원에서 인식하고, 이해하고, 연구하는 규범적 토대가 될 수 있을 것이다.

# 한국교육학의 확장성과 독자성

오늘날 한국 사회는 4차 산업혁명 인공 지능(AI) 시대로의 진전과 더불어 저출산·고령화의 심화로 교육 시스템 및 교육 프로그램 운영에 대한 전반적인 재설계가 절실한 상황에 처해 있다. 특히 학령인구 감소로 인한 대학입학정원의 미달 사태는 고등교육체제 운영의 근본적인 변화를 요구하고 있다. 더구나 코로나19 팬데믹 사태에 부응한 교육의 효과적인 대처 등 제반 위기의 극복, 심화되고 있는 교육 및 학습격차의 해소, 미래를 통합적으로 이끌어 갈 인재 양성 등은 한국교육이 수행해야 할 핵심 과업이다. 따라서 학문적·실천적 측면에서 한국교육학이 그 해법을 제공해야 할 책무성이 점증하고 있다.

교육학의 '학문적 정체성'과 '현장 전문성(적용성)'의 확보는 교육학의 학문 태동 이후 지금까지 학문 공동체 내부적으로도 많은 논란이 되고 있으며, 대외적으로도 많은 비판을 받고 있는 쟁점 중의 하나이다. 교육학 연구의 전통이 오래된 미국에서는 '고유의 정체성 부재'라는 사유로 학부 단위에서 구조조정의 대상으로 교육학과가 폐지된 사례도 있었다. 한국에서도 고등학교 교과목에서 선택이 저조한 이유를 들어 교육학과를 폐지, 유사 전공 변경, 또는 교직과정으로 편제가 변경된 경우도 있다. 학문으로서의 교육학과 대학 교육학과의 존재 가치와 위상 제고는 한국 사회에서 한국교육학의 역할 정립과도 직결되는 사안이다.

## 1. 교육학의 정체성에 대한 논의와 비판

학문은 지식체계로서 그것이 대상으로 하는 세계에 관한 탐구를 통하여 진리를 드러내는 일을 한다. 지식체계로서 학문이 탐구되기 시작한 것은 고대 그리스 시대부터이다. 기원전 7세기 탈레스는 "만물의 근원은 물이다."라고 주장했다. 탈레스의 주장은 신화적인 사고가 학문탐구로의 전환을 의미한다. 탈레스의 제자 아낙시만드로스는 "만물의 근원이 물이다."의 주장과는 달리 만물의 근원은 '아페이론(apeiron)' 한계를 규정할 수 없다고 하였다. 또한 헤로도토스와 투퀴디데스는 '신화적 역사'를 '사실적 역사'로 전환하였다. 투퀴디데스의 『펠레폰네소스 전쟁사』는 역사학의 아버지라 불리우는 헤로도토스의 『역사』보다 훨씬 세심하고 객관적인 사실에 입각하고 있다. 피타고라스 학파는 "수학이 우주의 모습을 보여주는 통로"라고 하였다. 파르메니데스는 "변하지 않는 것이 진리이다."는 '진리의 절대주의'를 주장한 반면, 헤라클레이토스는 "같은 강물에 두 번 들어갈 수 없다."는 논리로 그 어떤 것도 안정되거나 머물러 있지 않는 '생성, 변화'를 중요시한 '진리의 상대주의'를 주장했다. 파르메니데스의 진리에 대한 절대주의와 헤라클레이토스의 진리에 대한 상대주의의 관점은 오늘날의 학문에 대한 보편성과 특수성의 논쟁과 그 맥락을 같이한다.

오늘날의 철학과 과학이 분화되기 이전의 탐구는 주로 '자연철학'이라고 부를 만한 것이었다. 기원전 5세기 중엽 그리스가 학문의 중심이 되면서 탐구의 대상은 자연으로부터 수학, 인간 그리고 사회 전반에까지 확장되었다. 이러한 과정에서 모든 학문의 어머니인 철학으로부터 수학, 의학, 역사학, 법학, 정치학 등 다양한 분과학문이 파생되었다. 중세를 거치면서 신학이 모든 학문의 중심에 위치하게 되었지만, 그 이후 계몽주의 시대로 넘어오면서 학문을 종교로부터 해방시키고자 하는 다양한 노력이 경주되고, 그 결과 경험과학에 터한 자연과학이 발전하게 된다. 이후 시민사회의 출현과 함께 인간 사회를 규범적으로 다루는 데에서 한 걸음 더 나아가 객관적인 연구방법을 동원하여 탐구하고자 하는 사회과학의 발전이 가능하게 되었다. 이러한 분과학문이 발전 과정에서 각각의 분과학문은 나름대로 독자적인 연구대상을 확보해 왔다고 할 수 있다(정일환, 주철안, 김재웅, 2021: 33).

일반적으로 하나의 학문으로 성립되려면 다음 몇 가지의 요건을 충족시켜야 한다(김윤태, 2001; 장상호, 2005). 첫째, 학문은 탐구하고자 하는 대상(연구주제)이 분명해야 한다. 학문의 발전 과정에서 각각의 학문은 나름대로 독자적인 연구대상을 확보해 왔다. 둘째, 학문은 연구방법을 갖추고 있어야 한다. 물론 하나의 연구방법을 고집할 필요는 없다. 그러나 타당한 연구방법이 없다면 학문으로서 존립하기는 어려울 것이다. 셋째, 학문 탐구의 과정과 결과 발표(지적 소유권)에서 연구윤리는 엄격하게 지켜져야 한다. 넷째, 동일 학문 분야별 학자들의 공동체인 학회가 중심이 되어 학문연찬을 전개하고, 그 연구결과를 학술지를 통하여 발표하고 공유해야 한다.

## 1) 교육학의 정체성

헤르바르트(J. F. Herbart, 1776~1841)가 교육학을 하나의 독립된 학문으로 체계화한 이후 교육학의 성격에 대한 논쟁은 지속되어 왔다. 정체성의 측면에서 교육학은 독립학문(independent studies)인가 아니면 응용과학(applied science)인가, 연구방법의 측면에서 교육학은 규범과학(normative science)인가 아니면 경험과학(empirical science)인가, 연구결과의 가치 측면에서 교육학은 보편성을 가져야 하는가 아니면 특수성을 가져야 하는가 등이다.

> 교육학은 응용과학이 아니라 독자적이고 독립적인 학문이다. 모이만(E. Meumann, 1862~1915)은 교육학이 여러 가지 기초 학문과 보조 학문의 성과에 힘입어 성립한 학문이지만, 이 때문에 학문의 독자성이 손상되는 것은 아니라고 보았다. 크릭크(E. Krieck, 1882~1947)는 교육의 본질이 명백하고, 교육이라는 사실을 성립하게 만드는 법칙과 교육과정이 뚜렷하여, 독자적인 연구대상과 목적, 그리고 방법이 있기 때문에 교육학은 독립학문으로서 교육과학이라고 주장하였다(신창호, 2022: 8).

교육학은 철학으로부터 수학, 의학, 역사학, 법학, 정치학 등 분화되어 각기 독립된 학문의 지위를 갖는 것과 마찬가지로 독립된 학문의 지위를 갖는 이유는 다음과 같다.

첫째, 교육현상이라는 구체적인 연구의 대상을 가지고 있다.

둘째, 교육현상은 정치 · 경제 · 문화 · 종교 등 사회 환경을 기반으로 성립하면서도 그 성격을 달리하는 사회 현상으로서 역동성을 갖는다.

- 교육현상의 본질적 목적은 인간 가치실현이다.
- 교육현상은 시대와 사회에 따라 목적, 내용, 방법, 평가를 달리한다.
- 교육현상은 개인의 적응과 사회통합 과정에서 수용과 갈등으로 나타나기도 한다.
- 교육현상은 정치 · 경제 · 문화 · 종교(사회 환경) 등의 가치와 의미를 재해석하는 상대적 자율성(alternative autonomy)을 갖는다.
- 정치 · 경제 · 문화 · 종교(사회 환경) 등의 사회현상(이해관계)은 교육현상에 기계적으로 반영되지 않는다.

셋째, 교육현상을 전문적으로 연구하는 연구자는 전 세계에 광범위하게 분포되어 있다.

넷째, 교육현상에 대한 연구결과(지식)을 공유하고 소통하는 전문 학문 공동체가 있다.

다섯째, 학문 후속세대를 양성하는 교육체제의 규모는 타 학문에 뒤지지 않는다.

여섯째, 국내외 교육학 학문연찬의 산물로 축적된 교육이론(지식)은 교육목적, 교육과정, 교육제도, 교육정책 등 국가 단위, 학교 현장, 산업계 및 사회 전반에 이르기 광범위하게 활용되고 있다.

교육학은 개인과 기관 및 제도 차원에서 이루어지고 있는 교육현상에 대하여 철학, 역사학, 심리학, 사회학, 인류학, 행정학, 경제학 등 다양한 학문의 이론과 연구방법을 근거로 탐구하는 학문이다. 이러한 교육학 연구의 성격은 크게 두 가지 차원에서 검토될 수 있다. 하나는 교육현상에 대한 연구 방법이고, 다른 하나는 모든 학문에서 각기 사용하고 있는 연구방법이다. 즉, 교육학 연구의 성격은 연구의 목적 · 가치(대상 포함)가 지니는 '보편성'과 '특수성', 그리고 사회과학 분야에서 사용하는 '규범적 연구'와 '실증주의(경험적) 연구'에 따라 달라질 수 있다. 이를 종합하면 [그림 6-1]과 같이 교육학 연구의 정체성을 설명할 수 있다.

[그림 6-1]에서 제시한 교육학 연구 성격에 대한 분류는 교육학에서 교육현상에 대한 탐구가 비록 철학, 역사학, 심리학, 사회학, 인류학, 행정학, 경제학 등 다양한 학문의 이론과 연구방법을 근거로 수행하더라도 다양한 형태의 접근이 이루어질 수 있고, 교육

교육학의 정체성

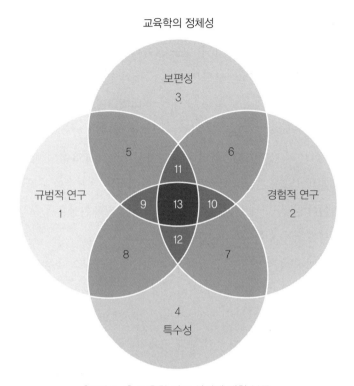

[그림 6-1] 교육학 연구 성격에 대한 분류

현상을 설명하는 지식체계도 얼마든지 달라질 수 있음을 설명한다.

　교육현상은 시대적·사회적 '보편성'과 '특수성'을 동시에 지닌다. 교육의 궁극적 목적은 인간 가치실현이다. 또한 교육현상은 그 자체가 인간의 삶의 존재 방식이며, 문화의 산물이다. 이러한 맥락에서 교육학은 인간학이라고 할 수 있다. 교육학에서 인간은 총체적 또는 전체적으로 이해를 해야 한다. 왜냐하면 인간의 삶은 실험이나 통계를 통해서만이 이해할 수 없기 때문이다.

　인간의 인격은 결코 실험할 수 없으며, 인간의 의지나 정서에 대한 기준은 각인각색이기 때문에 통제하기 불가능한 영역을 포함한다. 따라서 경험적 연구만으로 교육학은 성립될 수 없다. 교육현상에 대한 경험적 연구를 통해서 얻은 평균적인 지식은 다양한 삶의 존재 방식에 근거하여 '보편성'과 '특수성'의 관점에서 상호 보완적으로 해석할 때 교육학의 고유개념과 교육이론 개발은 물론, 현장 전문성이 있는 교육 실천의 원리를 탐색할 수 있을 것이다.

　보편성과 특수성을 동시에 충족하면서 규범적 가치판단과 경험적·실증적으로 입증할 수 있을 때 독립학문으로서 교육학의 정체성은 확보될 것이다([그림 6-1]의 13).

교육학의 학문적 정체성을 담보할 수 있는 교육학의 고유 개념, 교육이론, 실천원리 탐색을 위한 교육학의 역동적 접근모형은 [그림 6-2]와 같다.

교육학 연구는 교육현상과 교육활동 및 대상에 대해 기술 · 설명하고, 분석 · 예측 · 통제하고, 종합하는 일련의 과정을 수행한다. 이러한 일련의 연구를 통하여 수확한 '고유의 개념' '교육이론'과 '실천(적용)원리'는 독립학문으로서 교육학의 학문적 위상을 높일 수 있다. 개별적인 교육현상의 특수한 사례에 대해서는 보편성의 관점에서 이해되고 가치판단이 되어야 한다. 반대로 보편적 가치를 지니는 교육현상은 특수성이 있는 개별 교육현상에도 적용할 수 있는 근거가 입증되어야 한다.

이러한 맥락에서 교육학 연구는 규범적 연구와 실증적 연구의 소통과 상호보완이 필요하며, 배타적이어서는 안 된다. 윤리학과 심리학을 기반 학문으로 교육학이 독립된 학문으로 출발한 지 200여 년이 지난 오늘에 이르기까지 교육철학, 교육심리학, 교육사회학, 교육행정학, 교육공학 등 다수의 분과 교육연구를 통하여 많은 연구를 축적해 왔다. 그럼에도 불구하고 교육학의 고유의 개념과 독자적 교육이론이 없다는 비판을 받는 이유는 분과 교육연구의 명칭을 타 학문과 유사하게 명칭을 사용하고 있기 때문이다. 이보다 더 중요한 이유는 교육의 실제와 관련이 있는 연구결과가 분과 교육연구로 분산

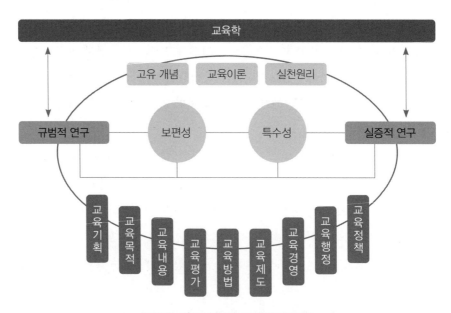

[**그림 6-2**] 교육학의 역동적 접근모형

되어 있기 때문이다.

　따라서 교육학의 분과 교육연구 영역을 교육목적론, 현장교육론, 그리고 교육조성론으로 대분류하고, 교육목적론은 교육기획, 교육목적(비전, 이념, 가치, 목적, 목표), 현장교육론은 교육내용, 교육평가, 교육방법, 그리고 교육조성론은 교육제도, 교육경영, 교육행정 등으로 재구조화가 필요하다. 이와 같은 교육학의 재구조화 틀에 기존의 분과교육연구의 성과를 집대성하여 교육학의 고유 개념, 교육이론, 실천원리를 체계화해야 할 것이다. 또한 재구조화된 틀에 따라 전문 영역별 학문 탐구를 수행할 때 보다 집중력 있는 교육학 연구가 이루어질 것이다.

## 2) 교육학의 정체성에 대한 비판

　교육학은 학문적 정체성의 요건인 ① 연구대상, ② 전문 연구 인력과 학문 공동체, ③ 교육이론 탐구의 성과를 지속적으로 발표하는 학술지 출판 등으로 볼 때, 외형적으로 독립학문으로서 요건을 갖추고 있다. 특히 교육학의 학문적 정체성 확보를 위한 학회(한국교육학회 및 분과학회)의 인적·물적 자원 및 인프라는 매우 중요한 역할을 하게 된다.

　그러나 교육학은 크게 두 가지 측면, 즉 '정체성'과 '전문성'에 대한 비판을 받고 있다. 클리포드와 거스리(Clifford & Guthrie, 1988: 4)는 "교육학자들은 학내에 있는 인문과학 또는 자연과학 분야 동료 교수들의 학문의 정체성에 대한 기준을 만족시키지도 못하고, 동시에 학교 현장의 교사 및 행정가들에게 전문성을 인정받지 못하고 소외되어 있다."는 점을 지적하고 있다(김재웅, 2012: 1-26; 최성욱, 2021: 69-91). 한국 사회에서도 학문 세계 및 교육(학교) 현장에서 강하게 지적되고 있는 점이다.

### (1) 인접 학문에 대한 의존성

　교육학은 철학, 미학, 심리학, 사회학, 경제학, 행정학, 종교학 등 인접 학문에 대한 의존도가 높은 편이다. 라게만(Lagemann, 2000)은 "교육학은 고유한 연구방법론을 갖추고 있지도 않고, 타 학문 분야에서 탐구하는 사회현상과 구분되는 별도의 탐구 영역을 지니고 있지도 않으며, 다른 분과학문의 연구와 분석에 활용될 수 있는 도구의 역할을 하지도 않는다는 점에서 교육학은 하나의 분과학문으로 성립되었다고 보기 어렵다"

고 주장하고 있는 바, 이를 극복하기 위한 한국교육학회의 최근 일련의 집중적인 학술 포럼 개최와 학자들의 논의는 주목할 만하다.

교육학의 인접 학문 의존성은 두 가지 유형으로 구분할 수 있는데, 하나는 인접 학문의 고유 개념과 이론을 준거로 교육현상을 이해하는 것이며, 다른 하나는 인접 학문에서 탐구된 교육현상에 대한 지식을 종합하는 것이다. 이러한 학문의 정체성 근본에 대한 비판은 다음과 같은 측면에서 지적되고 있다.

첫째, 교육학은 고유의 개념과 이론이 없다.

둘째, 교육학은 타 학문의 고유의 개념과 이론을 무분별하게 차용하고 있다.

셋째, 교육학은 타 학문과 관계에서 교육학 고유 개념과 이론을 제공해 주지 못하고 있다.

넷째, 인접 학문에서 탐구된 고유 개념과 이론을 물리적으로 종합해 놓는다고 해서 독자성을 인정받을 수 있는 화학적 교육학이 될 수 없다.

다섯째, 교육학은 종합학문, 응용학문, 모방학문, 수입학문이라는 꼬리표를 달고 있다.

### (2) 교직 교육학의 현장 전문성(적용성) 부재

교직 교육학이란 사범대학, 교육대학, 교직과정 등 교사양성기관에서 개설되고 있는 교육학 교과목(교직이론, 교직실무, 교육실습) 일체를 의미한다. 교직과목으로서 교육학은 '현장 전문성 신장'에 역점을 둔다. 그러나 교직 교육학은 현장 전문성을 신장시키는 데에 별로 기여하지 못하고 있는 것으로 비판되고 있다.

> 미국의 교직과정으로서 교육학은 두 가지 경로, 즉 사범학교가 변화된 대학과 연구중심대학으로 구분되어 나타났다. 그러나 1960년대에 와서는 이러한 기관 사이의 차별이 없어지고, 사범대학의 표준화된 교사양성과정을 중심으로 통합되어 운영되기 시작하였다. 이러한 과정에서 교육학은 학문적으로 종합대학의 주변부로 밀려나 학문적 정체성을 확보해야 하는 한편, 교직과정의 입장에서는 종전에 비해 현장 전문성이 약화되었다는 비판에 직면해야 했다. 이후에 교직과정으로서 교육학은 대학의 학문적 요구를 따르게 되면서 현장 전문성이 심각하게 약화되고, 학교현장의 교사, 교육정책결정자, 일반 학부모 등으로부터 비판을 받게 된다(이윤미, 2005; Herbst, 1989; Labaree, 2008; 김재웅, 2012: 6에서 재인용).

2011년 한국교육학회 춘계학술대회에서도 교육학의 세부 전공별로 발표된 9개 논문들은 한결같이 "학교 현장의 필요를 충분히 고려하지 않고 교직과목을 운영해 왔다."(김계현, 2011; 김성훈, 2011; 김회수, 2011; 박창언, 2011; 신종호, 2011; 임연기, 2011; 정진곤, 2011; 한대동, 2011; 한용진, 2011)고 비판했음을 주목해야 할 것이다. 한국교육학회 차원에서 교육학의 학교 현장 적용성과 전문성에 대한 자생적 비판과 교직실무 교과목의 개설·운영 등 대안 모색은 이에 적합하고 타당한 교육학 이론과 모형 개발의 촉진제가 되고 있다.

## 2. 한국교육학의 확장성 및 독자성 확립

1959년 '지역사회 발전과 교육'을 주제로 개최된 한국교육학회 제1회 연차학술대회에서부터 2022년 '한국, 한국사회 그리고 한국교육, 새 정부에 바란다: 한국교육의 핵심과 쟁점, 그리고 비전'을 주제로 개최된 제62회 연차학술대회까지 연차학술대회 주제를 '교육학의 학문적 정체성 탐색' '거시적 접근의 제도 개선' '미시적 접근의 학교 현장 전문성' '기타 학술 주제'를 네 가지 준거로 분석한 결과를 요약·제시하면 〈표 6-1〉과 같다.

그 시사점으로는, 첫째, 교육현황 및 문제 진단을 토대로 한 거시적 접근 교육정책 탐구에 많은 비중을 두었다. 둘째, 교육학의 학문적 정체성 탐색은 다른 주제에 비해 상대적으로 부족하였다. 셋째, 교육에 대한 본질적 이해와 이론 탐색을 다룬 주제도 상대적으로 저조하였다. 넷째, 학교 현장 전문성에 대한 미시적 접근의 탐색도 상대적으로 미약했다.

한국교육학의 확장성은 수입학문, 모방학문, 현장 전문성(적용성)의 결여 등에 대

표 6-1 한국교육학회 연차학술대회의 주제에 대한 분석 결과(1959~2022년)

| 구분 | 교육학의 학문적 정체성 탐색 | 거시적 접근의 제도 개선 | 미시적 접근의 학교 현장 전문성 | 기타 학술주제 | 계 |
|---|---|---|---|---|---|
| 1950~1970년대 | 2 | 14 | 2 | – | 18 |
| 1980~1990년대 | 7 | 16 | 4 | – | 27 |
| 2000년대 이후 | 5 | 44 | 5 | – | 54 |
| 합계 | 14 | 74 | 11 | – | 99 |

한 비판을 극복하고, 독립학문으로서 지위를 확보함과 동시에 지속가능한 학문으로서 성장 가능성을 의미한다. 따라서 여기에서는 첫째, 한국교육학 연구 인프라 확충, 둘째, 현장 전문성(적용성) 강화, 셋째, 수입교육학에서 수출교육학으로, 넷째, 교육 LPS(Learning Positioning System) 시대를 여는 교육학(독자성 측면)에 대하여 살펴보고자 한다.

## 1) 한국교육학 연구 인프라 확충

한국교육학회는 2022년 기준 종신회원 350여 명을 포함하여 회원 6,000여 명, 75개 기관회원을 포함하여 6,100명에 이르고 있다. 또한 교육현상에 관하여 다양한 접근과 연구방법으로 탐색할 수 있는 26개의 분과학문 연구의 인프라를 가지고 있다. 또한 전국 10개의 지회와 18개 상설위원회(교원위원회, 직업진로교육위원회 외)는 한국교육학회 차원에서 학교현장과 지역연구 및 정책연구를 수행하고 있다.

인간교육을 연구대상으로 하는 교육학은 인간의 삶의 유형만큼이나 다양한 접근이 있을 수 있으며, 무한한 인간의 깊이만큼이나 심오할 수 있다. 인생의 정답이 하나가 아니듯이 교육의 정답도 하나가 아니다. 같은 맥락에서 인간 가치 실현을 목적으로 하는 교육을 탐구하는 교육학은 하나의 정답을 탐색하는 학문이 아니다. 그 이유는 삶의 법칙의 정답은 하나가 아니기 때문이다. 예컨대, 실증주의 접근을 하는 학문, 특히 자연과학은 '1+1=2'의 인과관계를 증명하여 평균적인 답(지식)을 탐구한다면, 교육학은 '1+1=2'만이 아니라 '1+1=0 1+1=1. 1+1=2, 1+1=3……1+1=(−)' 등 다양한 삶의 법칙을 탐색한다. 이러한 관점에서 볼 때, 교육학이 교육현상의 키워드로 탐색해 온 '개별성' '다양성' '통합성' '융·복합성' 등은 의도하는 교육성과를 설명하는 개념이기도 하고, 반대로 의도하지 않은 부정적 교육문제를 진단하는 개념이기도 하다.

- 개별성
  - 타고난 적성과 능력에 따라 개별화 교육이 이루어져야 한다.
  - 획일적 교육은 인간성을 말살시킨다.
- 다양성
  - 인간의 저마다 다양한 능력을 가지고 있다.

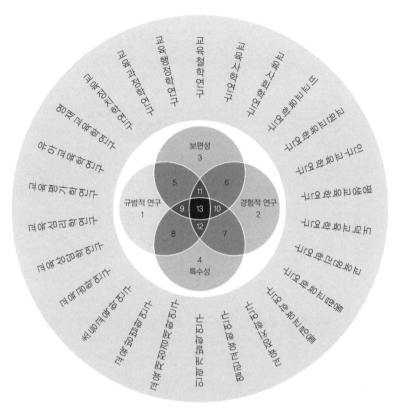

**[그림 6-3]** 한국교육학회 분과학문연구 인프라

　　ー시대와 사회에 따라 교육현상은 다양하다.

• 통합성

　　ー교육은 질서 유지를 위한 사회통합의 근원적 방법이다.

　　ー공교육의 목적은 민주주의 구현을 위한 사회통합을 중시한다.

• 융·복합성

　　ー인간의 삶의 존재방식은 융·복합적이다.

　　ー교육현상은 융·복합적 삶의 존재 방식의 결과이다.

　[그림 6-2]에 제시한 바와 같이, 한국교육학회는 교육현상에 대한 학제적 접근을 통하여 '개별성' '다양성' '통합성' '융·복합성'의 교육학 고유의 개념을 보편성을 가지는 교육이론으로 탐색할 수 있는 조직과 인프라를 갖추고 있다. 예컨대, 70년 전 한국교육학회 출범 당시 발기인 47명에 불과하였지만, 2022년 회원이 6,100여 명으로 증가한 것

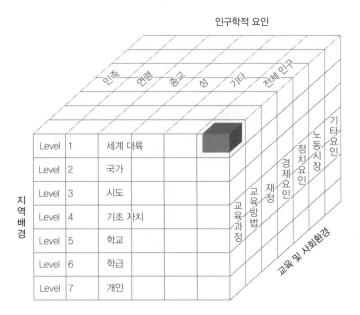

**[그림 6-4]** 교육학연구의 융·복합 분석틀 사례(예시)

출처: Bray & Thomas (1995: 475): 정일환, 권동택(2017: 15)에서 재인용을 토대로 재구성함).

은 결코 과소평가할 수 없는 연구 인력의 양적 성장이다. 한국교육학회는 교육현상에 대한 학제적 연구에 필요한 조직과 연구 인력을 확보하고 있어 다양한 주제의 학술 연찬과 기초·정책연구 수행을 활발히 전개하고 있다.

교육현상은 철학적·정치적·경제적·문화적·종교적 측면의 다양한 사회적 관계와 사회구조적 요인에 의해 영향을 받는 복합 결정체이다. 이러한 관점에서 볼 때, 브레이와 토마스(Bray & Thomas, 1995: 475)의 비교교육 분석틀은 교육학 연구의 문제의식과 접근방법으로서도 유용하다.

> 브레이와 토마스의 분석틀이 가지는 중요한 시사점은 교육현상은 다면적이고 총체적이며, 다층적 분석을 해야 한다. 교육학 연구는 설명적·역사적 심지어 철학적 기능은 물론 종합적·통합적 그리고 해석적·예측적 기능에 이르기까지 입체적이고 다면적이어야 한다. 교육학 연구는 다양한 형태의 교육에 대한 포괄적 설명 및 분류, 교육과 사회 간의 다양한 측면이나 요인들 간의 관계와 상호작용을 설명함과 동시에 교육의 변화와 교육의 연속성의 조건 등을 탐색해야 한다(정일환, 권동택, 2017: 15).

교육학 연구는 다면적이고 총체적 분석을 해야 하는 학문이다. "교육학은 고유 개념과 이론의 틀이 없다."는 비판을 극복하기 위해서는 하나의 관점에서 평면적 접근에 그치고 않고 입체적 설명을 할 수 있는 융·복합적 접근을 시도해야 할 것이다. 예컨대, 비교교육학은 교육현상, 교육제도, 교육행정, 교육정책 등에 대하여 융·복합적 접근이 용이한 교육학의 하위분과로 볼 수 있다.

## 2) 현장 전문성과 적용성 강화

교직 교육학의 수요는 교육학의 학문적 권위와 위상을 유지해 온 동인(動因)이다. 교육학과 또는 교직부의 개설 교직 교육학 교과목은 무시험 교원자격증 취득의 기회를 제공하고, 교원임용고사 필수 교과목으로 중요시됨으로써 오랫동안 도전을 받지 않고 온존하여 왔다. 그러나 현실적으로 교직 교육학의 수요는 날로 감소하고 있다. 우리나라에서 교육학은 한때 교원임용고사에서 필수과목이었으나, 현재는 논술고사(교육학논술, 교직논술)로 그 명맥이 유지되고 있는 실정이다. 교원임용고사에서 필수과목이었던 교육학의 배제는 교직 교육학 수요 감소의 분수령이었다.

교육학이 교사의 임용 여부를 판단하는 기준에서 제외된 데에는 여러 가지 이유가 있겠으나, 중요한 것은 교직이론과 실제에 대한 교육학 교과목이 학교의 필요와 교사 업무에 직접적인 도움을 주지 못했다는 지적에 대한 답을 주지 못했기 때문이다. 단적으로 교직 교육학이 현장 적용성과 전문성을 충족하기에 미흡했다는 점이다. 이는 교육학이 독립학문으로서 정체성과 응용학문으로서의 유용성을 충분히 확보하지 못한 결과에서 비롯되었다고 할 수 있다.

2003년 미국 시카고대학교 교육학과 폐지는 교육학의 학문적 위기를 단적으로 입증하는 대표적인 사례이다. 시카고대학교 교육학과는 듀이(Dewey)가 학과장을 역임했었고. 우리나라에서도 널리 알려져 있는 교육평가 전문가인 타일러(Tyler)가 재직했었던 학과이다. 타일러가 교육학과의 중흥을 목적으로 외부의 명망 있는 학자들을 대거 초빙하려던 시도를 하였던 시기에 폐지되었다. 시카고대학교 당국은 다른 학과와 중복되는 교육학과를 존속시킬 이유가 없다는 이른바 '고유의 정체성 부재'라는 사유로 교육학과를 폐지하였다(Clifford & Guthrie, 1988; 김재웅, 2012: 17).

현실적으로 교육학이 인접 학문과의 경쟁 속에서 살아남기 위해서는 '학문적 정체성'

을 분명하게 해야 하고, 학교 운영과 교사의 전문적 직무수행에 도움을 줄 수 있는 '현장 전문성(적용성)'을 확보해야 한다. '학문적 정체성'과 '현장 전문성' 확보는 교육학의 태동 이후 지금까지 비판과 논란이 많았던 쟁점이다.

사실 교직은 겉으로 보기에 누구나 수행할 수 있는 쉬운 일로 보이지만, 제대로 수행하고자 한다면 한없이 어렵고 복잡한 일이다(진동섭, 이윤식, 김재웅, 2018). 교사는 학업 능력, 사회적 배경, 가치관, 선호 등에서 차이가 나는 한 무리의 학생들을 일정한 공간에서 만나 주어진 교과 내용을 가지고 수업을 해야 할 뿐만 아니라, 주기적으로 또 문제가 발생할 때마다 생활지도와 상담도 해야 하고, 매일매일 행정 업무도 처리해야 하며, 학부모, 동료교사 및 학교행정가들과 지속적으로 의사소통을 해야 한다. 게다가 성공적인 학교에 대한 요구가 이해집단마다 달라 어디에 초점을 맞추어야 할지 분명하지 않을 때도 많다. 어쩌면 교직의 이러한 특성 때문에 교직과정에서 일정 기간 몇 과목 이수했다고 해서 현장 전문성이 생길 것이라는 가정 자체가 무리인지도 모른다.

교육학이 '현장 전문성'에 대해 집중력 있는 연구 성과를 거두지 못할 경우, 교육학은 분과학문으로서도 응용학문으로서도 인정받지 못할 수 있음을 유의해야 한다. 우리나라 대학에서도 미국에서와 마찬가지로 교육학과가 구조조정의 대상이 되고 있다. 이에 교직 교육학 수요의 시사점과 현장 전문성 강화를 위해 중요하다고 생각하는 교육학 연구과제를 제시하면 다음과 같다.

첫째, 교육학은 현장의 적용성과 전문성을 증진시켜 줄 수 있는 교육이론과 실무 역량 탐색을 강화해야 한다.

둘째, 실천을 담보하는 교육학 연구가 되어야 한다는 것이 대원칙이다.

셋째, 미래 사회에 대응하는 교육현장의 문제를 분석, 이해, 설명, 해결하는 것이 전제되어야 한다.

넷째, 교육이념과 본질이 법과 제도, 그리고 정책에 제대로 구현되고 있는가에 대한 평가와 검토를 통하여 교육의 좌표를 제시하는 것이 필요하다.

다섯째, 교육계획, 학습목표 설정, 교육과정 운영, 가르침과 배움 방법, 학생지도와 상담 등에 대한 현장 전문성 증진에 실질적인 도움을 줄 수 있는 교육실천 연구에 역점을 두어야 한다.

여섯째, 교과 교육학과 연계되는 교육학 탐구를 강화해야 한다.

일곱째, 앞서 기술한 바와 같이, 고등학교 교양교과목으로서 '교육학(교육의 이해)'이

확산될 수 있도록 한국교육학회와 교육학자, 학교현장 교원과의 지속적인 협력체제가 형성되어야 한다.

## 3) 수입교육학에서 수출교육학으로

8·15 광복 이후 서구식 학제를 본격적으로 도입한 상황에서 1953년 한국전쟁 중 창립된 한국교육학회는 새로 도입한 학교교육을 성공적으로 안착시키고 운영하는 데 필요한 교육이론을 제공하기는 역부족이었다. 따라서 광복 직후에는 일본을 통해 수입된 일본과 독일의 교육학이 한국교육학계에 많은 영향을 미쳤고, 미군정 이후로는 한국교육의 운영 체제를 결정했던 미국의 영향을 받게 되었다. 당시 교육학 전공 교수들은 주로 독일이나 미국 등 유학한 나라의 교육학을 공부하고 그것을 국내에 돌아와서 전달하는 역할을 하였다. 이른바 '수입교육학' '번역교육학'으로 비판을 받던 지점이다.

1945년 광복에서 1970년대까지만 해도 우리 학교교육현장에 대한 이론화 작업을 수행할 수 있는 교육학자들은 소수에 불과했다. 우리 교육에 대한 독자적인 연구를 할 수 있는 여건도 매우 열악했다. 초·중·고등학교에서 학생들을 가르치고 지도할 교사양성을 위해서 사범대학과 교직과정, 교육대학 등 교사양성 기관에서 교육학 교과목을 가르치는 것도 역부족이었다.

그러나 광복 75주년, 한국교육학회 창립 70주년(2023년)을 맞이하고 있는 현재는 세계 10대 교역국의 위상을 생각할 때, 한국 학교교육의 성공과 시행착오에 대한 자기반성적 성찰을 통하여 한국적 교육이론과 실제를 체계화하여 '교육수출(교육 ODA)'로 연계하는 것은 세계평화에 이바지하고 대한민국의 국제적 위상을 높이는 일이다. 여기에는 두 가지 교육학 이론 수출을 생각해 볼 수 있다. 하나는 한국교육현상을 체계적으로 탐구한 한국형 교육이론이고, 다른 하나는 지원(원조) 교육학 이론 수출이다.

### (1) 한국형 교육이론과 실제에 대한 탐구

한국교육학의 독자성 정립이 요구되는 근거를 박봉목(1993)과 이돈희(1993)는 다음과 같이 피력하고 있다.

학문 공동체는 공동의 목적의식과 수단의 자산을 공유하면서 학문연구의 방법을 생산하고 공유한다. 이는 한국교육학계가 하나의 학문 공동체로서 응집력과 생동감을 가지느냐를 알 수 있는 가늠자이다. 교육학 연구가 시공을 넘어서 보편적인 일반 원리에 충실할 것인지, 아니면 특정한 시대적 사회적인 구체적 상황에 따라 특수성을 지녀야 할 것인지는 논란의 대상이 되어 왔다. 학자들이 탐구한 교육이론에는 교육의 보편적인 원리가 담겨 있는 것이 사실이다. 그러나 이러한 연구 성과는 해당 연구를 한 학자가 경험한 사회적 · 역사적 배경에서 비롯된 것으로 보아야 한다. 교육학연구에서도 특정한 시기의 사회적 요청에 따라 특정한 주제를 중심으로 문제가 집중적으로 탐색되는 것이 일반적이다. 그러나 교육학의 학문적 탐색은 선제적으로 교육문제 해결을 선도하기보다는 오히려 뒤늦게 따라가는 경우가 대부분이다(박봉목, 1993: 47).

교육학은 실천적 교육체제, 교육과정, 교육원리에 관한 것이다. 이러한 성격의 교육학은 지역적 특수성을 지닐 수밖에 없다. 물론 이론적 차원에서는 다른 지역들과 더불어 공유하는 공통된 관심과 문제들이 있을 수 있으나, 우리의 교육문제와 유사한 것을 다른 나라도 가지고 있을 수도 있듯이 그것은 우연적 현상이지 결코 필연적 요청은 아니다. 따라서 한국교육학이 우리의 지역적 특수성과 무관한 이론의 탐색과 개발에 대한 것이라고 하면, 그것은 교육학의 본질적 성격에서 이미 벗어나 있는 것이다(이돈희, 1993: 573).

8 · 15 광복 이후 독립된 국가로서 교육체제를 구축하고 정비를 하는 과정에서 우리는 다른 나라의 교육이론에 의존도가 매우 높았다. 다른 나라의 교육이론들은 교육이라는 인류 보편적인 현상에 대한 탐구라는 점에서 우리 교육을 이해하고 설명하는 틀을 제공해 주는 것은 사실이지만, 그 이론들이 가지고 있는 문제의식이나 사회적 맥락이 우리의 교육현장과 상당히 다른 경우에는 그 이론들이 우리 교육현장을 설명하는 데에는 한계를 노정할 수밖에 없다.

지난 70여 년 동안 한국교육학은 인접 학문들과 관계하면서 다양한 분과 교육연구로 전문화 · 분화되어 왔다. 교육학의 연구 영역이 분화되면서 다양한 분과 교육연구들이 확충되는 것은 바람직하지만 교육학자들 간의 원활한 소통에는 다소 제약이 따르고 있다. 이러한 소통의 어려움 뒤에는 상대적으로 독자적인 학문이 되어 버린 분과 교육연구들이 공동의 목적을 잃어버리고 있기 때문이라고 볼 수 있다. 그렇다면 어떻게 여러 분과 교육연구 인프라를 하나로 통합하여 한국교육학이라고 할 수 있을까? 이에 대한 답은 세분화된 개별적인 분과교육학연구들이 하나의 교육학으로 통합되기 위해서는 근본적인 문제의식인 '교육이란 무엇인가'에 대해 집중되어야 한다.

이러한 맥락에서 한국형 교육이론 탐색과 교육실천 방안을 탐구하는 일도 '한국교육은 무엇인가'에 대한 공통의 문제의식을 가지고 해법을 모색해야 한다. 예컨대, 한국적 교육현상의 특수성을 드러내고 있는 '한국인의 교육열'을 이론적으로 규명하는 탐구는 그 시사점이 크다. 한국인의 교육열은 한국교육을 관통하는 키워드이며, 규범적 연구와 실증주의(경험적) 연구가 가능한 연구주제이며, 보편성과 특수성을 동시에 규명해야 하는 주제이다. 한국인의 교육열이 한국형 교육이론 모색과 실제 탐색 측면을 예시적으로 기술하면 다음과 같다.

- '한국인의 교육열'은 한국인의 삶의 존재 방식을 반영하고 있다.
- '한국인의 교육열'은 과거시험, 즉 신라의 독서삼품과를 기원으로 한다고 해도 무려 1,500년 이상을 거슬러 올라가는 역사적 산물로서 특수성이 있는 한국 특유의 교육현상이다.
- 한국인의 교육열'에는 전통사회의 양반문벌의식과 가문 중시의 풍조가 내재되어 있다. '한국인의 교육열'에는 일제 식민사회, 8·15 광복, 한국전쟁 등 질곡의 세월을 겪는 동안 경험을 했던 민중의 한(恨)이 서려 있다.
- '한국인의 교육열'은 제어할 수 없는 교육에 대한 수요를 창출하였다.
- '한국인의 교육열'은 고등학교 졸업자 80%가 대학에 진학하는 세계 최고의 취학률을 창출했다.
- '한국인의 교육열'에 기인하는 교육에 대한 수요는 한국의 민주주의 발전, 경제발전의 원동력으로 평가되기도 하다.
- '한국인의 교육열'에 기인하는 과잉 교육수요는 과도한 사교육비 부담, 입시 위주 교육의 문제 등 역기능을 유발하기도 했다.

## (2) 지원형 교육이론과 실제에 대한 탐구

'원조를 받던 국가'에서 '원조를 하는 국가'로 그 위상이 변함에 따라 정부는 지속적으로 교육 'ODA' 사업을 하고 있다. 이 사업은 재정지원을 넘어서 해당 교육발전을 도모하는 교육원조사업이다. 우리나라는 국제기구에 많은 분담금액을 내고 있다. 많은 나라가 우리나라가 국제기구에 내고 있는 분담금을 지원을 받고자 한다. 지원형(원조형) 교육이론과 실제에 대한 탐색의 방향을 제시하면 다음과 같다.

- 지원을 받는 당사자 국가의 특수성을 교육지원에 포함시켜 교육계획을 수립해 주는 것은 그 시너지 효과를 높일 수 있다.
- 우리가 원조를 받았던 서구식(미국식) 교육이론과 학교체제를 그대로 수출하는 것은 바람직하지 않다. 그 이유는 지난날 우리 교육 발전 과정에서 경험했었던 수많은 시행착오를 반복하게 할 것이기 때문이다.
- 우리는 한국형 교육이론과 실제를 수출하는 것이 아니라 한국교육 경험을 바탕으로 원조를 받는 당사국의 문화와 사회적 특수성, 삶의 존재 방식에 기반을 둔 맞춤형 교육수출을 해야 한다.
- 한국교육학회는 6,100여 명의 연구 인력과 26개의 분야별 교육연구 조직 인프라를 가지고 있으므로 이를 적극 활용해야 한다.

### (3) 한국교육학 독자성 확립의 가능성

한국교육학회에서는 수차례 교육학의 성격에 대하여 크고 작은 논쟁(토론)이 있었다. 예컨대, 교육학의 학문적 성격은 무엇인가, 교육학은 독자적 학문인가, 응용적 학문인가, 규범적 과학인가 아니면 실증적 과학인가 등이다. 특히, 이들 논쟁의 공통적 관심사는 '보편성'과 '특수성'에 있었으며, '보편성'과 '특수성'에 대한 논쟁은 '한국교육학의 독자성'(자생성) 탐색과 그 맥락을 같이하는 것으로 볼 수 있다.

> 교육학은 보편성을 전제로 하는 학문인가, 아니면 특수성을 전제로 하는 학문인가. 이 문제를 두고 우리의 교육학계에서는 한때 치열한 논쟁을 벌인 적이 있다. 이 논쟁은 광복 후 우리나라에서 전개된 교육학 이론들이 주로 미국의 교육학에 크게 의존한 데에 대한 반작용으로 나타난 것이었다. 특수성을 주장한 학자들은 교육이론이란 언제나 역사성과 사회성을 지니는 것이므로 역사와 문화, 그리고 현실적인 사회적 문제를 달리하고 있는 다른 문화권의 이론에 의존한다는 것은 한국적 문제를 해결하고 교육의 방향을 인도하는 데 적절하지 않다는 것을 내세웠다. 반면에 보편성을 주장하는 학자들은 이론이란 그것이 발생한 사회적·문화적 배경은 다를 수도 있지만, 그것이 설명하는 바와 추구하는 바가 보편성을 띠는 것이라면, 타 문화권의 이론이라고 수용하지 못할 이유는 없다고 논박하였다(이돈희, 2002: 14).

보편성과 특수성은 두 개의 다른 세계를 나타내는 상반된 개념으로 이해하기보다는 상호 보완적인 개념으로 보아야 한다. 그 이유는 교육이론에 있어서 보편성과 특수성은 논리적으로 구분되는 개념이지만, 보편적인 것과 무관한 특수한 것이 있고 특수한 것과 무관한 보편적인 것이 있는 것은 아니기 때문이다.

그리고 구체적인 특수한 상황에서 얻은 이론이 그 논리가 아무리 정교하고 타당하다고 하더라도, 해당 문화권을 넘어서는 설명력이나 적용되지 않는 경우 보편성을 보장받지 못한다. 그리고 반대로 해당 문화권 밖에서 설명력과 응용력을 지닌다면, 그것이 외래적인 혹은 서구적인 것이라는 이유로 배척해야 할 이유가 없다. 같은 논리는 한국적인 자생적인 이론에도 마찬가지 논리가 적용될 수 있다. 만약 한국교육학계에서 개발된 한국교육학 이론이 한국을 넘어서서 설명력과 응용력을 지닌다면 그것은 외국의 다른 문화권에서도 보편성을 지닌 이론으로 수용해 줄 것이다.

외국의 교육이론으로부터 한국교육현실을 해명하는 실마리를 찾을 수 있다면 적극 활용할 필요가 있다. 외국 교육이론을 통해 한국교육학의 학문적 지평을 확대할 수 있다면 더없이 바람직한 일이다. 그러나 현실보다는 이론을 앞세우는 태도로 외국 교육이론을 수입하는 것, 외국 교육이론으로 한국교육현실을 설명할 수 없을 때조차도 자생적 이론의 형성을 고민하기보다 또 다른 외국 이론을 차용하면 한국교육학은 '번역교육학' '수입교육학'이라는 꼬리표를 뗄 수 없을 것이다.

앞서 언급하였듯이, 한국교육학회는 자생적 한국교육학 이론탐색을 할 수 있는 인프라와 연구 자산을 가지고 있다. 한국교육학의 독자성 확보를 위한 자생적 한국교육학 이론탐색에는 두 가지 접근이 있다. 하나는 외국 교육이론을 한국의 실정에 맞게 재해석하여 한국의 교육이론으로 만드는 접근이며, 다른 하나는 한국교육현상을 토대로 하는 한국형 교육이론과 실제를 세계 어떤 나라와 문화권에서도 적용하고 인정을 받기 위해 보편화를 시도하는 접근이다.

## 4) 한국교육 LPS의 미래 교육학

교육은 시대적 요청, 사회 변화에 따라 교육은 달라져야 한다. 오늘은 어제에 비해 전혀 다른 모습을 하고 있고, 내일은 오늘과는 다른 모습으로 전개될 전망이다. 과거에는 학교에서 배운 지시만으로도 한평생을 불편 없이 살 수 있었지만, 과학기술이 급격하게 발달하고 새로운 지식이 폭발적으로 증가하고 있는 오늘날은 학교에서 배운 지식만으로는 많이 부족하다. 그래서 자기개혁, 자기교육이 끊임없이 요청되고 있다. 미래에는 이러한 요청이 더욱 절실해 질 전망이다. 따라서 삶의 질을 높이고 인간 가치를 실현할 수 있는 삶의 문화를 창달하고, 보다 성숙한 사회를 건설하기 위한 교육의 가능성을 더욱 증진할 수 있는 '교육학 연구'가 요청되고 있다. "새로운 시대에 적합한 교육을 모색하기 위해서는 근본을 되돌아보고, 현재를 음미하며, 미래를 설계하는 노력이 무엇보다 중요하다."(송병순, 2003: 249)

'디지털' '빅데이터' 'AI'를 키워드로 하는 급격한 과학기술의 발달은 정치 · 경제 · 문화 등 사회 전반에 걸친 급격한 사회 변화를 수반하고 있다. 미래학자들은 현재의 학생들이 맞이할 미래 사회는 이전의 산업사회와는 다른 삶의 존재 방식을 가지게 될 것으로 전망해 왔다. 반세기 이전부터 널리 주장되어 온 미래학자들의 전망은 현실이 되고 있다. 교육이 미래 사회를 살아가야 할 학생들을 위한 것이라고 한다면, 미래 사회를 사는 데 필요한 역량을 익히고 배울 수 있도록 해야 한다.

4차 산업혁명 시대의 키워드는 '빅데이터' '디지털' 'AI'이다. '빅데이터'는 산업사회의 원유이며, '디지털'은 정유공장이고, 가공된 '빅데이터'가 'AI'이다. '빅데이터' '디지털' 'AI' 기반 미래 사회는 초연결 · 네트워크 사회로 전망되고 있다. 교육도 초연결 · 네트워크를 구축하게 될 것으로 예상된다. 초연결 · 네트워크로의 교육은 거의 일상화될 것으로 보인다. 종래의 교과 학문 지식의 향유에서 완전히 탈피할 전망이다. 산업사회 기획물인 '학교=교육'의 고정관념에서 탈피할 것이다. 융복합 교과목 재구조화와 더불어 교수학습 방법이 혁신될 전망이다(김진숙, 2016; 정일환, 2021: 37).

첫째, 온라인과 오프라인의 학습 경험 융합, 교과 간, 학문 간 융합, 형식 교육과 비형식 교육의 융합, 과학적 논쟁과 맥락 기반 학습 등이 향후 보편화될 것이다.

둘째, 시공간을 넘나드는 협력 활동과 학습자의 역할을 더 이상 소비자가 아니라 메이커(maker) 또는 창작자(creator)로 전환시키는 학습 활동, 그리고 실생활에서의 적용을 염두에 둔 프로젝트 학습, 과제 기반 학습 활동이 이루어질 것이다.

셋째, 학생들의 학습 활동은 기술에 의해 체계적으로 수집 · 관리되고, 분석되어, 학습 개선 정보로서 교사와 학생에게 제시되고, 이러한 학습분석 기술이 전반적인 평가체계를 바꿀 것이다. 학습 활동 데이터가 자동적으로 분석되고, 결과가 평가에 반영됨으로써 학생들의 수준과 흥미에 맞는 적응적 학습을 가능케 하고, 별도의 시험이나 평가가 없어도 학습 성과가 진단되는 스텔스 평가(stealth assessment) 방식으로 전환할 전망이다.

실시간 교통정보가 GPS에 연결되어 제공되는 길 안내 내비게이션과 같이 학습이력이 통합적으로 관리되고, 개인의 학습경로를 실시간으로 알려 주는 '학습 LPS(Learning Positioning System) 시대'가 도래하고 있어 이에 대한 교육적 대응이 요구된다. 즉, 학생 내비게이션을 통해 ① 모든 개인의 학습이력정보가 집적·관리될 것이다. ② 개별 학습자는 학습 속도와 진도에 따른 맞춤형 학습기회 설계를 제공받을 것이다. ③ 개별 학습자는 학습 속도를 알 수 있고, 조정할 수 있게 될 것이다. ④ 하루 24시간이 열린 학습시간이 될 것이다. 이에 따라 학제는 탄력적이고 유연한 체제로 개편이 불가피할 것이다.

'빅데이터' '디지털' 'AI'가 대세이다. 교육학은 '빅데이터' '디지털' 'AI' 기반 교육이론과 실제에 대한 탐색을 통하여 '학습 LPS 시대 맞춤형 학습 내비게이션'을 개발해야 한다. 급격한 변화의 시대에 교육학은 더 이상 교육의 뒤를 따라가서는 안 된다. 그 이유는 교육학은 항상 뒷북을 칠 것이기 때문이다. 미래학자들은 현재의 학생들이 맞이할 미래 사회는 이전의 산업사회와는 다른 삶의 존재 방식을 가지게 될 것으로 전망하고 있다. 반세기 이전부터 널리 주장되어 온 미래학자들의 전망은 현실이 되고 있다. 교육이 미래 사회를 살아가야 할 학생들을 위한 것이라고 한다면, 교육학은 미래 사회를 사는 데 필요한 역량을 익히고 배울 수 있도록 교육이론과 실제를 개발·제공해야 한다.

제**3**부

# 한국비교교육학회의 과거, 현재, 미래

# 한국비교교육학회의 과거: 창립 배경과 성장

## 1. 한국비교교육학회의 탄생과 교육적 위상 변화

이 장에서는 한국비교교육학회의 창립을 전후한 시기부터 현재에 걸친 학회의 성장·변화 과정을 통하여 한국에서 비교교육학회가 정착되고 이 분야의 학문적인 발전을 위한 실천과제를 제안한다. 그래서 앞으로 비교교육학이 발전하고 완벽한 학문적 체계를 정립하기 위한 학자로서의 임무와 과제에 대해 새로운 시각이 요청되었다. 이와 관련하여 우리 교육학계의 비교교육학 연구 분야 선각자들의 업적이 중요했음을 확인하였다. 실제로 한국비교교육학회의 선구자 역할을 하신 분들의 회고담, 그리고 내공 있는 기록문헌 등을 보면 이미 초창기부터 서구 중심적인 교육학을 정중하게 인정하고 이를 극복하기 위한 진력 과정 자체에 경건함과 존경스러운 학자정신을 느끼지 않을 수 없다.

실제로 1968년 한국비교교육학회가 창립되었다고는 하지만 이미 그 이전, 특히 1945년 광복 이후 미군정 교육개혁과 1950년대 한국전쟁 상황에서 연구의 출발점을 찾았고, 전후 재건기에 비교교육학이 국가교육발전의 원동력으로서 성장한 것도 사실이었다. 사실상 국가교육정책을 급속하게 회복하기 위한 전략으로서 국가 수준에서 진작하는

교육실천은 우수한 교육선진국(특히 미국)의 모범사례를 연구하고 이를 전격적으로 수
용하는 것에서 출발하는 것이 자연스러운 일이라고도 할 수 있다.[1] 그래서 여기에서는
한국비교교육학계 원로·선배 교수들의 교육적인 헌신에 대한 청취 기록, 각종 비교교
육연구 활동에 대한 소감 자료도 중요한 집필 자료로 활용하였다. 주로 이런 관점에서
한국교육의 성장과 발전에 기여하였고, 그 이후 비교교육 자체가 시너지 효과를 내는
전략으로서 학문적인 정립을 이룬 이후에 학회를 공식 창설하는 방식 자체도 후발선진
국들의 국가 주도 개발론과 일맥상통한다고 볼 수 있다.

현재 전 세계의 교육현상과 발전 전략을 종합적으로 비교분석하는 비교교육은 각 나
라의 우수한 교육문화를 지구촌 각 국가·지역으로 전파하여 교육을 통한 전 인류의 행
복과 번영의 토대를 마련해 왔다는 점에서 중요한 가치와 역할을 가지고 있다(이병진,
1996). 이에 비교교육학이 독자적인 학문 영역으로 등장한 이래, 비교교육학은 다루는
주제와 연구방법, 연구의 관심 분야에 이르기까지 폭넓은 범위를 다루는 학문으로, 접
근방법과 연구방법은 비교교육 분야에서 주요한 관심사가 되어 왔다(Bray, Adamson, &
Mason, 2014). 어떤 학문이 성립되기 위한 조건으로 해당 학문 영역 특유의 연구주제와
연구방법이 언급된다고 할 때, 비교교육학의 연구주제는 모든 학문 분야를 포함(Khoi,
1986)하는 동시에 연구방법으로는 그간의 비교교육 관련 현장관찰 및 비교연구, 인류
학·사회학적 연구방법 이외에 심리인류학 등과 결합한 양적 연구방법 등 교육학에서

---

1) 제2차 세계대전 이후 미국·구소련이 주도하는 냉전양극체제에서 미국의 국가안보전략으로서 유럽
지역에 실천한 마샬 플랜(이후 OECD 조직으로 완성), 한국·일본·대만에 대한 상호안보조약과 중
남미 지역에 대한 국가안보적 개발협력 등이 대소련 방위전략으로 실천되었다. 이후 유럽과 동아시아
지역은 미국 주도의 지역기구 속에서 모범적인 선도국가로 부각되었으나, 중남미 지역은 미국이 주도
하는 미주기구 구성원으로서 자립적 주체성이 후퇴하고 있다. 이 과정에서 1950년대 이후 미국의 동
아시아 교육협력 방식은 교육전문가 파견사업과 현지교육자 연수사업, 교육과정 보급사업 등을 중심
으로 이루어진다. 이 과정에서 비교교육학이 가지는 역할이 일부분 의미 있는 역할을 하였는데, 오히
려 중남미 지역에 대한 국가안보교육 및 사회과 교육과정 지원은 이후 미국에 대한 종속관계를 심화
시키는 요인으로 작용하였다. 1960년대 영국과 프랑스 등의 식민지에서 독립한 이후 독자적 자립의
길을 걷고 있는 사하라 사막 이남 아프리카 국가들은 (본의 아니게 미국의 무관심으로 인해서) 구소련
과 중국과의 협력체제가 교육개발에는 그다지 큰 힘이 되지 못하였다(UNESCO, 1994). 비교교육학 등
의 교육정책적인 영역이 아프리카와 중남미에서 미약한 것도 이에서 비롯한 것이며, 2010년 이후 우
리 정부가 KOICA 등을 통한 개도국에 대한 교육개발협력사업을 추진하는 것도 이런 요인이 직간접적
으로 작용하였다.

다루는 높은 수준의 인식론적 방법을 모두 포괄하고 있다(Olivera, 1988). 이러한 비교교육학의 연구주제와 연구방법으로 인해 비교교육학의 주제가 포괄적이고 그 접근방법역시 다양할 수 있다는 점은 비교교육학 연구물의 특성이 그 연구의 목적과 연구자, 그리고 비교 시점 등의 기준에 따라 달라질 수 있음을 의미한다.

일반적으로 학회는 연구대상 및 주제에 대해 관심을 공유하는 연구자들의 학문적 공동체라는 점에서, 특정 학문이 독자적인 정체성을 확립하고 발전하기 위해서는 관련 학회의 형성과 학회를 중심으로 하는 학문 공유의 장이 필요하다. 이러한 점에서 한국에서의 비교교육학의 출발은 한국비교교육학회가 창립된 1968년을 탄생의 기원으로 보아도 별 무리가 없을 것이다. 한국비교교육학회(KCES)는 1968년 창립 이후, '비교교육'이라는 하나의 학문 영역의 연구와 토론을 위한 공유의 장을 회원들에게 제공해 왔으며, 여러 가지 다양한 학회 활동들을 통하여 하나의 독자적인 영역을 구축하고자 계속 노력하였다. 비교교육학은 현재 한국연구재단의 학문 분류 체계에 있어서도 일반 교육 중 하나의 독자적인 영역으로 설정될 만큼, 이미 학문 계열에서는 고유한 영역으로 인식되고 있다.[2]

그러나 한국비교교육연구의 학문적 성과와 발전 과제에 대한 논의가 있었으나, 한국비교교육학의 이론적 성과와 과제 도출을 위한 충분한 논의의 장은 부족했던 것이 사실이다. 교육학의 다른 분야나 영역과는 달리 비교교육학은 매우 폭넓은 학문과 방법론적 접근법을 포용하고 있으며, 수많은 실제적인 주제들을 다루고 있기 때문에, 비교교육학 분야에 대한 역사 및 학문적 성격을 규명하는 것은 쉬운 일이 아니다. 특히 비교교육학이 단순히 비교될 수 있는 주제는 모두 비교교육이라는 인식에서 벗어나 비교교육학의 정체성을 찾고 하나의 과정이며, 과도기로 본다면 더더욱 비교교육학의 학문적 성과와 과제는 지속적인 학문의 정체성 확립에 중요한 핵심이라고 할 수 있다.

이런 측면에서 글로벌 수준 혹은 각 대륙 간 및 대륙 지역별, 국가적 단위 등의 범위에서 서로 다른 유형의 학업조사 및 성취도평가 등의 빅데이터를 포함하여 다양한 양적 방법론과 교육인류학적 기반의 질적 접근방식이 문헌연구 이상으로 중요한 역할을 차

---

2) 교육철학/사상, 비교교육, 교육사학, 교육법학, 교육과정, 교수이론/교육방법/교수법, 교육공학, 교육평가, 교육심리, 교육행정/경영, 교육사회학, 교육인류학, 교육상담, 교육재정/경제

지할 수 있다. 그리고 실시간으로 제공되는 세계교육에 대한 정보를 기반으로 그간 글로벌 수준의 교육적인 변화에 대한 문헌비교연구 등을 활용하는 것이 결정적이라고 할 수 있다. 즉, 문헌연구와 질적 접근, 양적 방법론 등의 다양한 연구방법이 비교교육학을 위해 활용될 수 있으며, 글로벌 수준에서 비교교육의 이론적 가치를 승격시킨다는 측면에서 '비교국제교육학' 혹은 '비교국제교육론'이나 '교육개발협력론' 등으로 발전시키는 것이 우선적인 과제라고 할 수 있다. 이는 물론 최근 한국의 교육적 국격 상승, 이른바 'K-교육'이라는 관점에서 교육개발협력 분야가 결합될 경우까지 전제할 필요가 있다. 그런 시점에서 글로벌 시민사회가 추진하는 '지속가능개발목표(SDGs) 2030과 지속가능개발교육(ESD) 및 세계시민교육(GCED)' 등과 연결하는 새로운 교육비전이 등장할 것이다. 이 비전은 인도주의 관점과 국익외교 교육정책이라는 양자 간의 길항대립 속에서 복잡한 신세계를 창출할 수도 있다. 그러므로 비교교육학은 영역을 확장할수록 국제사회가 초래하고 있는 갈등과 대립, 위기와 장애라는 벽을 극복하는 정책적 혁신, 변혁이라는 사명감을 실천해야 할 것이다. UN이 2040년 이후까지 실천하고자 하는 교육변혁도 이런 측면에서 글로벌 사회의 공동선을 달성하기 위해 비교교육학을 불러들일 수밖에 없는 실정이다.

## 2. 학회 설립 배경과 성장 과정

### 1) 학회 설립 배경

한국에서 비교교육의 학문적 성과는 학회 설립 배경과 성장 과정에서부터 살펴볼 필요가 있다. 특히 한국비교교육학회 역시 전 세계의 교육을 비교연구함으로써 비교교육학회의 연구 영역을 심화·확대하고, 한국의 교육발전에 기여함을 목적으로 다양한 활동을 전개해 왔다. 바로 그런 측면에서 한국에서 비교교육의 성장 과정을 살펴보는 것은 비교교육의 학문적 성과를 추출하고 성찰하는데 중요한 자료가 될 수 있다.

한국의 비교교육학은 1945년 광복 이후 미군정 당국이 새로운 미국식 민주주의 교육방식으로 개혁을 추구하는 과정에서 중요한 연구 분야임과 동시에 개혁수단으로서 적극적인 역할을 수행하였다. 미군정기 개혁에서 교육과정에 새롭게 도입된 공민과(사회과)는 역사, 지리 그리고 시민생활을 포함하는데, 국제교육과 관련하여 외국의 역사적, 지리적, 자연적 환경을 이해하는 데 중점을 두었다(교육부, 1998). 당시 초등학교 사회과의 교육과정은 사회과의 성격, 목표, 방법 등에서 세계의 생활을 이해하고, 여러 외국과 협력하는 태도를 기르는 것이 중요한 과제로 부각되었다. 이와 같이 사회과 도입 과정에서 국제교육 관련 교육내용을 강조한 것은 일제강점기 후반의 미국 유학생 출신 지식인 집단이 미군정 당국의 교육고문단으로 참여한 것과 관련이 있다. 이런 과정에서 특히 미국 등의 선진적인 교육 정책과 제도를 연구하고 이를 합리적으로 운영하는 방식으로 비교교육학 연구방법론과 내용이 중요한 역할을 하게 된 것이다.

이와 관련하여 1946년 오천석은 『민주주의 교육의 건설』에서 세계인의 교육을 다음과 같이 강조하였다.

> 제아무리 크고 부강한 나라라도 오늘날에는 고립하여 살 수가 없다. 문명의 이기는 거리를 단축하고 지구를 축소하여 놓았다. 그리하여 사람과 물건이 세계를 옆집같이 다닐 수 있는 동시에 사상, 문화가 국경을 무시하고 교류 된다. 이러한 시대의 사람은 한 나라의 시민 됨에 그칠 수 없이, 세계인이 되는 것이다(한국비교교육학회, 2018: 6에서 재인용).

오천석은 광복 직후 미군정청의 문교부장직을 맡아 우리나라 민주주의 교육제도의 기초를 마련하고 1955년부터 60년까지 한국교육학회 회장도 수행하였다. 그는 앞에서 살펴본 바와 같이, 세계교육에서 고립되지 않는 지름길로서 외국의 우수한 교육제도를 수용하는 것이 우선적으로 중요한 것으로 강조하였다. 이는 교육연구 영역으로서 비교교육학을 고려하는 것이었고, 미국의 우수한 교육제도와 교육사상을 미군정기의 교육개혁 기반으로서 활용하고자 하였다. 비교교육학을 우수한 선진국의 교육문물을 배우고 섭렵하는 교육차용 수단으로 생각한 것이라고 할 수 있다.

그런 측면에서 볼 때, 한국의 비교교육은 미군정기의 교육개혁을 뒷받침하는 자구책으로서 출발한 것으로 이해할 수 있다. 이후 비교교육학은 한국의 교육발전을 위해 구미 선진국을 포함한 다른 아시아 국가들의 교육실천 활동을 탐구하고 관찰하는 것에 주로 초점을 맞추었다. 이와 같이 한국비교교육학회는 1950년대 한국전쟁의 폐허에서 경제적 재건을 지향한 근대화를 강력히 추구하는 상황에서 교육정책을 지원하는 역할을 고심하였다. 이와 같이 국가 교육정책에 대한 연구지원 역할을 수행하는 학문적 사명감에서 1960년대에 창립되었다.[3] 한국의 비교교육연구는 1960년대 초반부터 국가 교육발전 지원연구를 중심으로 미국, 영국, 독일 등의 선진국 제도를 연구하는 비교교육에 대한 관심이 높아졌다. 그래서 국내의 교육학계에서 외국에서 학문 연구를 한 학자들과 한국교육계에서 영향력이 있는 교육자들이 주축이 되어, 뜻을 같이하는 연구자들끼리의 학술적인 조직을 가질 필요성이 대두되었다. 이에 1968년 2월 초 류형진, 한기언, 이규환, 이남표, 안상원, 김정환 등이 모여 한국비교교육학회 창립을 위한 발기인이 되고, 1968년 2월 24일 UNESCO회관 회의실에서 창립총회를 개최함으로써 정식으로 발족되고 류형진이 초대회장으로 피선되었다. 다음 절에서 살펴보겠지만, 이 시기의 비교교육학연구는 UNESCO와 관련된 국제교육을 중심으로 아시아 지역 국가와 교육개발을 협력적으로 수행하는 연구사업, 그리고 미국, 영국, 일본, 독일 등의 주요 선진국 교육제도에 대한 연구가 주류를 이루었다.

특히 한국에서의 경제적 근대화의 원동력은 교육이라는 신념 아래, 교육의 선진화를 도모하기 위해서 우리나라 자체의 교육력 향상뿐만 아니라 세계교육에 대한 이해와 특히 선진국의 교육의 발전 양상과 교육내용, 교육제도 및 정책이 국가발전에 미친 영향의 연구를 또 하나의 자원으로 하여 한국교육이 국가 근대화에 초점을 맞추어 발전하는 데 이바지하고자 하였다(이병진, 권동택, 2005). 이러한 한국에서의 근대화(modernization)와 세계화(globalization)의 노력은 곧 비교교육에 대한 학문적 관심의 증대를 낳았다.

창립 당시 한국비교교육학회는 한국교육학회와는 완전히 분리된 별개의 학회로 조직되었다. 국내적으로는 1970년 7월 4일에 한국교육학회의 분과연구회로 가입함으로써 한국교육학회 분과학회로 활동하였으나, 한국비교교육학회는 창립 당시의 정신을 살려 국제무대에서의 대외적인 활동에 있어서는 한국비교교육학회라는 원래의 공식명칭을 그대로 가지고 활동했다(이병진, 권동택, 2005).

---

3) 한기언(1976: 173)은 고려대학교 민족문화연구소에서 간행된 『한국현대문화사대계』 제II권에서 '교육학'이라는 글을 통해 교육학뿐만 아니라 비교교육학에 대해서도 언급하고 있는데, "한국에서의 비교교육학의 발달은 1950년의 한국전쟁 이후부터 본격적으로 이루어졌다고 볼 수 있다."(한용진, 2018)라고 하였다.

한국비교교육학회는 창립 당시부터 세계 교육정보 교류, 세계 교육학자 교류, 한국교육의 외국에 대한 문호 개방이란 설립 취지를 살려 활동하고 있으며, 세계비교교육연합회(WCCES)의 5개 창설 학회(유럽, 미국, 캐나다, 일본, 한국) 중의 하나로서 WCCES와 연계하여 꾸준한 활동을 전개한 사실 자체가 국내 교육분야 유관 학회와 차별화되는 사실이라고 할 수 있다. 이는 비교교육에 대한 연구를 실천하는 과정 자체가 국내 학술단체로서의 활동으로 국한되지 않고, 세계 번영과 평화의 길을 여는 국제 관계에서의 비교교육의 역할이라는 신념을 재확인하는 계기가 되었다. 특히, WCCES 및 아시아비교교육학회(CESA)의 창립 학회로서 2001년 제11차 세계비교교육 학술대회와 2010년 제7차 아시아비교교육 학술대회의 국내 개최, 그리고 2018년 5월 학회 50주년 기념 국제학술대회 개최(CESA, 캄보디아) 사업 등이 국제 사회에서 한국비교교육학회의 정체성 있는 연구활동을 입증한다고 볼 수 있다.

이미 한국전쟁 시기인 1953년 4월 피난지 부산에서 47명의 교육학자가 서울대학교 사범대학 피난캠퍼스 강당에 모여 한국교육학회를 창립하였다. 이후 교육학 분과별 학술 활동이 활발히 전개됨에 따라 1960년대 중반부터 분과학회들이 창립되기 시작하였다. 당시에 한국비교교육학회는 한국교육학회 24개 분과학회 중 8번째로 출범한 학회였다. 1968년 창립된 후 지난 50년간 우리 교육발전에 큰 기여를 하고 있으며, 그동안 200회 가까운 학술행사와 학술지 통권 28권과 영문학술지 15호까지 발간한 것은 물론이고, 세계비교교육연합회와 아시아비교교육학회에서도 두드러진 활동을 벌이고 있다. 특히 한국비교교육학회는 선진국 및 개발도상국가의 교육체제, 초·중등교육, 고등교육 및 평생교육, 교사교육, 다문화 교육, 교육행정·재정제도와 개혁동향 등에 관한 광범위한 영역에 걸쳐 국제 및 국내 학술대회, 학회지 논문 발간 등을 통하여 꾸준히 학술적 탐구활동을 전개하고 있다(정일환, 2009).

## 2) 학회 성장 과정

한국비교교육학회의 역사와 학회 활동을 중심으로 비교교육의 성과를 살펴볼 필요가 있다. 먼저, 학회사적 관점에서 발달 과정을 단계별로 정리해 보면, ① 정초기(1950~1960년대), ② 확산기(1970년대), ③ 정착기(1980년대), ④ 내실화기(1990년대), ⑤ 양적 도약기(2000년대), ⑥ 질적 고도화기(2010년~   )로 구분할 수 있으며(정일환 외, 2013),

학회 창립 이전의 시기를 포함하여 교육학사를 중심으로 비교교육학사의 시기 구분과 관련하여 한국비교교육학사의 시안은 크게 ① 전사(前史), ② 맹아기, ③ 성립기, ④ 발전기로 구분할 수 있다(한용진, 2018). 따라서 한국비교교육학회의 성장 과정을 학회 창립 이전과 창립 이후의 과정으로 구분하는 것이 적절할 것으로 본다(이병진, 권동택, 2005; 2007; 정일환 외, 2012; 한용진, 2018).

### (1) 학회 설립 이전

한용진(2018)에 따르면, 1단계는 '비교교육학 전사(前史)'로 위로는 고구려의 태학이 중국의 학교제도와 관련된다는 전제에서 이미 4세기에 비교교육현상을 엿볼 수 있으며, 2단계의 '맹아기'는 기존의 해방 이후 혹은 관점에 따라서는 19세기 말의 서구 교육학 이론이 소개될 때에 이미 비교교육학의 학문적 맹아가 싹을 틔웠다고 할 수 있다. 여행자의 이야기 단계를 넘어 외국의 교육학에 대한 소개와 차용의 시기가 이미 시작되었다고 보고 있다. 3단계는 '성립기'로 대학에 비교교육학 전공 과목이 개설되고 전문 학술서가 발간된 시기로 대략 1950년을 전후한 시기부터 1960년대 중반까지, 그리고 4단계는 '발전기'로 1968년 한국비교교육학회가 창립되고 세계비교교육연합회의 창립 회원으로 참여하는 등 학술적 활동에 매진하며 다양한 연구논문과 연구서가 학술지에 게재되던 시기를 상정할 수 있다. 다만 이러한 시기 구분은 비교교육학사의 논의를 편하게 하려는 하나의 방편에 불과한 것으로, 실제로는 이러한 시기 구분이 절대적인 것은 아니며, 때로는 그 특성이 순차적일 뿐만 아니라 동시적으로도 나타날 수도 있다. 특히 세계화 시대를 맞아 향후 비교교육학의 학문적 가능성은 더욱 커지게 된다는 점에서, 21세기는 비교교육학의 '확장기'(양적 도약과 질적 고도화)로 보고 있다. 시기 구분은 의미 있는 발전 과정을 잘 보여 주지만, 학문이 선형적으로 발전하는 것뿐만 아니라 순환적 혹은 동시적 현상이 나타나기도 한다(한용진, 2018).

우리나라에서 학회 설립 이전의 비교교육의 성장 과정을 적어도 '비교교육'이라는 용어 사용을 전제로 접근한다고 보면, 대학에 비교교육학 전공과목이 개설되고 전문 학술서가 발간된 시기인 3단계부터 보는 것이 적절할 수도 있다. 다만 상황에 따라서는 미군정기 교육개혁을 추진하는 단계에서 미국의 듀이의 진보주의 교육을 섭렵하고 6-3-3-4 기본학제를 도입하는 새교육 실천시기를 고려할 경우에는 앞의 2단계 광복 이후부터 비교교육학 연구가 관심을 가진 시기라고 볼 수도 있다.

사실상 학회사 변천 과정은 여러 학자들이 다양한 방식으로 시기 구분을 하고 있는데, 그런 시기 구분이 나름대로 비교교육학회가 어떤 주제와 조직, 패턴, 내용을 가지고 미래 비전을 구상하였는지에 대해서는 긍정적인 평가를 내릴 수 있을 것이다. 2013년 정일환 등의 시기 구분은 학회가 나름대로 안정적인 지향점과 기준을 가지고 내실 있는 성장을 지향해야 한다는 측면에 초점을 맞춘 것이라고 판단되며, 2018년 한용진의 시기 구분은 학회가 긍정적인 성과와 실적을 내는 원칙적인 합의를 기준으로 역사적인 변화라는 원론과 부합하는 방식으로 학회가 양적 · 질적인 성장을 해야 한다는 전제가 구축된 것이라고 본다. 이런 양자의 특성을 결합하여 학회 설립 이전과 설립 이후 변화 과정으로 명확하게 정리 안내한 것은 상당히 시원하고 명쾌한 탁론이라고 할 수 있다(윤종혁, 2023).

그런 측면에서 시기 구분이 여행자의 이야기, 외국 교육학설 수용과 이를 통한 전공 및 전공서적 발간 등으로 발전하고, 세계적 수준으로 교류한다는 비교교육 발전론 자체는 순차적 혹은 동시적일 수 있다. 다만, 이런 특성이 지금 시대는 '비교국제' 혹은 '글로벌' '민주주의, 글로벌혁신, 신자유주의' 등이 어두에 붙으면서 대충돌 속의 핵확산이라는 엄청난 속도와 규모로 변신하는 미증유의 현실, 전례 없는 비교교육학 연구 영역이 제시되고 있다. 비교교육학이 무한대의 공간으로 확장되는 '우주 빅뱅론'만큼이나 교육학적인 상상력을 발휘하는 범주, 영역 그 자체로 점점 더 많은 연구 영역을 만들어 낼 것으로 예측할 수 있다.

### (2) 정초기(1950~1960년대)

1950~1960년대로, 한국전쟁 이후부터 1953년 대학에서는 '비교교육' 강좌가 정식으로 교육학 전공학생들을 위한 교육과정에 포함되었고, 특히 한국전쟁 이후 교육재건 사업에 참조하기 위하여 외국 교육을 시찰한 학자들이 잡지, 신문, 대학 논문집 등에 외국 교육제도에 관한 소개들이 있었다. 임한영이 대학에서 최초로 비교교육을 강의한 1950년대 초 연세대학교 교육학과에서 비교교육을 개설하였다(이충원, 1982). 이후 여러 교수들이 비교교육을 강의하기 시작했으며, 1961년도에는 『비교교육』이라는 공동 저서가 나오기도 했다. 특히 비교교육이 대학의 교과목으로 정립되기 시작한 것은 1963년 교육대학원이 설립되게 된 계기로 각 교육대학원마다 거의 모두 교육행정 전공이 개설되고 비교교육이 교과목으로 강조되었으며, 1968년 3월에는 '비교교육학의 성

격과 최근 동향'이라는 제목으로 창립기념 심포지엄이 개최되었다.

이 시기는 '비교교육'이라는 제목으로 대학에서 강의를 주도한 임한영, 김병화, 류형진, 이규환, 김종철 등의 한국교육계의 원로인사들이 교육계에 많은 영향을 미쳤다. 이 시기 비교교육학 강의를 개설한 대학들은 주로 1953년 연세대학교 교육학과에서 임한영이 담당하였고, 이후 서울대학교 사범대학에서 김병화, 이화여자대학교 이규환, 숙명여자대학교 유형진, 중앙대학교 김종철 등이 비교교육학 강좌를 개설하였다(한기언, 1978: 2).

한편, 1950년대 중반 이후 한국전쟁에 따른 재난을 극복하고 1954년부터 국가 수준에서 실시하는 초등의무교육개혁 6개년 계획을 성공적으로 추진하기 위해 다양한 교육연구활동이 진행되었다. 한국교육학회도 주로 비교교육학분야 연구자를 중심으로 외국의 성공적인 교육실천사례와 아시아 주요국가들과의 교육협력정책 등을 연구로 정착시키기 위해 활발하게 학문 교류활동을 추진하였다. 당시 비교교육학 분야에서 국제교류 분야 및 교육협력사업을 실천하기 위해 추진한 연구활동은 다음과 같이 정리할 수 있다(한기언, 1978: 1-3). 당시 비교교육학 연구자들의 상세한 발표연구 내역은 〈부록 1〉을 참조하기 바란다.

첫째, 한국전쟁 이후 국가 재건을 위한 주요 선진국의 교육시찰 및 현지답사 결과를 공유하는 활동이 활발하였다. 이는 특히 1950년대 중반 이후 1950년대 말까지 주로 미국의 교육동향(류형진)이나 선진국의 고등교육에 대한 이해를 중심으로 분석하는 것이 주류를 이루었다. 더구나 당시에는 미국의 교육고문단 등이 학회 현장에서 직접「록펠러 교육보고서」를 발표하거나 한국의 교육행정에 대해 진단하는 발표 등도 있었다. 미국의 교육개발협력에 대한 과정으로 한국의 교육제도를 진단한 결과는 교육부 조직 개편을 포함하여 교육행정의 효율적인 운영과 고등교육 육성 방안, 특수교육과 교사정책 등에 많은 도움을 주었다.

둘째, 1960년대 이후 본격적으로 국가 근대화 전략으로서 초등교육 이외의 교육분야 발전을 위한 주요 선진국에 대한 세부적 주제 단위로 현장시찰 성과를 비교교육연구주제로 발전시켰다. 기존의 미국 중심 중등 및 고등 교육정책 연구는 물론이고 독일의 직업기술교육연구에 대한 현지시찰과 정책연구가 추진되었다. 그리고 미국과 영국 등의 종합교육계획 실천연구(백현기)를 본격적으로 검토함으로써 1960년대 이후 우리나라의 종합교육발전계획을 구체적으로 정착시키는 계기로 되었다. 특히 비교교육학은 종합계획에 대한 관심이 증대함으로써 그 연구 자체가 국가 교육발전계획과 긴밀하게 연계되는 개발도상국의 전형적인 근대화 전략에 크게 기여하였다.

셋째, UNESCO 등의 국제기구에 대한 교류협력을 강화하고, 특히 아시아 지역의 개발도상국 등과 비교교육연구를 통한 교류 협력이 촉진되었다. 1950년대 이후 비교교육 연구자들은 아시아 지역 UNESCO 학술대회에 정례적으로 참여함으로써 국제화에 따른 교육변화를 이해하고 교육개혁을 위한 연구에 정려하였다. 당시 UNESCO를 통한 아시아 지역 교육협력은 중등교육, 교육통계, 고등교육, 교원정책 등을 중심으로 정착되고 있었다. 1950년대 이후 1968년 한국비교교육학회가 창립되기 이전까지 비교교육학 연구 영역이 확대된 것은 UNESCO와 아시아 협력연구에 주력한 것이 크게 작용했다고 볼 수 있다. 그런 의미에서 1968년 한국비교교육학회 창립총회와 발대식을 UNESCO한국위원회에서 개최한 것은 상당히 시사하는 바가 크다고 할 수 있다.

넷째, 해방 이후 1960년대까지 초창기 교육학은 종합과학적인 영역을 중심으로 교육학, 철학, 심리학, 사회학 등이 미분화 통합된 상태로서 비교교육학은 대표적으로 국가교육정책과 교육발전을 위하여 여러 학문 분야가 통합된 융·복합 전략을 자연스럽게 실천하였다. 그래서 미군정기 이후 비교교육학 연구자들은 종합교육계획을 중심으로 연구를 추진하였는데, 학회 연구모임에는 임방현 등의 정부교육정책실무자도 상당수가 참여하였다. 나아가서는 미국 교육시찰단 경험, 중국 및 필리핀, 한국-일본 연구, 혹은 한국과 아시아 6개국(스리랑카, 대만, 필리핀, 말레이시아, 태국, 일본) 간의 비교연구도 본격적으로 이루어지기 시작하였다.

이와 같이, 한국 최초의 공식적인 비교교육학 석사논문으로서 『비교교육제도론』(1954, 김병화)이 나온 이래로 비교교육학 연구는 주로 교육행정, 교육제도, 그리고 미국과 UNESCO의 교육사상 및 국제이해교육을 중심으로 전개되었음(한기언, 1978)을 알 수 있다. 더구나 당시 비교교육학자들은 한국의 교육발전을 위한 종합교육계획을 구축하는 연구, 특수교육과 직업교육을 포함한 세부적인 교육발전론에 본격적으로 참여하였다. 또한 1960년대 중반 이후로는 UNESCO조사단의 한국교육계획을 수립하기 위한 공동연구(1964), 한국과 캐나다의 협동조합운동을 포함한 교육을 통한 경제부흥(1965), 동남아 및 중동 지역 교육계획(1966) 등의 국가발전전략과 비교교육학의 관계에 대해 지속적으로 연구하였다. 주목할 부분은 정태시(1966)가 발표한 『세계의 학교』를 통해서 구미 선진국 이외에 슐츠의 인적자원 개념을 활용하여 경제성장과 교육 간의 관계를 규명하고, 교육비용 투입 효과분석을 소개한 일본교육 발전론을 소개한 측면이다. 그 외에도 류형진은 『미국교육과 소련교육』(1964)을 통해 국가재건 수단으로서 미소 양국의 교육이 지닌 장단점에 접근하였다(한기언, 1978).

그런 과정을 통해서 1960년대 후반부터는 한국의 교육제도 및 사상과 주요 선진국 등의 교육제도 등을 비교연구하는 새로운 비교교육연구단계로 전환하기 시작하였다. 당시 새로운 연구경향에 적극 참여한 학자들은 이돈희, 손인수, 유인종, 김남성, 김호권 등의 비교교육사 및 교육철학, 교육심리학, 중등교육론 등의 주제를 중심으로 새로운 연구 영역을 개척하였다(한기언, 1978). 이와 같이 1960년대 초반부터 한국에서 비교교육에 대한 관심이 높아지고, 외국에서 학문연구를 한 학자들과 교육계에 영향력이 있는 학자들이 주축이 되어, 이와 관련된 학술 조직을 가질 필요성이 대두되었다. 이에 1968년 2월 초 류형진, 한기언, 이규환, 이남표, 안상원, 김정환 등이 한국비교교육학회 창립을 위한 발기인이 되어, 같은 해 2월 24일 UNESCO회관 회의실에서 창립총회를 개최함으로써 정식으로 한국비교교육학회가 창립의 닻을 올렸다. 이후 한국비교교육학회는 범세계적인 관점에서 비교교육 본질에 기초한 연구와 그것을 통해 한국교육에 기여하였다(한국비교교육학회, 2018: 13). 특히 우리나라에서 비교교육학회가 처음 결성된 것은 1968년 2월 24일, UNESCO회관 회의실에서 창립총회가 개최되었는데, 류형진은 한국비교교육학회 창립을 주도하였고, 1968년 2월부터 1970년 12월까지 초대 회장직을 역임하였다.

이후 한국비교교육학회는 창립 당시부터 세계 교육정보 교류, 세계 교육학자 교류, 한국교육의 외국에 대한 문호 개방이란 설립 취지를 살려 활동하였다. 그래서 세계비교교육연합회(WCCES)의 창설 5개 학회[유럽(CESE), 미주(CIES), 캐나다(CIESC), 일본(JCES), 한국(KCES)] 중의 일원으로서 WCCES와 깊이 연계하여 꾸준한 활동을 전개하였다(한국비교교육학회, 2018: 13).

### (3) 확산기(1970년대)

1970년대는 전문성을 갖추고 체계적이며 의욕이 넘친 비교교육학자들이 본격적으로 학문적 토대를 마련한 시기이며, 한국비교교육학회가 세계 무대에 실질적으로 등장한 시기이기도 하다. 1969년에는 당시 피바디 대학원에서 연구 중인 김선호가 세계비교교육연합회(The World Congress of Comparative Education Societies) 대회 준비위원으로 피선되었으며, 1971년 1월 8일에는 세계비교교육연합회 사무총장인 캐츠(Katz)로부터 한기언이 세계비교교육연합회의 이사로 피선되었다는 통보가 있었다(한국교육학회, 1973). 특히 이 시기에 세계비교교육연합회(WCCES) 창립 학회로 활동한 것은 한국비교교육학회의 국제적 교류의 전환적 계기를 마련하였다. 당시 WCCES는 세계적 규모의 국제 학술조직이며, UNESCO의 협력기구(NGO)로서, 세계교육의 발전을 위한 범국가적인 목적을 갖고 있었다(한국비교교육학회, 2018: 13). 당시 한국비교교육학회가 이러한 특성을 지닌 WCCES에 참여한 것은, 제3세계 신생국의 전형을 벗어나서 미국, 유럽과 대등한 학회 구성체로서 비교교육연구에 대한 국제성과 정체성을 확보하는 계기로 작용하였다. 그런 상황에서 1970년에 남북미주비교교육학회(CIES), 유럽비교교육학회(CESE), 한국비교교육학회(KCES), 일본비교교육학회(JCES) 등의 학회가 중심이 되어 캐츠의 주도하에 창립되었다.

한편, 1971년 9월에『세계문화와 교육』이라는 한국비교교육회의 학회지가 창간되었으며, 이후 1976년에『비교교육연구』로 학회지 명칭이 변경되었다. 특히 1970년대에 한국의 비교교육 학계에는 중요한 논문들이 발표되었으며, 1972년 이규환의 박사학위논문은 한국에서 외국 교육학의 테두리를 처음으로 벗어난 본격적인 비교연구라는 점에서 의의가 있다. 이는 1950년대 비교교육에 대한 개념적 정의와 외국 교육사례에 대한 현지 관찰, 혹은 선진국 교육제도의 교육적 차용을 극복한 수준의 성공적인 사례라고 할 수 있다. 달리 말하면, 한국의 교육적 맥락에 적합한 방식으로 설계한 준거에 따라서 과학적 방식으로 비교분석을 한 성과라고 평가한 것이다.

한국비교교육의 전환기적 저서로 이규환의 박사학위논문인『서독과 스웨덴의 교육개혁에 대한 비교연구』라는 책이 출판된 1971년과 류형진의「영국 중등교육의 개혁」과 한기언의「한국, 중국 및 일본 교육학의 비교연구」라는 두 개의 논문이 발표된 1972년은 한국비교교육이 제2단계에 들어섰다는 것을 보여 준다. 또한 한국비교교육의 발전과정과 연구동향에 관한 연구물로는 1978년 2월 24일 한국비교교육학회 창립 10주년 기념강연으로 한기언이 발표한 '한국비교교육의 과제와 전망'이라는 제목으로 발표한바 있다.

이 시기는 한국비교교육학회가 학회 수준에서 정례적인 모임을 구축하고, 자생적인 토착교육학 연구로서 비교교육학이 출발한 것에 주목한다. 또한 세계 비교교육학 연구 체계와 네트워크를 본격적으로 구축한 출발점이라고 할 수 있다. 나아가서 한국교육학회는 학회 탄생 이전의 연구회 모임 단계부터, 혹은 학회 탄생 이후부터 미국, 일본, 유럽학회 등의 세계교육 주도 국가 및 지역학회와 연계하는 방식으로 서구주의 혹은 미국의 민주주의 교육체제를 적극적으로 수용하는 가치전략을 역동적으로 전개한 사례라고 할 수 있다. 한국비교교육학회 혹은 한국교육계 전체가 탄생 이후부터 제2차 세계대전 이후 신생독립국 중심의 제3세계(이른바 '비동맹77' 그룹 등)와 다른 경로를 걷는 상징적 배경을 이루었다고 할 수 있다.[4]

그래서 한국비교교육학회는 UNESCO한국위원회가 주는 국제성을 좀 더 세밀하게 조사하고, 그리고 미국, 일본, 유럽 학회와 친숙하게 연계하고, 이후 긴밀하게 아시아 및 세계비교교육학계를 주도하는 역할을 한 것으로 평가할 수 있다. 특히 이 시기부터 한국교육이 지닌 국가와 교육개발론을 중심으로 국민교육에 관심을 집중하면서, 일반적으로 비동맹 그룹 국가인 중국, 유고슬라비아, 인도네시아, 인도, 쿠바, 베트남 등과 다른 교육개혁의 경험도 비교교육학의 주제로 부각되었다. 즉, 1980년대 이후 아시아의 네 마리 용 혹은 동아시아 유교자본주의 교육체제 속에서 변화하였던 비교교육계 연구동향, 그리고 냉전체제가 해체된 1990년대 이후 본격적으로 적용되고 글로벌 교육동향에서 핵심의제로 부각되었던 미국식 신자유주의 시장경제교육에 대한 대응과 대처방안, 그리고 각국의 실천사례 등이 검토되었던 세계비교교육연합회와 아시아비교교육학회, 그리고 우리 학회의 국제학술대회 주제와 연구가 좀 더 구체적인 성과를 내기 시작하였다.

이미 1950년대 김계숙 등이 중심축을 이루었던 미국교육시찰단의 성과를 중심으로 미국, 영국, 독일, 일본 등의 선진국 교육제도 비교연구가 본격적으로 추진되었다. 그래서 1970년대 이후로는 개발도상국을 넘어서기 위한 국가발전계획의 일환으로서 선진국 교육제도를 전문적으로 연구하는 단계로 변화하였다. 주로 박준희 등을 중심으로 일본교육제도 연구 및 재일동포교육문제 등이 추진되었고, 세계교직단체연합회(WCOTP)를 비롯한 국제기구와 협력연구를 실시하고, 본격적으로 한국교육을 객관적으로 국제비교

---

4) 이에 대해서는 이 책의 2장에서 설명한 바와 같이, 1945년 해방 이후 미국의 국가안보전략 및 대소련 반공기지정책에 따라서 1945년 이후 1969년까지 아프리카 전체 지역의 원조물량보다 월등하게 많은 세계 제2위의 대미 원조협력(같은 시기 미국의 첫 번째 지원국은 이스라엘)을 받은 결과를 배경으로 하여 국가 교육발전계획을 적극적으로 실천한 것에서 잘 드러난다.

하기 위하여 UNESCO와 정례적인 협동연구를 시작하였다. 또한 UNESCO에서 평생교육을 중심으로 새로운 국제화를 제시한 『들로르 보고서』를 '인간화교육'으로 도입한 것도 중요한 성과라고 할 수 있다(한기언, 1978). 이 과정에서 1970년대 후반부터 국제사회에서 한국 등을 대상으로 하는 '아시아 4룡 국가 연구' 등은 이후 신흥공업국 사례로서 또 다른 국제기구 OECD와 연계하는 연구를 수행하는 기반으로 검토되기 시작하였다. 이는 1980년 7월 한국과 일본이 세계비교교육연합회 대회를 공동 주최하여 서울에서 Pre-congress를 개최하는 출발점이 되기도 하였다.

### (4) 정착기(1980년대)

1980년대는 본격적으로 국제교류가 이루어지고 한국의 비교교육연구에 대한 국제적 위상을 확립하고, 한국비교교육학회도 1980년 서울에서 세계비교교육 대회 Pre-congress를 개최하는 등 개발도상국을 위한 교육 주제를 통해서 비교교육연구의 제3의 흐름을 유지할 수 있었다. 이 시기는 한국비교교육학회가 세계 여러 학회와 교류가 본격적으로 이루어지는 시기로, 창립 이후 한국비교교육학회는 그 동안 학술 세미나 개최와 회원들의 국내외에서의 학술 발표 등을 통하여 연구력을 뚜렷이 부각시켜 왔다. 특히 1980년 제4차 Pre-congress의 개최는 국제화 역량을 높이고 개발도상국의 교육개발 가능성을 확인하는 의미 있는 행사이며, 이를 통해 세계비교교육연합회에서의 한국비교교육학회의 위상을 높이는 계기를 마련하였다. 이런 중요한 세계적 비교교육행사를 한국에서 개최하게 된 경위에 대해 당시 행사 주최 측은 다음과 같이 회고하였다(한국비교교육학회, 2018: 4-5).

> 한국비교교육학회는 세계비교교육연합회(WCCES)의 창립회원 학회입니다. 세계비교교육연합회(WCCES)는 1970년 여름 캐나다의 오타와 대학에서 창립총회를 거행했습니다. 이 총회에 한국대표로 한국비교교육학회 회장이시던 유형진 한양대 사범대학장님과 경희대학교 김선호 교수님, 그리고 본인이 참석했습니다. 그때 김선호 교수님은 미국 밴더빌트대학에 교환교수로 와 계셨고, 나는 미국 미시간주립대 대학원 박사과정 학생이었습니다.
> 창립총회에서 오타와 대학의 조셉 캐츠(Joseph Katz) 박사가 회장으로 선출되었는데 백발의 거구 체질에 영어와 불어로 유창하게 연설하던 모습이 아주 부러웠

습니다. 캐츠 박사는 세계비교교육학계의 선도자로 유형진 박사님과도 친분이 두터운 분이었습니다.

이것이 인연이 되어 1980년 7월, 한국비교교육학회 주최로 서울에서 세계비교교육연합회 대회를 개최하게 되었습니다. 아시아 지역에서 최초로 개최되는 행사로 유형진 회장님이 대회장을 맡고 한양대 사범대 교육학과 교수로 있던 본인이 사무책임을 맡았습니다. 당시 이규호 문교부장관님의 적극적인 지원으로 정부의 예산보조를 받아 국제대회를 서울 신라호텔에서 개최할 수 있었습니다. 10·26과 5·18사태로 인하여 국내정세가 혼란한 시기였지만 세계 30여 개국에서 350여 명의 학자들이 참석하여 성황리에 행사를 마쳤습니다.

캐나다의 조셉 캐츠 세계비교교육연합회장을 비롯하여 영국 비교교육학회장 브라이언 홈즈(Brian Holmes) 런던대학 교수, 영국의 킹스 칼리지의 에드먼드 킹(Edmund King) 교수 등 외국의 저명한 석학들이 참석하여 한국교육을 널리 홍보할 수 있었습니다. 1980년 7월에 우리가 주최한 세계비교교육연합회 행사는 그때까지 국내에서 개최한 국제학술대회로는 최대 규모의 국제행사였던 것으로 나는 기억하고 있습니다.

당시 서울 Pre-congress는 비록 일본 세계대회의 전초전 성격이라고 하는 특이성을 가지면서도 이후 2014년 ESD 세계대회와 2015년 인천세계대회 연계하여 동아시아 한국과 일본의 연계세계대회를 유연하게 끌어내는 동력으로도 작용하였다. 당시 1980년 서울 Pre-congress에 대학생 신분으로 행사 준비작업에 참여한 한 연구자는 다음과 같이 말하고 있다(한국비교교육학회, 2018: 75).

서울역 시위로 4월에 휴교령이 내리고 대학생들은 캠퍼스에서 쫓겨났다. 아예 방학이 되고 학교에 들어가 학과장 사무실에 가니 온갖 외국 서신으로 가득 차 있었다.

그러한 가운데 영문도 모른 채 그 일을 거들기 시작하였다. 대학원생 형들이 시키는 대로 일을 하나씩 처리하였다. …… 그 행사가 제4차 세계비교교육연합회 대회 이전 학술대회(Pre-congress)였다. 유형진 교수님이 대회장, 신극범 교수님이 준비위원장 겸 사무총장으로 6개월 전부터 준비한 행사였다. 당시 주요 연락은 우편이라서 느리게 준비 절차가 이루어졌다. 낮에는 접수대, 밤에는 자료 봉투에 넣기 등 바쁘게 지나갔다. 어떤 날은 인원이 많아 바닥에서 자기도 하였다. …… 이렇게 시작된 한국비교교육학회 참석은 대학원생이 되어 이대 선관에서 주로 모였다. 교수님의 원고를 어설픈 영타로 치다가 다 못치고, 결국 영타와 원고를 붙여 복사하여 급히 교수님 차로 가곤 했다. 당시 세미나에는 20명 전후 회원들이 모인 걸로 기억된다. 교수님과 교수님을 따라 온 대학원생, 학회 운영을 곁눈으로 배우고 발표와 토론하는 것도 보면서 학회 활동을 시작하였다.

당시 상황이 준비 기간도 길지 않았고, 여러 가지로 복잡한 상황에서도 상당히 성공적으로 수행하였음을 알 수 있다. 1980년 7월 3일부터 5일까지 서울에서 개최한 제4차 WCCES Pre-congress는 사실 국내 정치상황이 어려운 시기인 1980년 5·18 민주화 운동 직후 계엄령하에서 행사집회를 허가받아 개최된 것이었다. 이 대회는 전 세계 37개국 400여 명이 참가한 가운데 성황리에 이루어졌다. 대회의 대주제는 개발도상국을 위한 교육(Education for Developing Nations)이었고, 3개의 본회의(산업발전을 위한 교육, 교육기회의 평등, 평생교육)과 3개의 그룹세션(개인분과별 발표), 그리고 3일째는 교육기관 등을 비롯한 투어가 진행되었다. 세계비교교육학계의 원로와 대표학자들이 다수 참석하여 행사를 보다 내실 있게 치루었고, 이어서 개최된 도쿄 세계회의(대주제: Tradition and Innovation in Education) 보다도 더 조직적으로 잘 치러진 성대한 대회였다고 평가되었다(한국비교교육학회, 2018: 79).

이와 같이 어려운 상황에서도 한국비교교육학회 발전의 획기적인 장을 마련한 것이 바로 제4차 세계비교교육 국제학술대회 Pre-congress의 개최라고 할 수 있다. 1980년 7월 3일부터 5일까지 세계비교교육연합회의 Pre-congress를 한국 서울에서 개최한 것은 한국비교교육학회 발전의 희망과 세계 무대로의 용기를 불어넣어 준 계기가 되었다. 이는 1979년 스페인 발렌티아의 결정에 따라 유치하게 된 것이다. 이 대회를 한국에 유치함으로써 한국비교교육학회는 물론 한국교육학계에 여러 가지로 중요한 의의를 부여하였다. 이 대회는 특히 세계 각계의 교육학자들이 한국을 방문하여 한국교육의 실상을 볼 수 있는 계기가 되었으며, 이 대회의 주제인 '개발도상국을 위한 교육'을 통하여 각국 회원들에게 보다 큰 관심을 모은 것은 물론 그 당시 한국교육의 특성을 홍보하고 개발도상국으로서 위상을 더욱 높인 계기가 되었다. 이 대회는 36개 회원국이 참석하였으며, 특히 비교교육의 개척자적인 학자인 영국의 홈즈와 킹의 참석은 한국대회를 더욱 비중 있는 대회로 각인시켰다.

### (5) 내실화기(1990년대)

이 시기는 아시아의 비교교육을 선도하는 역할을 수행하며, 세계화 속의 국제이해교육에 대한 제도적인 실천기반을 마련하였다. 당시에는 한국비교교육학회가 일본, 홍콩, 중국 등의 아시아 여러 국가의 비교교육연구자와 글로벌 지역연구네트워크를 구축하는 것에 주력한 시기라고 할 수 있다.

1990년대는 한국비교교육학회 창립 25주년이 있었던 해로 한국비교교육학회의 아시아 유대 강화기로서 아시아비교교육학회(the Comparative Education Society of Asia: CESA)의 창립 과정에 주도적으로 관여하고, 세계대회 개최 준비를 위해 활발하게 세계비교교육연합회와 관계를 증진한 시기이기도 하다. 1990년대 아시아비교교육학회 창립 과정에서의 한국비교교육학회의 역할을 살펴보는 것은 한국비교교육학회의 발전 과정을 이해하는 데 중요하다. 1992년 7월 체코의 프라하에서 개최된 제8차 세계비교교육연합회에서 아시아 지역 대표들이 모여 아시아비교교육학회를 결성할 것을 협의하고, 한국, 일본, 홍콩 대표가 창립 추진을 위임받았다. 특히 1993년 12월 한국비교교육학회 25주년 기념 학술대회를 '아시아 지역 학교교육개혁'이라는 주제로 일본, 중국, 홍콩, 말레이시아, 인도 등 7명의 외국 학자를 초청하여 개최하는 등 비교·국제교육 학술 연구 활동에서 상당한 비중을 인정받았다. 당시 이들과 함께 논의한 아시아비교교육학회 결성 과제는 후일 1995년 5월 홍콩대학에서 아시아비교교육학회를 창설하게 된 기반이 되기도 하였다(한국비교교육학회, 2018: 15). 그러한 공로의 인정이었음인지 제 2~3대 회장과 사무총장을 한국에서 맡기도 하였다.

이 대회는 1995년 5월 홍콩대학에서 창립된 아시아비교교육학회 창설의 기반을 마련하는 데 중요한 전환점 역할을 하였다. 이를 통해서 한국비교교육학회는 세계교육학회 중추 주도국의 역량을 충분히 발휘할 수 있었다. 한편 제11차 세계대회 개최를 위한 준비 과정을 통하여 한국비교교육학회는 세계 여러 학회와 많은 교류를 갖게 되었다. 한국비교교육학회가 세계대회를 개최하게 되는 일련의 과정을 소개하면, 1996년 7월 호주 시드니대학에서 개최된 제9차 세계비교교육 국제학술대회에서 제11차 대회의 한국 개최가 공식 제안되었다. 그 후, 1997년 멕시코시티에서 개최된 이사회에서 개최 제안에 대한 검토 보고가 있었다. 그리고 1997년 캐나다 토론토대학에서 개최된 이사회에서 프로그램과 예산 제안에 대한 검토 보고를 거쳐 1998년 7월 남아프리카공화국 케이프타운대학에서 열린 제10차 세계비교교육 국제학술대회 총회에서 한국개최를 최종적으로 확정·공표하였다(한국비교교육학회, 2018: 15).

이러한 세계대회 유치를 위한 한국비교교육학회의 노력은 학회의 국제 교류 면에서 이전 시기와는 다른 많은 질적인 변화를 겪게 되었다. 이 시기는 아시아 지역 내에서 중요한 주도 역할을 하는 한국과 일본 비교교육학회 간의 상호 교육교류도 활발하게 진행되었다. 당시 전임 학회장이었던 박준희는 외국 비교교육학자와의 교류 외에 동서교육연구소를 설립하여『East West Education (Journal)』을 발간하였다. 또한 일본의 일본비교교육학회장을 지낸 우마코시 도루(馬越徹)는 한국교육 연구전문가로서 고등교육 영역에서 세계체제론에 따른 한국교육 해외전파 및 교류에 기여하였다(한국비교교육학회, 2018: 80).

이 시기는 본격적으로 한국이 OECD 회원국으로 가입하면서 교육 선진화를 이룬 동아시아 국가로서 새로운 비교교육 모델이 되기도 하였다. 그런 측면에서 '동아시아 모델'이 교육에서도 유형화될 수 있는가 하는 주제가 본격적으로 국제비교교육학계에서 연구가 되기 시작하였다. 이는 21세기 이후 한국교육의 본격적인 교육발전 경험 세계화 공유사업으로 발전하는 계기가 되기도 하였다. 동아시아 모델은 사회과학에서 주목되어 왔지만 합의된 정의가 있는 것은 아니며, 교육 분야에서 이에 대한 정밀한 분석은 시도되지 못했다고 할 수 있다. 그러나 동아시아교육이 하나의 모델로 조명되기 위해서는 국가들의 교육발전 경로와 제도에 대한 역사적·구조적 분석이 필요하며, 국외-국내, 교육 외-교육 내 관계 등이 복합적으로 고려되어야 한다는 문제의식을 가지고 접근했다. 그리고 이러한 분석 관점에 기초해서 동아시아 국가(사회)의 교육제도 형성 과정과 교육체제의 특징을 검토하였고, 그것이 지닌 공통점과 차이점을 비교분석하는 것이 새로운 교육과제로 부각되었다(이윤미, 2012).

### (6) 양적 도약기(2000년대)

2000년대는 세계적 맥락에서 교육학 연구가 활성화되고, 비교교육학 연구 이니셔티브를 한국형 국제교육개발협력이라는 새로운 비교교육학 영역으로 전환하는 계기를 마련한 시기라고 할 수 있다. 이 시기는 한국비교교육학회가 세계비교교육 대회 및 아

시아비교교육학회를 주최하여 한국이 주도하는 세계비교교육연구의 새로운 패러다임
을 구상한 시기로 이해할 수 있다.

우선 주목할 부분은 한국비교교육학회가 2001년 제11차 세계비교교육 학술대회 개
최로 한국비교교육 역사에 있어서 가장 중요한 시기를 맞았다는 것이다. 한국비교교
육학회는 2001년 7월 2일부터 6일까지 충북 청주 소재 한국교원대학교에서 제11차 세
계비교교육 학술대회를 개최하여 한국비교교육학의 역사에서 중요한 이정표를 남겼
다. 세계비교교육 학술대회(World Congress of Comparative Education: WCCE)는 각 나
라별 · 지역별로 3년마다 개최되는 세계적 규모의 학술대회이다. 특히 대주제와 소주제
에 따라 자율적으로 제목과 내용을 정하여 발표하고, 서로 토론하는 공모(公募) 형태의

표 7-1 세계비교교육 학술대회 개최지

| 회수 | 연도 | 개최 지역 |
|---|---|---|
| 1 | 1970 | Ottawa (Canada) |
| 2 | 1974 | Geneva (Switzerland) |
| 3 | 1977 | London (UK) |
| 4 | 1980 | Tokyo (Japan) |
| 5 | 1984 | Paris (France) |
| 6 | 1987 | Rio de Janeiro (Brazil) |
| 7 | 1989 | Montreal (Canada) |
| 8 | 1992 | Prague (Czech Republic) |
| 9 | 1996 | Sydney (Australia) |
| 10 | 1998 | Cape Town (South Africa) |
| 11 | 2001 | Chungbuk(Korea) |
| 12 | 2004 | Havana (Cuba) |
| 13 | 2007 | Sarajevo (Bosnia and Herzegovina) |
| 14 | 2010 | Istanbul (Turkey) |
| 15 | 2013 | Buenos Aires (Argentina) |
| 16 | 2016 | Beijing (China) |
| 17 | 2019 | Cancún (Mexico) |
| 18 | 2024 | New York (USA) |

대회로서 각국의 교육자, 교육학자, 교육 관련자 누구나 참여할 수 있으며, 참가자 모두가 교육에 대한 다양한 견해를 개방적으로 피력할 수 있는 학술·연구 활동의 국제적인 장(場)이다. 제11차 세계비교교육 학술대회는 〈표 7-1〉에 제시한 바와 같이, 'New Challenges and New Paradigms: Moving Education into the 21st Century'라는 주제로 38개국에서 약 400여 명이 참여하여 성공적이라는 평을 받게 된 것은 특히 기록할 일이다. 특히 이 대회의 주제는 이후 세계시민교육 및 고등교육 국제화, 한국의 교육발전경험 공유사업 등과 연계하여 개발도상국에 대한 국제비교협력 방안을 모색하는 연구로 발전하고, 2015년 인천세계교육대회 등과 직간접적으로 연계되는 출발점이 되었다. UNESCO 홍보지인 『INNOVATION EDUCATION』에서 이 대회가 성공적이라는 평가를 받게 된 것은 특히 기록할 일이다.

당시 한국교원대학교에서 열린 세계비교교육 학술대회는 대통령이 영상으로 환영 메시지를 전달하는 등 비중 있는 국제행사로서 전 세계 연구자들의 초미의 관심사가 되었다. 당시 상황에 대해 국제의식 행사를 진행한 김이경은 다음과 같이 회고하였다(한국비교교육학회, 2018: 51).

> 2001년 7월 2일에 거행된 개회식의 규모와 내용은 지금도 잊을 수가 없습니다. 전 세계 38개국에서 약 400여 명이 참여했다는 공식 기록에 걸맞게 …… 교원대학교 교정은 …… 개회식을 거행하던 중 저를 가장 놀라게 했던 것은 대통령의 영상 축하 메시지였습니다.
> "다음은 대한민국 김대중 대통령께서 세계비교교육 학술대회 개최를 축하하시기 위해 직접 영상 메시지를 보내셨습니다. 다 함께 보시죠!" 제가 사회자로서 식순을 보면서 밤새 준비한 멘트를 영어로 옮기자마자 단상에 마련된 대형 스크린에 등장한 대통령께서는 학술대회 참가자들을 환영하고. 성공적 개최를 기원하며 학회장님의 노고를 치하하셨습니다. 국제학술대회 개회식에서 대통령이 학술대회 개최를 축하하고 발전을 기원하는 모습을 본 것은 아마도 이것이 처음이자 마지막이었던 것 같습니다.

이는 한국비교교육학회의 발표 주제가 세계적인 미래 의제를 제안하고, 한국의 교육발전경험을 성실하게 공유한 대회라는 측면에서 국가 수준에서도 높은 관심을 가진 것

으로 이해할 수 있다. 〈표 7-1〉에서 보는 바와 같이, 한국비교교육학회는 제11차 세계
비교교육 학술대회의 개최를 통해, 세계적인 차원에서 교육 전반에 관한 실질적 활성화
는 물론, 우리의 교육개혁을 세계적 관점과 맥락에서 추진해 가기 위한 구체적인 효과를
기대할 수 있으며, 또한 한국교육의 세계화와 세계교육의 한국화를 도모해 가는 절호의
계기가 되었다.

한편, 2000년부터 OECD가 주도하는 국제학업성취도조사(PISA)가 비교교육학 영역
에서 세계적 비교 준거로 연구 영역을 넓히는 계기가 되었다. 이 연구는 세계적 수준에
서 학생의 교육력을 검토하고 교육환경에 대해 국가 간 비교를 통해서 국제교육협력을
도모하는 국제비교연구를 정착시키는 출발점이 되었다. 특히 PISA 연구를 통해서 한국
과 핀란드 등이 새로운 교육강국으로 부각되면서 글로벌 국제사회의 교육발전을 위한
선도국 역할을 해야 한다는 비교국제교육학의 과제가 추가되었다. 동시에 국내 및 국제
교육의 개혁을 위한 헌신적인 실천이 비교교육학연구 영역에서 강조되기 시작하였다.
이 시기부터 다양한 방식의 교육혁신 의제가 국제비교연구과제로 검토되고 개선을 위
한 연구과제가 됨으로써 한국비교교육학회도 이런 대비책이 요청되고 있다. 다만, 노보
아(A. Novoa)가 제시한 바와 같이, 교육학에서 국제비교의 방법이 전개되는 과정을 검
토하면서 비교교육연구가 PISA에서처럼 비교대상 국가들을 암묵적으로 서열화하는 문
제점을 지적하고 있다(한국비교교육학회, 2018: 73). 이에 대한 국가발전론과 국익외교
론, 포스트민주주의 등을 비교교육학 관점에서 대안책으로 준비하는 것도 시급한 과제
라고 할 수 있다.

이와 더불어 2000년대는 한국비교교육학회의 학회지인『비교교육연구』의 질적 위상
을 높이는 시기였다. 특히 2001년 12월 당시 한국학술진흥재단(현 한국연구재단)의 학
술지 등재 사업에서 등재 후보지로 선정됨으로써 본격적으로 학술지의 질적 관리가 시
작되었다. 이후 학회지의 질적 관리를 통해, 2005년 12월에는 등재지로 최종 선정되어
지금까지도 유지하고 있다.

### (7) 질적 고도화기(2010년 이후)

2010년대 이후 현재까지는 주로 비교교육학을 선도적으로 연구실천하는 국가 간의
교류가 일상화되고, 이론적 · 실천적인 비교교육학 연구를 국제적 · 세계적 수준에서
선도적으로 실천하기 위한 실험정신을 강화한 특징이 있다. 더구나 UN은 본격적으로

2015년 인천세계교육대회를 통해서 교육은 '공정하고 형평성 있는 양질의 교육과 모든 이를 위한 평생학습을 추진'해야 하며, 새롭게 지구촌 차원의 미래 문제의식으로서 세계시민교육과 지속가능발전교육을 제안하였다. 2030년까지 지구촌에서 달성해야 할 교육개발목표를 실천하기 위해서는 지난 70년간 식민지 개발도상국에서 유일하게 선진국으로 도약한 한국이 국제교육협력 공여국(OECD DAC 24번째 회원국)으로서 수행할 두 가지의 교육적 혁신 역할이 있다. 첫째, 비교교육학과 국제개발협력을 연계하여 국민적 공감대를 구축하는 전략으로서 국익을 고려하면서도 인도주의적 교육지원협력연구를 본격적으로 수행해야 한다. 둘째, 기존의 비교교육학 연구 내용 및 방법을 승화시키는 전략으로서 한 차원 업데이트된 국제교육 및 지역 연구, 다문화 교육을 수행하며, 이민자 및 난민 집단의 사회통합 및 적응 연구, 다문화 상생, 국제이해 및 문화적 배려 교육 등을 비교교육연구에서 확대해야 한다.

2010년대 한국비교교육학회가 수행한 가장 중요한 성과는 제7차 아시아비교교육학회 격년제 비교교육학술콘퍼런스[The 7th Comparative Education Society of Asia(CESA) Biennial Conference]의 개최와 영문지 발간사업이다. 제7차 아시아비교교육 학술대회는 한국비교교육학회에서 대회를 유치하여 개최되는 성격의 학술대회는 아니지만, 1995년 창립된 아시아비교교육학회의 공동 창립 학회로서 국내에서 공동으로 주관하여 개최되었다는 것은 큰 의의가 아닐 수 없다. 이는 아시아비교교육학회의 회원 자격이 국가 혹은 단체, 기타 지역 등으로 규정하여 한 국가 내에서 여러 회원이 가입하는 특성에서 비롯한 것이다(이 책의 11장 참조). 한국비교교육학회와 별도로 아시아비교교육학회 회원으로 활동하는 광주교육대학교에서 주최하였지만, 궁극적으로 한국비교교육학회 노하우와 연구자 풀, 조직 역량을 결집하는 방식으로 대회 개최 시너지 효과를 극대화할 수 있었다.

제7차 아시아비교교육학회 격년제 국제학술대회는 'Diversity, Co-existence and Challenge of Multi-cultural Education in Asian Countries'라는 주제하에 2010년 11월 11일부터 13일까지 광주교육대학교에서 개최되었으며, 20개 하위 주제별로 많은 국내외 학자가 참여하여 비교교육학 관련 논문들이 발표되었다. 한편, 2011년 7월에는 일본비교교육학회(Japan Comparative Education Society: JCES)와의 국제적 협력을 위한 MOU를 체결하고, 매년 발간되는 학술지를 상호 공유하고 있다. 양국의 학회는 비교교육학 영역의 공동의 관심사를 발굴하고, 아시아비교교육학회 및 세계비교교육 학술대회 등

표 7-2 **아시아비교교육 학술대회 개최지**

| 회수 | 연도 | 개최 지역 | 대회 주제 |
|---|---|---|---|
| 1 | 1996 | Waseda University(Tokyo) | Asian Perspectives in Education for the 21st Century |
| 2 | 1998 | Beijing Normal University (Beijing) | Modernization of Education vs. Cultural Traditions: Prospect of Asian Education in the 21st Century |
| 3 | 2001 | National Taiwan Normal University(Taipei) | The Prospects of Asian Education for the New Century |
| 4 | 2003 | Indonesia University of Education(Bandung) | Global Changes and the Role of Education in Asia |
| 5 | 2005 | Universiti Kebangsaan Malaysia(Bangi) | Education for World Peace: The Asian Context |
| 6 | 2007 | The University of Hong Kong(Hong Kong) | Learning from Each Other in an Asian Century |
| 7 | 2010 | Gwangju National University of Education(Gwangju) | Diversity, Co-existence and Challenge of Multicultural Education in Asian Countries |
| 8 | 2012 | Chulalongkorn University(Bangkok) | Education of the Dawn of the New Decade: When the Quality and Sustainability Movement Converge |
| 9 | 2014 | School of Education, Hangzhou Normal University(Hangzhou) | Education, Equality and Social Harmony: Asian Experiences in Comparative Perspective |
| 10 | 2016 | Henry Sy Bldg., De La Salle University(Manila) | Diversity in Educational Policy and Practice: Challenges and Opportunities |
| 11 | 2018 | Siem Reap(Cambodia) | Education and Social Progress: Insights from Comparative Perspectives |
| 12 | 2021 | Kathmandu(Nepal; Online) | Valuing Diversity in Education: Formal and Informal Learning Across Cultures |
| 13 | 2023 | Hiroshima(Japan) | Resilience and Rebuilding of Education: Aftermath of Social Crisis |

의 국제 학회에서의 공동 협력을 지속적으로 유지 강화하기도 하였다. 아시아비교교육학회는 설립 당초에는 일본의 아시아 지역 교육연구전문가(한국, 중국, 대만 및 타이, 인도네시아, 필리핀 등)와 각국의 비교교육학자가 공동으로 추진하였는데, 주로 한국과 일본, 홍콩, 대만 등이 주축으로 구성되었다.

2010년대부터 『비교교육연구』에 별도의 영문지를 증호하여 회원들의 영문 논문의 게재 기회를 확대하였다. 기존의 경우에는 국문지에 영문 논문이 게재되는 상황이었으나, 2010년부터는 4호에서 5호로 증호하면서 3호를 영문지로 운영하여 이 시기부터 『비교교육연구』에 영문 논문이 본격적으로 게재되기 시작했다. 현재 『비교교육연구』는 연 6회 발간(영문지 발간 2회 포함)으로 학회 회원들에게 비교교육연구의 학문적 공유의 장을 마련하고 있다. 한편, 2012년에 비교교육학의 이론과 실제를 종합하는 전공서인 『비교교육학의 이론과 실제』가 출간되었다. 학회 회원 23명의 공동저자들이 비교교육학의 이론뿐만 아니라, 한국비교교육학회의 역사와 발전과제, 비교교육 관련 국제학회 동향, 그리고 세계 대륙권의 주요 국가의 교육 동향을 전반적으로 다루는 내용으로 학회 차원에서 계획하여 발간하였다.

한편, 2023년에는 '세계의 교육제도와 교육개혁'이라는 주제로 아시아, 유럽, 북남미, 아프리카, 오세아니아 등 17개국의 새로운 교육동향을 집필하였다. 이번 저작은 각 국가별 학제 및 주요한 교육제도 및 개혁전략 등을 소개하면서도 특히 코로나19 대유행시기 교육재난을 극복하고 온라인병행수업 등 미래 디지털교육혁신까지 제안하였다. 더구나 기존의 선진국 교육제도를 소개하는 것 이외에 아시아 주요국으로서 베트남과 인도네시아를 추가하였고, 그동안 우리 학계에서 잘 연구하지 않았던 아프리카의 탄자니아, 중남미의 브라질과 칠레 교육동향도 추가하였다. 이는 향후 한국비교교육학회가 연구 과제로서 개발도상국의 교육협력방안까지 고려하는 지역연구에 착수한 것으로 이해할 수 있다.

지난 60년간 한국비교교육학회는 1968년에 창립되어 현재에 이르기까지 세계 속의 학회로 발전하였다. 비교교육학회는 세계비교교육연합회(WCCES, 1970)와 아시아비교교육학회(CESA, 1995) 창립학회로서 참여했다. 그리고 세계 교육정보 교류, 세계 교육학자 교류, 한국교육의 세계교육과의 문호 개방이란 설립 취지를 살려 4차례에 걸쳐 세계 여러 나라들이 참여하는 비교교육학 학술대회[제4차 세계비교교육연합회 동경대회 대회 전 학술발표회(Pre-congress) 1980. 7.; 아시아 지역 국제학술대회 1993. 12.; 제11차 세계

비교교육 학술대회, 2001, 7.; 교육개혁 성과와 전망에 관한 국제 심포지움 개최 2004. 11.]한
사실은 세계 속의 학회임을 입증한 것이다.

지난 2018년 한국비교교육학회 창립 50주년 학술대회에서 연구자들은 국경을 넘어
서는 새로운 비교교육학(de-borderization), 학제 간 융·복합을 추진하는 새로운 비교
국제교육학(convergence)을 제시하였다. 그래서 2020년 이후에는 국경과 문화 그리고
교육의 경계를 넘어 인류의 의식이 원활하게 소통할 수 있도록 하는 탈경계화 활동을
한국비교교육학회가 선도할 수 있기를 제안하였다(한국비교교육학회, 2018: 54). 그러므
로 비교국제교육학 영역에서 한국교육발전 경험을 공유할 수 있는 범주를 새롭게 연구
과제로 제안하며, PISA 및 제4차 산업혁명(인공지능사회)이 지닌 교육적 영향력을 분석
하고 연구하는 동력을 한국비교교육학회를 중심으로 추진해야 한다.

## 3. 한국비교교육학회의 국경을 넘는 연구 활동과 과제

### 1) 국경을 넘나드는 교육학, 실제와 실재가 어울리기

2011년 4월 한국교육개발원 국제회의장에서 UNESCO IIEP 과정을 이수하고 있는
아시아 및 아프리카, 중남미 지역 개발도상국 출신 대략 40명 내외의 교육수뇌 및 전
문가 그룹에 대한 연수가 있었다. 약 6개월 간의 정식 학위 과정을 이수한 이들은 졸업
기념 연수로 한국을 방문하여 15일이라는 짧은 기간에 전국의 주요 교육기관과 학교,
일선 교사 및 학생, 교육전문가들과 만나서 대화하고 직접 현장을 둘러보는 체험을 통
해 한국의 교육발전에 대해 깊은 인상을 받고 떠났다. 그로부터 1년 후 한국 연구진이
KOICA 교육개발협력사업의 성과평가를 위해 세네갈 다카르를 방문했을 때, 우리 일행
을 반긴 교육부차관은 한국교육개발원의 IIEP 연수를 감동 있게 받았던 학생 중의 한 사
람인 세네갈 여성이었다. 세네갈 교육부와 다카르 주재 한국대사관과 KOICA 현지사무
소의 도움을 받아서 평가 출장도 성공리에 끝내고 한국인이 세운 초·중등학교가 세네
갈 기초교육에 성공적으로 기여할 수 있기를 바랐다.

2011년 4월 한국교육개발원의 IIEP 연수장에서 심층인터뷰를 통해서 교육적으로 '실
재'하는 사실을 입증한 또 다른 사례가 있다. 아프리카 적도지방의 서쪽 끝 대서양연안

에 위치한 적도기니는 스페인 식민지에서 독립한 이후로 풍부한 석유자원 매장량과 본격적인 시추판매 등으로 세계적인 자원부국이 되었다. 그럼에도 불구하고 이 연수에 참여한 적도기니 교육부의 고위공직자 2명과 나눈 인터뷰에서, 그들은 현지 교육현장에 교사와 의사 등이 부족한 실정임을 밝히면서 한국 등의 적극적인 지원요청을 하였다. 실제로 적도기니 교육계의 핵심 역할은 쿠바 교사들이 담당하고 있으며, 쿠바 교육의 우수성이 널리 알려지면서 이미 에티오피아 등에서도 쿠바 출신 인재들이 왕성하게 활약하고 있다. 실제로 쿠바가 PISA 혹은 TIMSS 등과 같은 국제학업성취도 평가사업에 참여한다면 어떤 역량을 발휘할 것인지가 궁금하다는 서방 교육전문가가 많이 있다. 현재 쿠바교육에 대한 연구는 UNESCO 및 세계은행, 미주은행을 중심으로 일본과 미국 교육학자들이 적극적으로 분석하고 있다. 10년 단위로 진행하는 중남미 지역 초등학교 비교해석 연구(SERCE)에서는 쿠바가 단연 압도적인 우세지위에 있으며, 이는 한국, 일본, 핀란드 등의 학생 수준과 유사하다고 추정되기도 한다.

한편, 아시아 지역에서 최근 베트남과 인도 등이 주목받는 국가가 되고 있다. 인도의

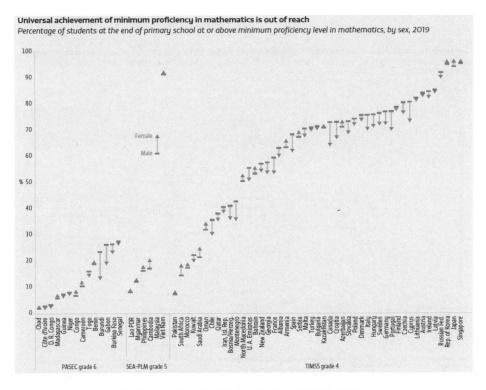

[그림 7-1] 글로벌 수준에서 본 베트남 부모의 교육열

고등교육 역량은 미국 내에서 아시아계 학생에 대한 유학규제 조치 등의 부작용까지 낳을 정도로 우수한 성과를 내고 있다. UNESCO 보고서에 따르면, 베트남은 한국 등이 지원하는 ASEAN−PLM 사업 등의 성과를 TIMSS와 결합한 상황에서 한국, 싱가포르, 일본, 핀란드와 유사한 수준으로 분석되고 있다. UNESCO 보고서와 한국교육과정평가원 연구보고서 등을 종합해서 추출한 결과로는 베트남과 인도 학생들은 부모와 학교활동 등에 대해 대화하는 시간이 세계 최고 수준으로 조사되었다(참고로, 한국은 조사대상국 중에서 중간 수준, 일본은 최하위 수준으로 분석되었다). 한국 등이 수행하는 국제학력평가와 구별되는 측정도구로 확인한 것임에도 불구하고 베트남과 인도 등의 교육적 잠재역량은 주목할 부분이라고 본다.

　2023년 6월 18일 제59차 일본비교교육학회 연차학술대회 3일째 오후 행사 북미 지역 분과 발표회에서 일본인 교수가 「'교사가 된다는 것'(教師であること)을 둘러싼 문제의 비교 검토−일본, 캐나다, 미국의 교원급여와 연수제도에 초점을 두고」라는 원고를 발표하였다. 이 발표문은 OECD TALIS의 근무여건 비교자료와 미국과 캐나다 현지의 교원단체 자료 등을 중심으로 비교분석한 결과인데, 핵심 내용은 캐나다에 비해서 상대적

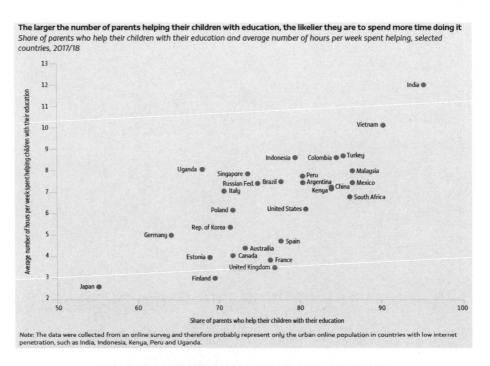

[**그림 7-2**] 글로벌 수준에서 본 한국과 베트남의 기초교육 역량

으로 일본, 미국의 교원처우가 열악하다는 측면을 강조하였다. 그리고 현직연수와 관련하여 일본이 국가적 수준과 지역적, 단위학교의 연수조직을 움직이는 것에 비해서 미국은 자체연수, 캐나다는 교사 현장연구 중심이라는 차이점도 추출하였다. 그런데 이 발표문 내용은 국내의 교육부 혹은 한국교육개발원을 포함한 공공연구기관 홈페이지를 보면 대략 2주 단위로 5~12개국 정도의 주요 국가별 교육정보를 실시간으로 확인할 수 있다. 일본인 교수가 자국을 중심으로 비교교육학 관점에서 정책분석을 하듯이, 우리도 주변 기관들의 해외 정보를 수시로 확인하고 정책적 이슈별로 분류하여 도전적인 연구를 수행할 수 있는 여건은 조성되었다. 학교 현장의 요구에 부응하면서도 연구자 자신의 역량을 소신껏 발휘할 수 있는 연구를 기대한다.

## 2) 비교교육학을 위한 변명, 연구 실천을 위한 제언

앞의 비교교육학 연구와 관련하여 제시한 에피소드는 모두 필자가 지난 10년 이상의 연구개발과 교육활동 과정에서 겪은 경험이다. 누구나 겪을 수 있는 내용으로서 사실 조금만 자료를 더 수집 · 정리하고 비교교육연구 영역의 핵심 주제와 연결함으로써 이런 에피소드 자체도 비교교육연구내용으로 새롭게 개발할 수 있는 계기가 될 수 있다. 필자는 세네갈과 적도기니의 교육현황과 현지 출장경험 등을 토대로 2010년대 초반에 사하라 사막 이남 아프리카, 중반 이후에는 중남미 지역 개발도상국가 교육협력연구에 적극적으로 참여한 바 있다. 현재도 이런 경험을 기반으로 해서 교육인류학과 교육사 영역을 결합하여 UNESCO의『General History of Africa』(전 8권, 1986~1994년 간행), 뉴전트(P. Nugent)의『Africa since Independence』(2007), 모스(T. J.Moss)의『African Development』(2007) 등의 자료를 재음미하고, 국내 아프리카학 혹은 중남미학(스페인어 · 포르투갈어 전공) 연구자들과 함께하는 협동연구를 기대하고 있다.

### (1) '한국비교교육학회 설립 배경과 성장 과정'에 대한 평가

전체 맥락에서 보면 한국비교교육학회는 국가적인 재건 과정에서 서구 선진국의 모범적인 교육제도와 교육정책, 사상 등을 전격적으로 수용하는 과정의 합리적인 방책으로서 비교교육학이 중요한 역할을 하게 된 것으로 보인다. 또한 한국비교교육학회 창립 총회가 개최된 곳이 UNESCO한국위원회라는 측면에서 미국과 인도주의, 세계평화, 국제인권 등의 교육적 원칙과 이념에 기반을 두는 정책들이 연구되고 수용된 경향이 강하게 드러난다.[5] 학회가 수립된 초창기에는 비교교육학회가 UNESCO와 비교교육학, 교육개발과 제3세계, 비동맹회의 등에 대한 논의를 시작하고, 한국교육의 발전전략, 현황과 관련된 비판적인 성찰이 이루어졌다. 아마도 초창기 한국적인 비교교육 성과를 낸 학위논문으로 인정된 이규환, 김병화 등의 연구활동도 이런 방향으로 나아간 것으로 보인다.

이미 서울대학교에서 교육개발협력전공이 개설됨으로써 아시아 및 중동, 사하라 사막 이남 아프리카 등에 대한 개발도상국 교육연구가 실천적인 성과를 포함하여 개진되고 있지만, 이것이 교육학계 혹은 비교교육학연구 영역에서 핵심 의제로 촉진되기 위한 후속 방안에 대해 협력할 필요가 있다. 개인적으로는 인접 사회과학계 및 인류학적인 영역에서 제기되고 있는 아프리카학, 중남미현장문화 및 정책연구 등과 연동하는 개혁 정책연구로서 강화될 필요가 있다. UNESCO한국위원회와 UNESCO아태국제이해교육원, 숙명여대 글로벌거너번스연구소를 포함한 한국연구재단, 한국국제협력단 등과의 연계 방안이 마련되고, 비교교육학회 연구진 혹은 회원으로서 인접 사회언어계열(스페인어, 포르투갈어, 러시아어, 프랑스어학계열 등), 중동언어연구 및 중앙아시아 협력연구 등이 주목될 필요가 있다. 2010년대 이전에 한국교육개발원에서 동남아시아 및 중앙아시아 7개국 교육개발협력연구를 포함하여 중동 및 북아프리카 교육협력연구 등이 개발도상국가 교육체제를 이해하고 분석하는 시발점이 되었다고 볼 수 있다.

당시 한국교육개발원 연구를 중심으로 한국직업능력연구원의 아프리카, 아시아, 중남미 지역에 대한 TVET 협력, 특히 한국교육학술정보원과 한국교원대학 중심으로 이루어진 교육정보화 연계협력개발연구, 교육과정 및 학업성취도 등에 대해 탁월한 성취

---

5) 현재는 미국이 이스라엘 쟁점 등으로 인해서 UNESCO에서 철수(?)한 상황이지만, 1960년대 당시까지만 해도 UNESCO는 UN기구 중에서 교육과 과학, 문화, 사상 영역까지 포함하여 〈세계인권선언〉을 발제·실천하는 등 미국의 영향력이 큰 기구였다고 볼 수 있다. 미국과 일본, 중국 등이 주도하였던 그 이후의 UNESCO 정책변화 과정에서 한국은 배제된 비동맹회의(77그룹)이 중국, 인도, 인도네시아, 유고슬라비아 등의 지원을 통해 UNESCO 내부적으로 신생독립국 중심 개발교육을 실천한 것은 주목할 부분이라고 할 수 있다(한국이 비동맹회의 회원이 아닌 배경은 다양한 해석이 있지만, 이후로 제2차 세계대전 이후 신생독립국 중에서 한국과 싱가포르 등이 제3세계 국가로 지칭되지 않는 이유를 일정 정도는 이런 상황에서 연유한 것으로 보기도 한다).

를 이룬 한국교육과정평가원 등의 성과가 있음으로서 한국교육(과학기술)부의 국제교육협력의 다양한 변화와 혁신적인 자기 변혁을 추진할 수 있었다. 그러나 한국교육개발원이 추진하던 사하라 사막 이남 아프리카 교육연구와 중남미 교육연구사업 등이 성과를 거둔 이후로는 후속연구조치가 이루어지지 않은 것이 다소 아쉽다고 볼 수 있다. 그럼에도 불구하고 동남·중앙아시아, 사하라 사막 이남 아프리카 및 북아프리카, 중동, 중남미 전문가 그룹과 네트워크를 구축함으로써 향후 글로벌 교육정책 및 교육쟁점 연구를 공유할 수 있는 잠재적 역량을 갖춘 것은 그나마 미래 비교교육연구의 희망이라고 할 수 있다.

### (2) '한국비교교육학회 변화발전 회고'를 통한 연구과제 추진

한국교육학 영역에서 늦게 진척된 연구 영역이 평생교육과 교육인력개발론(직업교육학)이라고 진단할 수 있다. 1980년대 초반 당시 학부생들은 평생교육이라는 과목 자체를 잘 이해하지 못하였으며, 학교 강좌도 사회교육, 새마을교육, 지역사회와 학교교육 등으로 구분하거나 통합하여 선택과목으로 운영하였다. 더구나 이런 전공과목도 아예 부재하였던 1970년대 중반 일본에서 열린 UNESCO 평생교육학술대회에 참석하였던 한국인 교육자들이 필요한 과목이라고 서두른 덕분에 '사회교육'이라는 과목으로 개설한 경우가 많았다. 그럼에도 비교교육은 오랜 전통에도 불구하고 학부과목으로 개설되는 경우가 드문 편이다. 이런 상황은 21세기 새로 도약하는 선진국으로서 글로벌 교육과 소통하고 문화적 과제를 세계 속에서 선도하는 현재 상황에서도 별 차이가 없는 것 같다.

한국 사회에서 비교교육학이 본격적으로 접근성을 높이게 된 것은 사실상 1990년대 이후라고 할 수 있다. 1996년 우리나라가 OECD 회원국으로 가입하면서 OECD 기준으로 교육환경과 인프라, 교원과 학생, 교육력 등을 재검토하는 과정에 접근하는 연구 활동에서 비롯하였다. 이는 한국교육이 국제사회에서 OECD 등이 제안하는 국제기준에서 비교하고 논의하고 검토하는 방식으로 '빛과 그림자'를 동시에 안고 가는 새로운 교육체제가 조성된다는 것을 의미한다. 그런 측면에서 향후 비교교육연구가 가지는 한계점을 극복하고 새롭게 제안하는 연구과제가 마련되어야 할 것이다. 주로 한국적인 특성을 지닌 한국교육발전 경험을 개발도상국과 공유할 수 있는 실천 전략과 관련하여 개발도상국에 대한 지역연구 및 학교현장 조사연구가 중점적으로 이루어져야 할 것이다. 특히 현실적인 연구재원 및 연구인력, 교육교류 등을 고려한다면 우선적으로 아시아 지역 개발도상국에 대한 협력연구가 가장 중요한 과제이고, 그다음으로는 세계화 수준의 국제비교연구가 진행되어야 할 것이다.

이와 같이 한국의 교육발전 경험을 공유하는 것을 기반으로 하는 국제비교연구, 국제교육개발협력 연구 등의 비교교육학연구 사업 분야에서 실천해야 할 과제는 다음과 같이 제안할 수 있다. 기본적으로 이 과제는 기존 주요 유럽, 미국 및 국제기구 등과 함께 실천하는 공동연구로서 수행하는 것이 가장 합리적이며 효과적인 성과를 거둘 수 있을 것이다.

첫째, 세계화와 관련된 연구물이 단순 병치 비교가 아닌 종합 분석과 중장기적인 지속연구 전략으로 비교교육학의 연구방향이 조정되어야 한다. 이를 위해서는 연구 인력과 예산 투입이 조직적·대규모적으로 이루어지는 등 학회와 연계된 연구 네트워크 및 준조직으로서의 국제기구 협업체계 등이 구축되어야 한다.

둘째, 비교교육 혹은 비교교육학에 대한 개념 혼용을 극복할 수 있는 연구 전략이 학회 차원에서 정립되어야 한다. 즉, 교육학의 어느 세부 영역에서나 선행연구로서 국가 및 지역 간, 대륙 간 비교 등의 사례가 실천되고 있으며, 문헌연구 혹은 조사연구에서 비교영역이 중요한 세부 연구방법론으로 적용된다. 이에 따르면, 특정 개별 영역을 비교하는 연구방법으로 일관하는 패턴 혹은 관습에 익숙한 탓에 비교 자체를 독자적인 학문 영역으로 인정하기가 쉽지 않은 추세에서 비롯한 것으로도 볼 수 있다. 그러므로 비교교육학 영역에 국제교육과 해외교육, 국제기구 활동 등이 결합하는 새로운 교육체제로서 비교교육학을 정립하고, 가급적이면 비교국제교육학 영역으로 발전시킬 수 있는 방식으로 교육학계의 공론화 과정이 요청된다.

셋째, 글로벌 지구촌을 각 세부 주제별로 특성화할 수 있는 대표적 지역 및 복수군 국가에 대한 비교분석, 즉 3개 이상 국가 비교연구 등을 활성화한다. 주로 이를 위해서는 국제기구를 통한 협동연구가 중요한 역할을 할 수 있으며, 이 연구를 통한 정책 제언 및 기초 이념, 이론·원론 축적에 대한 연구 내용 및 방법론이 보완되어야 할 것이다[예, OECD, PISA 등의 평가결과 및 정책보고서, UNESCO 등의 글로벌 연례보고서(GERM) 추진 방식 등이 이에 해당한다].

넷째, 다양한 대형연구 성과를 비교하는 방식, 특히 국경, 경계를 주제로 하는 국제비교교육 차원, 혹은 이주민과 난민, 다문화 집단 등에 대한 비교연구가 요청된다. 한국의 경우는 남북한 국경 지역의 비접근성 자체에 대한 교육연구도 중요하며, 남한–중국–몽골 및 동남아–북한을 연결하는 다양한 접속 이주경로 등을 연구하는 것도 필요할 것으로 보인다(그런 측면에서 통일교육학회 등과 공유할 수 있는 협동학술행사도 검토할 필요가 있다). 이는 자연스럽게 다문화 관련 연구, 교육복지 및 지원 사업을 중심으로 언어교육 등을 통한 동화문제, 학력 재구성 문제, 다양한 집단 속성에 따른 교육력 제고 방안 등에 대한 검토 등으로 확대할 수 있다.

다섯째, '교육수출산업' 등 세종학당, 국제개발협력선도대학 지원사업, KOICA 연계 교육협력사업 등을 확장하는 사업 등도 요청된다. 현재는 영어권 이외 개발도상국에 대한 교육협력연구 및 관련 교육기초연구 등이 부재한 상태이므로, 프랑스어, 스페인어, 아랍어, 포르투갈어, 러시아어 등을 중심으로 한 다양한 인류학적 문헌연구 등으로 비교교육연구 네트워크를 확장하는 방안 등도 검토되어야 한다.

현재 한국비교교육학회는 21세기 새로운 교육학 비전을 전제로 하는 지속가능한 비교교육학회와 비교교육연구를 위한 과제를 실천하고 있다. 이미 이와 관련하여 2023년 연말까지 비교교육학회 창립 60주년을 목표로 하는 학회발전사를 준비하였다. 또한 기존의 비교교육발전론의 연구대상국가를 확충하여 새롭게 아시아(베트남, 인도네시아), 아프리카(탄자니아), 중남미(칠레, 브라질)까지 포함한 세계 18개국에 대한 교육제도 및 교육개혁동향에 대한 분석을 추진하고 있다. 앞으로는 이를 더욱 확대하여 지구촌의 더욱 많은 국가와 지역에 대한 교육소개와 관련 연구가 이루어질 수 있기를 기대한다.

**【참고】1950년대 이후 1960년대 말까지 한국비교교육학 관련 연구논문 및 자료**

| 1950년대 발표보고서 |
| --- |
| 김병화(1954). 비교교육제도론. 중앙대학교 석사학위논문. |
| 임한영(1956). 구주교육(영국)의 실태. 한국교육학회, 13회. |
| 김계숙(1956). 미국교육시찰담. 한국교육학회, 13회. |
| 성래운(1957). 중·비(중국·필리핀)의 중등교육시찰보고. 한국교육학회, 25회. |
| 정범모(1957). 교육통계에 관한 유네스코아세아지역대회 참가보고. 한국교육학회, 26회. |
| 류형진(1958). 미국교육의 동향. 한국교육학회, 31회. |
| 한기언(1958). 미국에 있어서의 비교교육학의 동향. 한국교육학회, 32회. |
| 이인기(1958). "Rockfeller Report on Education"에 관하여. 한국교육학회, 34회. |
| 추국희(1958). 미국의 특수교육. 한국교육학회, 35회. |

이정빈(1958). 영미 대학교육과 한국 대학교육의 비교. 연세대학교 석사학위논문.

임한영(1959). 유네스코와 교육. 한국교육학회, 36회.

서명원(1959). 아시아 고등교육회의에 다녀와서. 한국교육학회, 36회.

Willard E. Gaslin(1959). 미국교육사절단이 본 한국교육행정의 제문제. 한국교육학회, 37회.

방순동(1959). WCOTP 아세아위원회에 참석하고. 한국교육학회, 40회.

한기언(1959). 미국 대학교육사상에서 본 훈련 대 자유와 흥미논쟁. 한국교육학회, 제1회 연차학
    술연구발표회.

**1960년대 발표보고서**

임한영(1960). 국제 새교육 제10차 총회에 다녀와서. 한국교육학회, 45회.

서명원(1960). 학교출판물에 관한 유네스코회의에 다녀와서. 한국교육학회, 46회.

김기석(1960). White House Conference on Child and Youth에 다녀와서. 한국교육학회, 48회.

류형진(1960). 영국의 교육개혁. 한국교육학회, 49회.

정범모(1960). 아세아교육자대회(동경)에 다녀와서. 한국교육학회, 50회.

정태시(1961). 마닐라 WCOTP 세미나에 참석하고서. 한국교육학회, 53회.

한준택(1961). 태국 방콕에서 열린 제1회 직업교육 아세아회의에 다녀와서. 한국교육학회, 53회.

정범모(1961). A.P.G.A. 연차총회에 다녀와서. 한국교육학회, 54회.

이용걸(1961). 미국에 있어서의 교육의 기술화 경향. 한국교육학회, 55회.

백현기(1962). 종합교육계획안에 관한 심포지움에 다녀와서. 한국교육학회, 57회.

김호권(1962). 교육통계 국제적 표준화에 관한 세미나에 다녀와서. 한국교육학회, 57회.

차재순(1962). 유네스코 주최 협동학교 세미나에 다녀와서. 한국교육학회, 57회.

한기언(1962). 국제협동학교 국제회의 보고. 유네스코한국위원회.

황지현(1962). 독일 교육사회학의 발달. 한국교육학회, 58회.

Marion L. Edman(1962). 유럽 제국가의 교육개혁. 한국교육학회, 59회.

이영덕(1962). 유네스코 주최 교사교육전문가회의 참석 및 동남아교사교육 시찰결과 보고. 한국
    교육학회, 60회.

서두수(1962). 미국고등교육의 편모(片貌). 한국교육학회, 61회.

Norbert J. Tracy(1962). Administration of American Colleges and Universities. 한국교육학회,
    62회.

왕학수(1962). 일본교육시찰보고. 한국교육학회, 63회.

성래운(1962). 재일교포 교육실태시찰보고. 한국교육학회, 63회.

김기석(1963). 일본의 카운슬링활동현황. 한국교육학회, 66회.

오기형(1963). 미국고등교육의 동향과 그 문제점. 한국교육학회, 67회.

강성익(1963). 인도를 중심으로 한 아세아각국의 장학활동비교. 한국교육학회, 68회.

William M. Williams(1963). New Challenges on Education in Korea. 한국교육학회, 69회.

이돈희(1963). Platon 교육철학과 Dewey 교육철학의 비교연구. 한국교육학회, 69회.

정한택(1963). 한국인의 일본인에 대한 태도. 한국교육학회, 3회 연차학술연구 발표대회.

류형진(1964). 미국교육시찰보고. 한국교육학회, 72회.

황지현(1964). 독일의 학교구성과 학교운영. 한국교육학회, 72회.

배종근(1964). UNESCO조사단의 한국교육계획 수립. 한국교육학회, 76회.

서명원(1965). 구미대학의 학사행정. 한국교육학회, 81회.

박희영(1965). 教育을 통한 경제부흥(한국과 카나다의 협동조합운동에 대한 소개). 한국교육학
　　회, 82회.

김남성(1965). 학습이론에 있어서의 K. Lewin과 C.H. Hull의 비교연구. 한국교육학회, 제4회 연
　　차학술연구 발표대회.

손인수(1965). 신라 화랑도와 서양 중세기사도의 교육(청년결사의 교육). 한국교육학회, 제4회
　　연차학술연구 발표대회.

주세환(1966). 동남아 및 중동 여러나라의 교육계획－뉴델리 세미나를 중심으로. 한국교육학회,
　　86회.

Beurvil H. Glenn(1966). Trends in Asian Study in American Colleges and Universities. 한국교
　　육학회, 88회.

Felix C. Robb(1966). 미국대학에서의 연구활동. 한국교육학회, 89회.

이영덕 · 이용걸(1966). 미국의 교육과정개혁운동. 한국교육학회, 91회.

Robert Ulich(1966). 현대교육의 위기. 한국교육학회, 92회.

김대연(1967). 북한의 대학개혁운동 실태와 문제점. 한국교육학회, 제6회 연차 학술연구 발표대회.

유인종(1967). The Comparison of the Korean Middle School with the American Junior High
　　School. 한국교육학회, 제6회 연차 학술연구발표대회.

출처: 한기언(1978: 1-3)을 재구성함.

# 한국비교교육학회의 현재: 실태와 성과

세계의 교육현상과 발전 전략을 종합적으로 비교분석하는 비교교육은 각 나라의 우수한 교육문화를 전 세계로 전파하여 교육을 통한 전 인류의 행복과 번영의 토대를 마련해 왔다는 점에서 중요한 가치와 역할을 가지고 있다(이병진, 1996). 이에 비교교육학이 독자적인 학문 영역으로 등장한 이래, 비교교육학은 주제와 연구방법, 연구의 관심 분야 등에 이르기까지 매우 폭넓은 범위를 다루는 학문으로, 접근방법과 연구방법은 비교교육 분야에서 주요한 관심사가 되어 왔다(Bray, Adamson, & Mason, 2014). 어떤 학문이 성립되기 위한 조건으로 해당 학문 영역 특유의 연구주제와 연구방법 등이 언급된다고 할 때, 비교교육학의 연구주제는 모든 학문 분야를 포함(Khoi, 1986)하는 동시에 연구방법으로는 교육학에서 다루는 높은 수준의 인식론적 방법을 모두 포괄하고 있다(Olivera, 1988). 이러한 비교교육학의 연구주제와 연구방법으로 인해 비교교육학의 주제가 포괄적이고 그 접근방법 역시 다양할 수 있다는 점은 비교교육학 연구물의 특성이 그 연구의 목적과 연구자, 그리고 비교 시점 등의 기준에 따라 달라질 수 있음을 의미한다.

한국에서의 비교교육학의 출발은 한국비교교육학회가 창립된 1968년부터로 그 출발의 기원을 삼아도 무리가 없을 것이다. 한국비교교육학회(Korean Comparative

Education Society: KCES)는 1968년 창립 이후, '비교교육'이라는 하나의 학문 영역의 연구와 토론을 위한 공유의 장을 회원들에게 제공해 왔으며, 여러 가지 다양한 학회 활동들을 통하여 하나의 독자적인 영역을 구축하고자 지속적인 노력을 해 왔다. 비교교육학은 현재 한국연구재단의 학문 분류 체계에 있어서도 일반 교육 중 하나의 독자적인 영역으로 설정될 만큼 이미 학문 계열에서는 고유한 영역으로 인식되고 있다.[1]

교육학의 다른 분야나 영역과는 달리 비교교육학은 매우 폭넓은 학문과 방법론적 접근법을 포용하고 있으며, 수많은 실제적인 주제들을 다루고 있기 때문에 비교교육학 분야에 대한 학문적 성격을 규명하는 것은 쉬운 일이 아니다. 특히 비교교육학이 단순히 비교될 수 있는 주제는 모두 비교교육이라는 인식에서 벗어나 비교교육학의 정체성을 찾기 위해 현재의 실태와 학문적 성과를 살펴보는 것은 비교교육학의 정체성 확립에 중요한 핵심이라고 할 수 있다. 이에 한국에서 비교교육의 실태와 성과를 한국비교교육학회의 학술활동 및 학문적 성격 논의 등을 중심으로 살펴볼 필요가 있다.

## 1. 한국비교교육학회의 학술 활동

### 1) 학술대회 활동

1968년 4월 27일 한국비교교육학회 창립기념 학술대회가 '비교교육학의 성격과 최근 동향'이라는 주제하에 개최되었으며, 유인종, 이규환, 한기언, 임한영, 김선호 등이 발표하였다. 이후 한국비교교육학회는 연평균 3회 정도의 학술대회를 주관하여 회원들에게 많은 학술 논의의 장을 제공하였다. 창립총회 이후, 주요 학술대회의 내용을 제시하면 〈표 8-1〉과 같다.

1968년 학회 창립 이후, 학술대회, 포럼, 세미나 등을 통해 비교교육학의 학문적 정립과 세계 여러 나라의 교육 사례에 대한 국내 소개가 활발히 이루어졌다. 그러나 국외

---

[1] 교육철학/사상, 비교교육, 교육사학, 교육법학, 교육과정, 교수이론/교육방법/교수법, 교육공학, 교육평가, 교육심리, 교육행정/경영, 교육사회학, 교육인류학, 교육상담, 교육재정/경제

**표 8-1** 주요 학술대회

| 연도 | 주제 | 성격 | 비고 |
|---|---|---|---|
| 1968 | 비교교육학의 성격과 최근 동향 | 창립기념대회 | UNESCO한국위원회 |
| 1968 | Stewart E. Fraser 강연(중공과 구소련의 사회문화와 교육) | 최초의 외국인 단일 초청 강연 | 미국비교교육학회 회장 |
| 1972 | 개인 자유 발표(Hunt 교수, 호주 모내시대학교) | 외국인 개인 일반 발표 | |
| 1980 | 국가발전을 위한 교육 | 제4차 세계비교교육 학술 대회(Pre-congress) | 65명의 외국학자 발표 |
| 1993 | 헝가리 폴란드의 교육제도 | 최초의 공동 개최(한국교육 개발원) | 3명의 외국인 초청 |
| 1993 | 아시아 지역 학교교육 개혁(창립 25주년 기념 국제학술 대회) | 아시아비교교육학회(CESA) 창립 계기 마련 | 국제대회 |
| 1995 | 중국 조선족의 민족교육 실태 조사와 앞으로의 발전 방향(광복 50주년 기념 중국 조선 족 교육실태 조사 및 세미나) | 해외 탐방 세미나 | 연변 지역 학교 방문 |
| 2001 | 제11차 세계비교교육 학술 대회 | WCCES 세계대회 첫 유치 | 257명의 외국학자 발표 |
| 2010 | 제7차 아시아비교교육학회 학술대회 | CESA 세계대회 첫 유치 | 50여 명의 외국학자 발표 |
| 2016 | 2016년 제1차 학술포럼 | 세계은행의 교육전략과 실천방안 | 국제 유관기관 |
| 2016 | 2016년 제4차 학술포럼 | UNESCO와 교육 | 국제 유관기관 |
| 2017 | 2017년 1~3차 학술대회 | 비교교육학과 교육학 | 비교교육학 정체성 탐색 |
| 2018 | 2018 국제학술포럼 | UN과 고등교육 | 국제 유관기관 |
| 2018 | 50주년 기념 학술대회(국외) | 캄보디아에서 본 학회 50주 년 기념 세미나 개최 | 제11차 아시아비교교육 학회 |
| 2018 | 50주년 기념 학술대회(국내) | 50주년 기념 학술대회 및 창립 50주년 발간도서 출판 기념회 | UNESCO한국위원회 |

| 2019 | 하계학술대회(국내)<br>2019. 6. 29. | 한국교육학회 2019년 연차<br>학술대회 한국비교교육학<br>회 분과학술대회 | 5편 논문발표 및 종합토론 |
|---|---|---|---|
| 2019 | 동계학술대회(국내)<br>2019. 12. 13. | | 5편 논문발표 및 종합토론 |
| 2021 | 춘계학술대회(국내)<br>2021. 6. 4. | -온라인<br>-온택트 시대, 주요국 고등<br>  교육 대응 전략과 과제 | 5편 논문발표 및 종합토론 |
| 2021 | 하계학술대회(국내)<br>2021. 6. 25. | -온오프라인 병행<br>-한국교육학회 2021년 연<br>  차학술대회 한국비교교<br>  육학회 분과학술대회 | 5편 논문발표 및 종합토론 |
| 2021 | 동계학술대회(국내)<br>2021. 12. 11. | 온오프라인 병행 | 6편 논문발표 및 지정토론 |
| 2022 | 춘계학술대회(국내)<br>2022. 4. 15. | 온오프라인 병행 | 5편 논문발표 및 종합토론 |
| 2022 | 동계학술대회(국내)<br>2022. 12. 9. | 연차학술대회 | 8편 논문발표 및 종합토론 |
| 2023 | 춘계학술대회(국내)<br>2023. 4. 14. | 세계의 교육과정과 2022 개<br>정교육과정 | 5편 논문발표 및 종합토론 |
| 2023 | 하계학술대회(국내)<br>2023. 6. 30. | -교육의 다변화와 세계교육<br>-한국교육학회 2023년 연<br>  차학술대회 한국비교교<br>  육학회 분과학술대회 | 5편 논문발표 및 종합토론 |
| 2023 | 동계학술대회(국내)<br>2023. 12. 8. | 한국비교교육학회의<br>어제와 오늘 | 5편 논문발표 및 종합토론 |

보다는 대부분 국내에서 개최된 학술대회가 주를 이루고 있으며, 국내 교육 관련 기관과 공동 개최된 것과는 달리, 국외 비교교육 관련 학회와의 공동 개최는 부족한 실정이다. 따라서 국제적 위상 제고의 차원에서 외국 비교교육 관련 학회와의 유기적인 관계를 높여 가야 할 것이다.

## 2) 학술지 발간 활동

한국비교교육학회에서 매년 발간하고 있는『비교교육연구』는 1971년 9월 5일『세계문화와 교육』제1집을 창간하였고, 1976년 9월에 제2집이 발간된 이후, 1992년부터『비교교육연구』로 제목을 바꿔 매년 학회지를 정기적으로 발간했으며, 1998년부터 2003년까지는 연간 2호, 2004년부터 2005년까지는 연간 3호, 2006년부터 2009년까지는 연간 4부가 발간되었다. 이후 2010년부터 연간 5부로 증호되었고, 5부 중 3호는 특별히 영문원고를 대상으로 영문지로 발간되고 있으며, 2013년부터는 영문지 1호를 증호하여 연간 6부로 발간되고 있다.

현재 한국비교교육학회의 학회지인『비교교육연구』는 한국연구재단의 등재학회지로 계속 유지되고 있으며, 세계의 교육을 비교교육학적 관점에서 연구함으로써 우리나라의 교육 발전에 기여하고자 하는 한국비교교육학회의 설립목적에 비춰 비교교육학의 학문적 발전을 위한 이론적 틀을 제시하고, 교육의 다양한 영역을 비교연구하여 보다 많은 정보를 제공하고 있다. 특히 한국비교교육학회지에 게재되는 논문은 주제의 중요성 및 독창성, 방법의 적합성, 기술 및 논의의 적절성, 유용성 및 기여도 등 엄격한 심사기준을 통하여 관리되고 있다.

『비교교육연구』는 〈표 8-2〉에 제시하는 바와 같이, 1971년 창간 이후, 통권 116부로 1997년까지는 연간 1호를 발간하였으며, 1998년부터 2003년까지는 연간 2호, 2004년부터 2005년까지는 연간 3호, 2006년부터 2009년까지는 연간 4호가 발간되었다. 이후

표 8-2  연간 학회지 발간 수

| 권 | 년도 | 발간호수 | 통권 | 비고 |
|---|---|---|---|---|
| 창간호~7권 | 1971~1997 | 1호 | 7권 | 국문지 |
| 8~13권 | 1998~2003 | 2호 | 12권 | 국문지 |
| 14~15권 | 2004~2005 | 3호 | 6권 | 국문지 |
| 16~19권 | 2006~2009 | 4호 | 16권 | 국문지 |
| 20~22권 | 2010~2012 | 5호 | 15권 | 매 3호(영문지) |
| 23~32권 | 2013~2022 | 6호 | 60권 | 매 2, 5호(영문지) |
| 전체 | | | 116권 | |

2010년부터 연간 5호로 증호되었고, 5호 중 3호는 특별히 영문 원고를 대상으로 영문지로 발간되고 있으며, 2013년부터는 연간 6호 증호 및 영문지 2호(3호와 5호)를 발간하고 있다. 창간호부터 최근호(2022년 32권 6호)까지 발간된 학회지의 게재논문을 비교교육의 관점을 통해 살펴보면 다음과 같다.

### (1) 게재언어

1971년에서 2022년간 『비교교육연구』의 전체 915편을 게재언어별로 살펴보면 〈표 8-3〉과 같다. 1971년에서 2009년간 한국어가 358편(90.2)으로 가장 많았으며, 영어는 33편(8.3%)이었으며, 일본어는 3편(0.8%), 중국어는 2편(0.5%) 그리고 프랑스어는 1편으로 0.3%로 나타났다. 반면, 2010년에서 2022년간 한국어가 403편(77.8%)으로 가장 많았으며, 영어는 115편(22.2%)으로 나타났다.

표 8-3 게재언어 수

| 구분 | 1971~2009 | | 2010~2022 | | 비고 |
|---|---|---|---|---|---|
| | 게재수 | % | 게재수 | % | |
| 한국어 | 358 | 90.2 | 403 | 77.8 | |
| 영어 | 33 | 8.3 | 115 | 22.2 | |
| 일본어 | 3 | 0.8 | – | – | |
| 중국어 | 2 | 0.5 | – | – | |
| 프랑스어 | 1 | 0.3 | | | |
| 합계 | 397 | 100. | 518 | 100 | |

출처: 권동택, 김정희(2010); 박혜경, 김정희(2023).

### (2) 비교국가 수

1971년에서 2022년간 『비교교육연구』의 전체 706편을 비교국가 수별로 살펴보면 〈표 8-4〉와 같다. 1971년에서 2009년간 1개 국가의 경우가 212편(53.4%)으로 가장 많았으며, 2개 국가 비교의 경우는 67편(16.9%), 6개 국가 이상의 비교는 45편(11.3%)으로 나타났다. 또한 3개 국가 비교는 13편(3.3%), 4개 국가 비교는 11편(2.8%) 그리고 5개 국가 비교는 2편으로 0.5%로 나타났다.

반면, 2010년에서 2022년간 1개 국가의 경우가 217편(61.0%)으로 가장 많았으며, 2개

표 8-4 │ 비교국가 수

| 구분 | 1971~2009 | | 2010~2022 | | 비고 |
|---|---|---|---|---|---|
| | 게재수 | % | 게재수 | % | |
| 1개 국가 | 212 | 53.4 | 217 | 61.0 | −1971~2009 발간 397편<br>　중 미해당 47편<br>−2010~2022 발간 518편<br>　중 미해당 162편 |
| 2개 국가 | 67 | 16.9 | 87 | 24.4 | |
| 3개 국가 | 13 | 3.3 | 36 | 10.1 | |
| 4개 국가 | 11 | 2.8 | 6 | 1.7 | |
| 5개 국가 | 2 | 0.5 | 10 | 2.8 | |
| 6개 국가 이상 | 45 | 11.3 | | | |
| 합계 | 350 | 88.2 | 356 | 100 | |

출처: 권동택, 김정희(2010); 박혜경, 김정희(2023).

국가 비교의 경우는 87편(24.4%), 3개 국가의 비교는 36편(10.1%)으로 나타났다. 또한 5개 국가 이상의 비교는 10편(2.8%), 4개 국가 비교는 6편(1.7%)으로 나타났다.

## (3) 대륙권별 논문 수

　1971년에서 2022년간 『비교교육연구』의 전체 865편을 대륙권별 논문 수를 살펴보면 〈표 8-5〉와 같다. 1971년에서 2009년간 아시아와 북미 지역이 각각 137편(32.2%)으로 가장 많았으며, 유럽 지역이 76편(17.8%), 오세아니아 지역이 19편(4.5%) 그리고 남

표 8-5 │ 대륙권별 논문 수

| 구분 | 1971~2009 | | 2010~2022 | | 비고 |
|---|---|---|---|---|---|
| | 게재수 | % | 게재수 | % | |
| 아시아 | 137 | 32.2 | 161 | 36.7 | −2대륙 이상 포함 |
| 북미 | 137 | 32.2 | 96 | 21.9 | |
| 남미 | 5 | 1.2 | 5 | 1.1 | |
| 유럽 | 76 | 17.8 | 128 | 29.2 | |
| 아프리카 | 1 | 0.2 | 9 | 2.0 | |
| 오세아니아 | 19 | 4.5 | 40 | 9.1 | |
| 합계 | 426 | 100.0 | 439 | 100 | |

출처: 권동택, 김정희(2010); 박혜경, 김정희(2023).

미 지역이 5편(1.2%)으로 나타났다. 한편, 2개 대륙 이상을 동시에 연구한 논문은 51편(12.0%)으로 나타났다.

반면, 2010년에서 2022년간 아시아 지역이 161편(36.7%)으로 가장 많았으며, 유럽 지역이 128편(29.2%), 북미 지역이 96편(21.9%), 오세아니아 지역이 40편(9.1%), 아프리카 지역이 9편(2.0%) 그리고 남미 지역이 5편(1.1%)으로 나타났다.

### (4) 일반 교육학 하위영역

1971년에서 2022년간 『비교교육연구』의 전체 750편을 일반 교육학 하위영역별로 살펴보면 〈표 8-6〉과 같다. 1971년에서 2009년간 교육행정 영역이 177편(44.6%)으로 가장 많이 게재되었으며, 교육과정 영역이 37편(9.3%), 교육사회 영역이 31편(7.8%), 교육사 및 철학 영역이 30편(7.6%), 교수학습 및 공학 영역이 16편(4.0%)이었으며, 심리(상담) 및 연구 관련 영역의 경우는 15편(3.8%)으로 나타났다.

반면, 2010년에서 2022년간 교육행정 영역이 228편(51.4%)으로 가장 많이 게재되었으며, 교육과정 영역이 100편(22.4%), 교육사회 영역이 72편(16.2%), 심리(상담) 및 연구 관련 영역의 경우는 26편(5.9%), 교육사 및 철학 영역이 10편(2.3%) 그리고 교수학습 및 공학 영역이 8편(1.8%)으로 나타났다.

**표 8-6 일반 교육학 하위영역**

| 구분 | 1971~2009 | | 2010~2022 | | 비고 |
|---|---|---|---|---|---|
| | 게재수 | % | 게재수 | % | |
| 교육행정 | 177 | 44.6 | 228 | 51.4 | |
| 교육사 및 철학 | 30 | 7.6 | 10 | 2.3 | |
| 교육과정 | 37 | 9.3 | 100 | 22.4 | |
| 교수학습 및 공학 | 16 | 4.0 | 8 | 1.8 | -1971~2009 발간 397편 중 미해당 91편 -2010~2022 발간 518편 중 미해당 162편 |
| 교육사회 (평생교육) | 31 | 7.8 | 72 | 16.2 | |
| 심리(상담) 및 연구 | 15 | 3.8 | 26 | 5.9 | |
| 합계 | 306 | 77.1 | 444 | 100 | |

출처: 권동택, 김정희(2010); 박혜경, 김정희(2023).

## (5) 연구방법

1971년에서 2022년간『비교교육연구』의 전체 915편을 연구방법별로 살펴보면〈표 8-7〉과 같다. 1971년에서 2009년간 조사연구가 264편(66.5%)으로 가장 많았으며, 문헌연구는 133편(33.5%)으로 나타났다. 반면, 2010년에서 2022년간 문헌연구가 367편(70.8%)으로 가장 많았으며, 조사연구가 147편(28.3%) 그리고 혼합연구가 4편(0.8%)으로 나타났다.

표 8-7 　연구방법

| 구분 | 1971~2009 | | 2010~2022 | | 비고 |
|---|---|---|---|---|---|
| | 게재수 | % | 게재수 | % | |
| 조사연구 | 264 | 66.5 | 147 | 28.3 | -연구현황 분석은 문헌 분석으로 분류 |
| 문헌연구 | 133 | 33.5 | 367 | 70.8 | |
| 혼합연구 | - | - | 4 | 0.8 | |
| 합계 | 397 | 100 | 518 | 100 | |

출처: 권동택, 김정희(2010); 박혜경, 김정희(2023).

## 2. 한국비교교육학의 학문적 성과

비교교육연구의 본래적 성격상 비교교육의 학문적 성격 규정에 많은 제약이 있지만, 1950년대 이후 우리나라 교육과 함께 한국비교교육학은 성장을 거듭하였고, 학문적 발전을 위해 지금도 계속적인 노력을 하고 있다(이병진, 정일환, 권동택, 2013).

이러한 관점에서 최근 학회 차원에서의 의미 있는 노력들이 있었다. 그동안 학회 회원들 중심으로『현대비교교육발전론』(2003)이 발간되기는 하였지만, 학회 차원에서 '비교교육학'이라는 제목의 학술저서를 발간하지는 못했다. 그러나 비교교육의 학문적 정체성 확립 차원에서 2010년 초에 한국비교교육학회는『비교교육학: 이론과 실제』라는 제목의 학술저서 편찬 계획을 수립하고 2012년 5월 출간하였다. 이후 2017년 학회 차원에서 회원들 중심으로 번역서『비교교육학, 접근과 방법』을 출간하였다.

또한 한국비교교육학회는 학회 창립 50주년을 기념하기 위하여 2017년 3차례의 학술대회(2017년 5월, 6월, 12월)를 통해 '비교교육학과 교육학'이라는 대주제로 학술행사를 개최하였으며, 각 전공교수와 학자들이 비교교육학과 교육학의 학문 영역별로 상호 관계를 심도 있게 논의할 수 있는 학술 논의의 장을 마련하였다(정일환 외, 2018). 특히 비교교육학은 여러 면에서 다른 관련 학문과 깊은 연관을 가지고 있는 까닭에 그 독자적인 위치를 보다 명확히 할 필요가 있다는 점에서 의미 있는 노력이 아닐 수 없다.

이론적으로 비교교육학은 교육학의 분과학문들과 그 연구주제를 공유할 수 있기 때문에 비교교육은 독립된 비교연구자에 의해서보다는 교육사학, 교육철학, 교육인류학, 평생교육학, 교육사회학, 교육과정학, 교육법학, 교육행정학, 교육재정학, 교육정책학 등의 전공자들에 의해 독자적으로 혹은 협동적으로 학문적으로 접근하기도 하고, 실제 교육현안 문제를 학제적으로 접근하여 그 처방책을 제시하기도 한다.

비교교육의 학문적 성격 확립을 위한 접근을 좀 더 살펴보면, 2017년 5월 13일(장소: 연세대학교), '비교교육학의 학문적 영역과 교육학' '비교교육학과 교육인류학' '비교교육학과 평생교육학' 등 3편이, 6월 24일(장소: 충남대학교), '비교교육학과 교육사회학' '비교교육학과 교육과정학' '비교교육학과 직업교육학' '비교교육학과 교육행정학' '비교교육학과 교육법학' '비교교육학과 교육정치학' '비교교육학과 교육재정·경제학' 등 7편이, 그리고 12월 2일(장소: 동국대학교), '비교교육학과 교육철학' '비교교육학과 교육사학' '비교교육학과 교육평가학' '비교교육학과 교육정책학' 등 4편으로 총 14편의 연구가 학술대회를 통해 비교교육학과 교육학의 관계를 통한 비교교육의 학문적 성격 논의에 대한 심도 있는 담론이 있었다. 따라서 비교교육은 교육학 분야의 핵심 개념으로 다양한 전문 학술연구 및 교육실무 집단에 의한, 그리고 다양한 주제하의 외국 및 국제 교육에 대한 관심과 깊이 있는 탐구는 비교교육학의 학문적 영토를 확장하는 계기가 될 것이다.

다음으로, 비교교육의 학문적 연구의 확장이 있었다. 비교교육학의 학문적 관심을 유발하는 두 가지 연구 영역은 교육현실을 국제적으로 비교하며 논의하는 국제교육연구와 국제기구들에 의해 추진되는 정책적 사안과 관련된 국제교육정책으로 비교연구를 통해 국가들 간의 교육현황과 교육정책을 연구하는 비교교육학에서는 '비교 관점'과 '국제 관점'이 서로 교차하며 존재하게 된다(정영근, 2010). 이러한 현상에 대하여 코웬(Cowen, 1996)은 비교교육과 국제교육은 오랜 역사와 수세기의 방법론적 발전을 가진 자매 분야로 주장하기도 하고, 비교교육학 분야와 국제교육학 분야 간의 유사성을 윌슨(Wilson, 1994)은 샴쌍둥이라고 묘사하기도 한다.

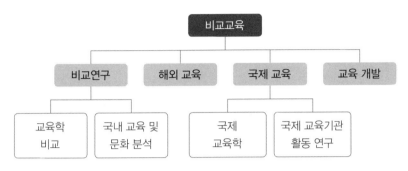

**[그림 8-1]** 비교교육학의 연구 영역

출처: Halls (1990: 23).

이러한 관점에서 홀스(Halls, 1990)는 비교교육학의 영역에 있어서 비교교육의 연구 주제를 보다 확장하여 제안하고 있다([그림 8-1] 참조).

이와 관련하여 비교교육학의 연구방법은 단지 '비교연구'뿐만 아니라 '지역연구'도 중요한 위상을 차지하고 있다. 일부 국가별로 비교교육학회의 명칭에 '비교(comparative)' 이외에 '국제(international)'라는 용어가 들어가는 것도 비교교육의 학문적 정체성의 확립을 위한 두 가지 연구 근거 기반을 보여 주는 것이다. 이에 미국의 경우 1956년에 설립된 비교교육학회(Comparative Education Society: CES)는 1968년에 이름을 비교국제 교육학회(Comparative and International Education Society: CIES)로 변경하였으며(Swing, 2007), 다음과 같이 캐나다비교국제교육학회(CIESC), 영국국제비교교육학회(BAICE), 호주-뉴질랜드비교국제교육학회(ANZCIES) 역시 비교교육과 국제교육을 함께 사용하고 있다.

- BAICE: British Association of International & Comparative Education
- CIES: Comparative and International Education Society—United States
- Global Africa CIES: Global Africa Comparative and International Education Society
- GCIES: Greek Comparative and International Education Society
- ISCEST: International Society of Comparative Education, Science and Technology Nigeria
- OCIES: Oceania Comparative & International Education Society

• SUECI: Sociedad Uruguaya de Educacion Comparada y Internacional

그러나 세계비교교육연합회(World Council of Comparative Education Societies: WCCES)는 국제교육(International Education)의 표현을 사용하지 않고 있으며, 대부분 학회의 전문 학술지에는 비교교육(Comparative Education)이라는 표현을 주로 사용하고 있다는 점은 주목할 만하다.

KOREAN COMPARATIVE EDUCATION SOCIETY  0**9**장

# 한국비교교육학회의 미래: 발전과제와 전망

한국에서의 비교교육학 연구는 그동안 비교교육 및 국제교육과 관련한 실제적인 연구와 더불어 비교교육학의 학문적 정체성 확립과 연구내용의 체계화, 연구접근 및 방법의 정교화 등을 위해 다각적으로 학술활동을 전개해 오고 있다. 일반적으로 하나의 학문으로서 독자적인 정체성을 확립하기 위하여 필요한 것 중의 하나가 학회의 형성과 그활동이라고 할 수 있다. '비교교육'이라는 하나의 학문 영역에 있어서도 그간 학회의 결성과 학회를 통한 여러 가지 다양한 활동들을 통하여 하나의 독자적인 영역을 구축해나가기 위하여 끊임없는 노력이 이루어졌다.

특히 한국비교교육학회(KCES)의 설립배경을 보면, 우리나라가 1950년대 한국전쟁의 폐허에서 경제적 재건을 지향한 근대화를 강력히 추구한 1960년대에 창립되었다. 따라서 한국에서의 비교교육의 발전은 해방 이후부터라고 볼 수 있다. 특히 한국에서의 경제적 근대화의 원동력은 교육이라는 신념 아래, 교육의 선진화를 도모하기 위해서 우리나라 자체의 교육력 향상뿐만 아니라 세계교육에 대한 이해와 특히 선진국의 교육의 발전 양상과 교육내용, 교육제도 및 정책이 국가발전에 미친 영향의 연구를 또 하나의 자원으로 하여 한국교육이 국가 근대화에 초점을 맞추어 발전하는데 이바지하고자 하였다(이병진, 권동택, 2005). 이러한 한국에서의 근대화(modernization)와 세계화

(globalization)의 노력은 곧 비교교육에 대한 학문적 관심의 증대를 낳았다.


## 1. 비교교육연구의 제약

비교교육학에 대한 관심이 한국에 도입된 1950년대 이후, 한국비교교육학회는 세계의 교육을 비교연구함으로써 비교교육연구의 연구능력의 심화와 한국의 교육발전에 기여함을 목적으로 학술발표회 개최, 연구지 및 기관지 등 간행, 세계 비교교육연구 단체들과의 교류 및 기타 한국비교교육학회의 목적을 달성하는 데 필요한 사업을 지속적으로 추진해 왔다. 그러나 비교교육연구의 본래적 성격상, 비교교육연구를 통한 비교교육의 학문적 성격 규정에 많은 제약이 있다(권동택, 정일환, 주동범, 2023).

첫째, 한국에서의 비교교육학의 발전과제와 관련하여 대학의 석사 · 박사 과정에 비교교육학 전공 과정을 개설, 세계의 각 지역(국가)의 교육을 전문적으로 집중 연구하는 전문가 확보, 비교교육학의 학문적 및 이론적 심층 연구, 비교교육 관련 활동에의 적극적 참여, 국제적 수준의 비교교육 관련 공동연구 등이 공통적으로 강조되고 있다(정일환 외, 2012). 그러나 비교교육연구가 제 궤도를 잡아 활발히 추진될 수 있는 학문적 인프라가 부족하며, 비교교육 전문 연구소나 대학원 과정에서의 비교교육연구 석사 · 박사 과정 운영은 전무한 편이다. 우리나라에서 아직까지 비교교육 전공이 설치되어 운영되는 경우가 없는 상황에서,[1] 정통성 있게 비교교육학을 전공한 사람이 드물며 간혹 외국에서 비교교육학을 전공하고 들어온 학자들이 있더라도 개설 강좌가 별로 없어 교육학의 인접 전공 영역과 관련하여 비교교육을 연구하는 상황이다.

둘째, 한국에서의 비교교육학의 지속적 발전은 매년 발간되고 있는『비교교육연구』의 양적 · 질적 관리를 어떻게 하느냐에 따라 한국에서의 비교교육학 발전의 기반이 달려 있다. 그러나 우선 교육학계의 여러 세미나에서 발표되는 연구물에서 세계화와 관련

---

1) 비교교육 전공은 1980년 한양대학교에서 교육학계 비교교육 전공이 신설되었으나, 1981년에 전공 폐지된 적이 있으며, 현재 (교육)대학원 수준에서의 비교교육 관련 전공은 없다. 다만 일부 (교육)대학원의 교육행정 전공에서 강좌 편성으로 비교교육연구, 비교교육특론, 비교교육론, 비교교육연구, 비교교육세미나 등으로 편성 · 운영되고 있다.

된 연구물은 양적인 면에서는 많은 발표물이 나오고 있지만, 질적인 면에서는 주로 선진국 교육의 단편적인 소개나 우리 교육과의 단순한 병치비교(倂置比較)가 대부분이다.

셋째, 학문 명칭으로서 비교교육과 비교교육학이 'Comparative Education'으로 혼용되고 있다는 점에서 용어 정의의 모호성이 있다. 영어 Comparative Education을 직역하면 '비교교육'이 되지만, 비교교육학은 영어로 번역할 경우에도 Comparative Education으로 사용하고 있다.[2] 이러한 이유로 '실천행위로서 교육'과 '학문으로서 교육학'이라는 구분이 비교교육(학) 분야에서는 아직 엄밀하게 구분되지 않는 것으로 한용진(2018)은 지적하고, 그 이유를 학문적 정체성의 관점에서 아직 실천행위가 학문으로까지 확립되지 않았거나, 비교교육학에 '학'을 붙이지 않는 관행이 여전히 학문 명칭에 반영되고 있기 때문으로 설명하고 있다.

넷째, 비교교육에서 '비교'라는 단어가 하나의 개념으로 구성되기 위해서는 ① 둘 또는 둘 이상의 대상이나 수준, ② 교육 대상이나 현상, ③ 상호 간의 유사(공통)점 및 차이점 등의 개념적 요소를 갖추어야 한다. 그러나 비교교육학의 문제를 단지 '비교'라는 단어 자체의 의미로만 접근된다면, 비교연구(분석)와 비교교육의 구분이 모호할 수 있다. 즉, 일반 교육 주제에서 비교방법론이나 접근으로 분석되는 경우 '비교연구(분석)'라고 제목을 부여할 수 있지만, 그러한 주제에 '비교교육연구'라는 제목을 부여할 수는 없기 때문이다. 예를 들어, '한국과 미국의 교육제도 비교연구'라는 제목은 가능하나, '한국과 미국의 교육제도 비교교육연구'라는 제목은 어색하기 때문이다. 바로 그 어색함 속에서 '비교연구'와 '비교교육연구'는 구분할 필요가 있다.

다섯째, 이와 관련하여 비교교육연구의 연구주제는 거시적 접근에서 최근에는 외국의 교수방법이나 교육과정, 그리고 학업성취 등의 미시적이고 매우 다양한 주제들로 연구가 진행되고 있으며, 연구주제가 점점 다양한 학문 분야로 확장되고 있다(권동택, 정일환, 주동범, 2023). 비교교육학은 전 세계를 연구의 대상으로 삼고 있으며, 심지어 다양한 교육관련 영역을 비교하는 것이라면 어떠한 주제라도 수용되는 것으로 받아들이기도 한다. 그러나 비교교육학의 학문적 정립의 가장 큰 난점은 비교교육학의 기본 전

---

2) 현재 한국비교교육학회의 영문 명칭은 Korean Comparative Education Society(KCES)이며, 외국의 학술지들도 Comparative Education Review나 Comparative Education, 혹은 Compare: A Journal of Comparative Education으로 사용되고 있다.

제나 연구방법이 아직까지 통일되어 있지 않고 학자들 간의 학문 연구에 대한 시각과 연구목적의 상이하다는 점은 비교교육학의 개념적 정의에 관한 합의를 어렵게 하는 근본적인 이유가 되기도 한다(이병진, 1998). 따라서 이러한 연구주제의 확장과 단순 비교 접근은 역설적으로 비교교육학 자체의 정체성 문제뿐만 아니라 비교교육방법론의 독자성 내지 차별성에 대한 문제 제기를 낳기도 한다.

## 2. 한국비교교육학의 과제

우리의 비교교육연구 활동은 아직 그 연구 인프라 기반이 충분하지 않다는 점을 솔직히 지적하지 않을 수 없다. 우선, 교육학계의 여러 세미나에서 발표되는 연구물에서 세계화와 관련된 연구물은 양적인 면에서는 많은 발표물이 나오고 있지만, 질적인 면에서는 주로 선진국 교육의 단편적인 소개나 우리 교육과의 단순한 병치비교(倂置比較)가 대부분이다. 특히 우리의 비교교육학 연구의 빈약성에는 좀 더 근본적인 원인이 있다. 비교교육연구가 제 궤도를 잡아 활발히 추진되기 위한 제도적 뒷받침이 되어있지 않다. 우리나라 어느 대학에도 비교교육연구소가 설치된 곳이 없는 것으로 알고 있다. 또한 대학원에 비교교육연구 석·박사 과정운영은 전무한 편이다. 따라서 정통성 있게 비교교육학을 전공한 사람이 드물며 간혹 외국에서 비교교육학을 전공하고 들어 온 학자들이 있더라도 개설 강좌가 별로 없어 설자리를 찾지 못하고 결국은 교육학의 다른 전공 영역에 매달려 비교교육을 계속 연구하지 못하고 있는 실정이다. 뿐만 아니라 비교교육의 중요성에 대한 일반적인 이해 부족으로 제대로 지원을 받지 못하고 있는 실정이다. 결국 현실적인 우리의 상황은 향후 한국비교교육학의 위상 정립을 위해서 더욱 많은 노력을 할 것을 요구하고 있다. 즉, 대학원 수준에서의 전공 과정 개설 문제, 전문가의 육성, 연구과제의 수행을 위한 충분한 재정적인 지원 등과 같은 과제들을 하나씩 해결해 나가야 하는 중요한 시점에 놓여 있는 것이다.

이를 위해서는 국내 비교교육학 연구의 활성화는 물론, 세계적인 차원에서의 비교교육연구 활동에 적극적으로 참여하는 노력을 기울여야 할 것이다. 특히, 한국비교교육학회는 세계비교교육연합회, 아시아비교교육학회의 중요한 창립멤버였을 뿐만 아니라 세계 사회에서의 한국의 위상을 생각할 때, 우리는 세계비교교육연합회, 아시아비교교육학회 등의 국제학회의 발전과 비교교육의 발전에 더 관심을 기울여야할 필요가 있다 (윤기옥, 2013). 이러한 노력을 통해 우리나라 교육을 소개하고 세계학자들과 교류하며, 정보 교환과 공동연구 등을 모색하는 것은 한국의 교육학 연구를 세계화하는 길이며, 동시에 우리의 연구가 세계화 교육을 실질적으로 뒷받침해 갈 수 있도록 하는 계기가 될 것이다.

이병진(1996)과 정일환(2015)은 한국비교교육연구가 더욱 발전하기 위해 이행해야 할 과업으로서, 그리고 한국비교교육학의 발전의 기본 방향으로 내실화, 국제화, 다변화, 네트워킹화를 제시하면서 다음과 같이 향후 발전과제를 제안하고 있다.

첫째, 지역연구가 한층 충실히 요구된다. 한국은 비교교육학회의 설립 초기부터 미국, 유럽 등 선진국을 중심으로 지역연구를 해 온 편이다. 이 지역연구의 전통과 축적은 더욱 충실할 것이라고 생각된다. 그와 더불어 이제까지 연구되지 못했거나 충분치 못했던 나라와 지역, 예를 들면 이슬람권, 동구권, 아프리카, 남미, 아시아 각국 등에 대해서 적극적이고도 충실한 연구가 요구되고 있다.

둘째, 연구 내용 영역을 더욱 넓혀가야 할 것이다. 연구의 대상과 영역의 선택은 회원 개개인의 전공과 흥미, 관심에 관련된 일로서 이제까지는 학교교육 중심의 연구가 주종을 이루어 왔으나 격변하는 사회에서 교육을 둘러싼 과제도 또한 다양해지고 있다. 민족, 종교 등의 문제를 포함한 교육의 본질, 고령화, 고학력화, 여가시간의 증대 등을 배경으로 한 평생교육, 사회교육 등 교육의 과제는 산적해 있다. 따라서 이렇게 다양해지고 있는 교육의 과제에 적합한 비교교육연구가 이루어져야 할 것이다. 이와 관련하여 우리나라 비교교육학 연구의 전문 학술지인 『비교교육연구』에 대한 내용분석을 통해 연구동향과 함께 발전방안을 제시한 내용을 살펴보면 다음과 같다(권동택, 김정희, 팽영일, 2015).

- 비교교육학의 학문적 정체성을 위한 이론과 방법론 관련 논문이 보다 많이 게재되어야 하며, 비교교육학의 학문적인 범주를 넓히기 위해 보다 다양한 교육학 영역의 논문들이 게재되어야 한다.
- 비교교육의 학문적 성격상 다각적인 분석 및 타 학문 분야와의 학문 간 연구자들과의 공동연구가 활성화되어 많은 논문이 게재되어야 한다. 또한 비교교육 관련 연구주제의 다양한 접근과 더불어 비교대상에서도 고등교육 중심에서 벗어나 다

양한 학교 급별에 대한 비교연구가 이루어져야 한다.

- 단순 문헌이나 기존 통계 현황의 비교가 아닌 보다 질적 자료와 현장 방문의 자료 수집과 분석을 통한 비교연구적 접근이 이루어져야 한다.
- 비교교육 영문지의 발간이 활성화되어야 한다. 『비교교육연구』와는 별도의 학회지를 창간해야 하며, 외국인 및 국내 영문 논문의 게재를 유도할 수 있는 방안이 마련되어야 한다.
- 비교교육의 학문적 성격과 한국비교교육학회의 정체성에 부합되는 논문의 게재가 이루어지도록 적극적으로 홍보하고, 학술지 게재 논문의 지속적인 질 관리가 요구된다.

아울러 비교교육 관련 연구주제가 보다 다양해지고 비교대상도 고등교육 중심에서 벗어나 다양한 학교 급별로 비교연구가 이루어져야 할 것이며, 타 학문 분야의 연구자들과의 공동연구도 활성화되어 가야 할 것이며, 문헌이나 기존 통계 현황의 비교가 아닌 보다 질적 자료와 현장 방문의 자료수집과 분석을 통한 비교연구가 활성화되어야 할 것이다.

셋째, 연구방법의 개선이 있어야 한다. 이제까지의 연구방법은 자료중심으로 진행되어 온 편이다. 과거 비교교육연구는 적절한 자료를 수집하고 해석하는가가 연구의 핵심이었다. 이러한 작업은 극히 어렵고 연구의 기본임에는 변함이 없으나 오늘날 대상이나 지역에의 조사연구가 용이해지고 있는 이점을 살려 체험이나 실증적인 연구와 더불어 질적 연구를 통해 연구결과의 질과 생산성을 제고해야 할 것이다. 이와 관련하여 한국비교교육학회와 회원들이 중심으로 수행하고 있는 공동 및 협동 연구(중앙정부와 지방자치단체의 정책연구, 비교교육학 학술저서 집필·발간, 번역서 발간 등)의 기회를 보다 확대·내실화해야 할 것이다. 학회 회원 개인의 전문성과 지식의 축적을 활용할 수 있는 특정 주제에 관한 공동연구는 비교연구의 범위를 보다 확대시켜 줄 것이다. 예를 들어, 일본비교교육학회가 장기간에 걸쳐 종단적인 과제연구를 실시하여 종합적인 접근방법을 취하는 것은 우리가 벤치마킹할 만하다.

넷째, 국제적 공동연구가 모색되어야 할 것이다. 세계 각국이 가장 바람직한 교육내용이나 교육방법, 교육제도의 개선을 도모함에 있어 상호 간의 협력은 필수불가결한 것이다. 즉, 국제협력의 측면에서 국제협력 연구와 어부를 수행할 조직 강화와 자료 및 정보 공유 등에 대해서도 적절한 대응이 수반되어야 할 것이다. 과거 한국비교교육학회가 세계비교교육연합회(WCCES) 및 아시아비교교육학회(CESA)의 설립에 주도적인 역할을 한 것도 장래 한국비교교육학회의 발전을 위한 초석을 다진 결과라고 할 수 있다.

이제는 우리가 세계화를 표방하고 국제 간의 교류와 협조적 체제를 다져가며, 교육의 다원화·개방화·선진화를 위해 교육개혁을 단행하고 있는 오늘의 시점에서 비교교육 및 국제교육연구는 그 경쟁력 확보 측면에서 매우 중요한 시기라고 할 수 있다. 이와 관련하여 우리나라에서의 비교교육학의 학문적 발전을 위한 기본 방향을 제시하면 다음과 같다.

첫째, 고등교육기관 및 교육연구기관에 비교교육 및 국제교육 관련 연구센터를 설치·운영하고, 학문후속세대 양성을 위해 대학원 석사·박사 과정에 비교교육학 관련 전공 과정을 개설·운영해야 할 것이다. 뿐만 아니라 학부 과정에서도 국제교육 및 국제이해교육 관련 비교교육 관련 강좌가 개설·확대되어야 한다. 이러한 노력은 비교교육학의 학문적 정착 및 비교교육연구의 발전을 보장하는 초석이 될 것이다.

둘째, 세계의 각 지역(국가)의 교육을 전문적으로 연구하는 전담 비교교육 전문가가 필요하다. 특히 우리의 세계적 진출과 국제적 협력체제, 그리고 세계적 시각에서의 우리 교육발전을 고려할 때, 한 나라, 한 지역의 교육을 깊이 있게 연구할 필요가 더욱 필요하며, 제3세계 여러 나라와 지역에 대한 비교교육연구는 앞으로 더욱 필요할 것으로 보인다. 그 나라의 교육과 문화를 심층적으로 이해하지 못하고 관련 비교 전문가가 없는 상황에서 그들과의 교류와 상호협력은 실제 가시적인 성과를 기대하기 어려울 것이다.

셋째, 국내에서의 비교교육 관련 학회 및 연구 활성화는 물론 국제 사회에서 비교교육연구 및 교류 활동에 적극적인 참여가 이루어져야 할 것이다. 매 2년 아시아 지역에서 개최되고 있는 국제비교교육 학술대회와 매 3년마다 6대륙별로 개최되는 세계비교교육연합회 국제학술대회에 참여하여 세계비교교육 학자들과 교류하면서 정보교환과 공동연구 등을 모색하는 것은 우리나라에서의 비교교육학의 학문적 발전에도 실질적으로 기여하게 될 것이다.

이러한 비교교육학의 활성화를 위한 노력은 특히 정부 차원에서 주도되고 있는 국제화 관련 교육정책들은 우리나라에서 비교교육학의 인식을 새롭게 하고 제고시킬 수 있는 촉매제의 역할을 할 수 있게 될 것이다. 우리나라에서의 비교교육연구의 발전이 세계적인 연구경향과 맥을 같이하며 정착해 가고 있는 것은 한국비교교육학회의 많은 학자의 노력이 큰 밑받침이 되었다는 점에서는 의심의 여지가 없다. 그러나 비교교육학 및 비교교육연구의 발전과 내실화는 어떤 한 개인이나 집단의 사고만으로는 보장될 수 없으므로 비교교육연구자들의 학문적 · 실제적 탐구가 더욱 요청되는 시점이다.

KOREAN COMPARATIVE EDUCATION SOCIETY **10**장

# 세계비교교육연합회(WCCES)의 활동

## 1. 연합회 창립

세계비교교육연합회(World Council of Comparative Education Societies: WCCES)는 1970년 캐나다 오타와에서 창설된 비교교육연합회(council)로서 전 세계 여러 국가에 있는 비교교육학회의 연합회 성격의 국제기구이다.

세계비교교육연합회의 창립 과정에서 주도적인 역할을 했던 비교교육의 선구자들로는 Leo Fernig(국제교육국), Gerald Read(CIES) 및 Joseph Katz(CIESC)가 있다. 특히 세계비교교육연합회는 1960년대 영국 컬럼비아대학의 Joseph Katz 교수와 다른 저명한 비교교육 학자들에 의해 설립되었는데, 1970년 캐나다 오타와에서 열린 제1차 세계 대회에서 세계비교교육협의회로 정식 출범했으며, 이듬해 현재의 명칭을 채택하게 된다.[1] 이들은 1960년대 국가, 지역, 언어에 기초한 비교교육회, 국제교육학회의 확산에 큰 영향을 받아 당시 존재했던 학회인 CIES, CIESC, CESE, JCES 그리고 KCES를 통합

---

1) 1961년 당시에는 비교교육협회(CES), 1968년에는 비교및국제교육협회로 호칭

하기 위해 WCCES를 설립했다. 1968년 당시 중심 회원으로는 캐츠(캐나다), 히라쓰카(M. Hiratsuka, 일본), 프레이저(S. Fraser) 및 리드(미국), 김순호(한국), 로워리(J. Lauwerys, CESE-유럽)가 있었으며, 1969년에 이 위원회는 오타와 교육부 학장인 데스잘레이스(L. Desjarlais)의 초대를 받아 제1차 세계대회를 주최하게 된다. 리드(1985)에 따르면, 1969년 위원회의 구성원은 히라쓰카, 프레이저, 리드, 김순호 및 로워리였다.

1970년에는 오타와에서 개최된 제1차 세계비교교육연합회 세계대회에서 다음의 5개의 학회가 모여 WCCES를 창립한다.

- 비교 및 국제 교육협회(CIES), 1956년 설립
- 유럽비교교육협회(CESE), 1961년 설립
- 일본비교교육학회(JCES), 1965년 설립
- 캐나다비교및국제교육협회(CIESC), 1967년 설립
- 한국비교교육학회(KCES), 1968년 설립

현재 세계비교교육연합회는 전 세계적으로 비교교육을 확산하는 중요한 역할을 수행하고 있으며, 현재 45개의 국가 및 지역 기반 회원 학회를 확보하고 있다. 회원 학회의 경우는 대부분의 경우 국가 단위의 비교교육학회로 학회명을 호칭하지만, 일부는 글로벌 지역을 중심으로 조직되거나(예, Ocean Comparative Education Society), 언어권(예: Association Francophone d'Education Comparee) 혹은 특정 주제(예: Mondial Association for Peace by Comparative Education) 등으로도 호칭되고 있다. 이러한 회원 학회의 학회명 표기 다양성은 가끔 세계비교교육연합회 내에서 다소 혼동을 주는 원인이기도 하다(Manzon & Bray, 2006; 2007). 이와 관련하여 회원 학회의 개별 역사에 따라 회원국의 이름의 변화는 회원 학회의 특성을 반영하고 있으며, 학문적 및 국제적 관심 분야의 광범위한 영향이 반영되거나, 지리적 혹은 언어 및 문화적 기반과 연관되어 있음을 알 수 있다. 그 예로, 비교교육학회 관련 회원국의 이름에 'International'이 함께 표기된다거나 특정 대륙권(예: 아시아, 유럽 및 지중해), 특정 언어권 기반(프랑스어 및 네덜란드어 사용자용), 비교교육과 교육행정을 연계한 학회(이집트), 교육사와 연계한 학회(남아프리카), 상호문화교육과 비교국제교육을 포함한 학회(독일), 그리고 위원회(러시아 및 카자흐스탄) 등으로 가입 회원국의 이름상 특징들이 나타난다. 특히 카자흐스탄의 경우는 회원

들이 단체가 박사 학위를 수여할 수 있는 권한을 갖기를 원했기 때문에 학회(Society)나 협회(Association)가 아닌 위원회(Council)라고 명명하기도 한다.

## 2. 거버넌스 및 운영

세계비교교육연합회는 회원 학회를 대표하는 이사들이 총회를 정기적으로 개최하며, 주요 업무에 대해 의사결정하며 필요한 정보와 결과를 회원 학회들과 공유하고 있다. 세계비교교육연합회 지도부에는 의장인 회장과 수석 부사장인 전문 이사(비서 및 재무)가 이끄는 사무국이 있으며, 최초의 사무국은 캐나다 오타와대학에 있었고 이후에는 스위스 제네바에 있는 UNESCO 국제교육국(IBE)을 포함한 영국의 유니버시티 칼리지 런던(University College London)의 교육연구소, 홍콩대학의 비교교육연구센터, 영국 맨체스터대학교, 중국 북경사범대학 등 연합회 의장의 편의에 맞춰 여러 지역에 위치해 있었으며, 2019년부터 세계비교교육연합회 사무국은 스위스 제네바에 있는 UNESCO 국제교육국(IBE)으로 영구적으로 이전되었다.

### 1) 연합회 목적

세계비교교육연합회는 회원 학회에 세계화, 비교교육의 이론 및 방법, 교육의 양성 평등 및 형평성과 관련된 연구 프로그램을 지원하고 있으며, 연합회는 비교교육 분야의 연구를 촉진하고 세계 여러 지역의 학자들 간의 대화를 장려하기 위해 노력하고 있다.

세계비교교육연합회는 정관에 따라 회원으로 승인된 비교교육 관련 학자들의 단체와 학회를 국제적 수준에서 대표하는 국제 비정부 기구로 평화, 문화 간 협력, 민족 간 상호 존중 및 인권 준수를 위한 국제 이해 교육을 발전시키고, 모든 사람의 교육권이 더욱 완전하게 실현될 수 있도록 교육 시스템을 개선한다는 광범위한 목표를 갖고 있다(World Council of Comparative Education Societies, 2019). 보다 구체적인 전문 목표는 전 세계적으로 비교교육 및 국제교육연구를 장려하고 이 분야의 학문적 지위를 향상시키고, 세계 각지의 전문가들의 협력 활동을 촉진하여 오늘날의 주요 교육 문제에 대한 비교교육을 제공하는데 있다. 이러한 목적을 달성하기 위해 세계비교교육연합회는 다음을 수행해야 한다고 정관에 제시하고 있다.

- 비교교육에 대한 교육과 연구를 장려
- 교육문제 연구에 대한 비교 접근법 개발에 있어 학제 간 협력을 촉진
- 다양한 국가 및 지역의 비교교육 학자들 간의 협력을 촉진하고 전문 협회 및 비교 교육 학술 단체의 설립을 육성
- 국제교육 프로그램과 이를 담당하는 기관을 지원하고, 이러한 프로그램에서 직면 하는 주요 문제에 비교연구 종사자들의 관심을 집중
- 특별한 필요가 있는 연구 프로젝트를 조직
- 비교교육의 연구 및 방법론 개발에 대한 정보 교환

## 2) 역대 회장

세계비교교육연합회의 역대 회장은 다음과 같다.[2]

---

2) https://wcces-online.org/

표 10-1  세계비교교육연합회의 역대 회장

| 1970~1974 | 1974~1977 | 1977~1980 | 1980~1983 | 1983~1987 |
|---|---|---|---|---|
| | | | | |
| Late Dr. Joseph Katz<br><br>Professor, University of British Columbia, Canada | Late Dr. Brian Holmes Co-Founder, CESE Professor University of London, United Kingdom | Late Dr. Masunori Hiratsuka Founding President JCES Former Director National Institute for Educational Policy Research, Japan | Dr. Erwin H. Epstein Professor Emeritus Loyola University, USA | Late Dr. Michel Debeauvais President AFEC Former Director UNESCO International Institute for Educational Planning (IIEP) France |
| 1987~1991 | 1991~1996 | 1996~2001 | 2001~2004 | 2004~2007 |
| | | | | |
| Dr. Vandra Masemann Associate Professor Ontario Institute for Studies in Education (OISE) University of Toronto Canada | Late Dr. Wolfgang Mitter Head of the Department of General and Comparative Education German Institute for International Educational Research Germany | Late Dr. David N. Wilson Ontario Institute for Studies in Education (OISE) University of Toronto, Canada | Dr. Anne Hickling-Hudson Adjunct Professor Queensland University of Technology Australia | Dr. Mark Bray Professor & Director Comparative Education Research Center UNESCO Chair in Comparative Education University of Hong Kong China |

| 2007~2010 | 2010~2013 | 2013~2016 | 2016~현재 |
|---|---|---|---|
| Dr. Crain Soudien Professor, University of Cape Town Chief Executive Officer Human Sciences Research Council South Africa | Dr. Wing On Lee Professor and Executive Director Institute for Adult Learning Singapore University of Social Singapore | Dr. Carlos Alberto Torres Distinguished Professor, UCLA UNESCO Chair in Global Learning and Global Citizenship Education USA | Dr. N'Dri T. Assié-Lumumba Professor Africana Studies and Research Center Cornell University USA |

## 3) 연합회 운영

세계비교교육연합회 집행위원회(회장, 부회장 5명, 사무총장, 재무, 회원 학회 대표)와 각 분과 위원장들은 연합회 관리를 위해 적어도 매년 소집되고 있는데, 집행위원회는 세계 여러 지역에서 세계대회를 개최하여 비교교육 활동을 촉진하고 있으며, NGO인 세계비교교육연합회는 예산 지원의 한계가 있기 때문에, 주로 집행위원회 회의는 일반적으로 세계대회 기간 동안 혹은 각 대륙의 대규모 비교교육 관련 학술대회와 함께 개최되고 있다.

특히 UNESCO 산하 NGO로 조직되어 있다. 세계비교교육연합회는 1972년부터 UNESCO와 제휴를 맺고 활발히 활동하고 있다. 처음에는 범주(카테고리) C에 속했지만, 1980년대 후반부터는 범주(카테고리) B에 속해 점점 더 많은 수준의 협의 지위, 정보에 대한 접근, 회의 참석 등의 활동이 이어지고 있다(Wilson, 1998). 특히 세계비교교육연합회 회장은 UNESCO에 보고를 정규화하고, 1999년 NGO와의 관계가 개정되었을 때 서울에서 열린 TVET 대회에 참석하여 카테고리를 높이는 협상을 하기도 했다. 그 결과 세계비교교육연합회를 카테고리 B에서 NGO in Operational Relations with UNESCO

라는 새롭고 더 권위 있는 카테고리로 업그레이드하게 된다. 이러한 UNESCO 내 지위는 1999년 11월에 승인되었으며 세계비교교육연합회는 UNESCO 활동에 참여하고 정기적으로 UNESCO와 상의할 수 있는 기회를 더 많이 갖게 된다(Wilson, 2003). 이러한 UNESCO와의 협력 관계는 세계비교교육연합회의 정관에도 잘 나타나 있는데, 연합회에 가입하고자 하는 회원국은 정관 2.3에 의거하여 연합회의 목적에 동의해야 하는데, 이는 UN과 UNESCO의 이상을 준수하는 것이 전제되어 있으며, 또한 정관 7.2.3에 따르면 이사회는 제안된 총회 수행의 모든 측면에서 이러한 원칙이 적용될 수 있는 UNESCO 및 UN과 같은 국제적으로 합의된 원칙을 준수할 것을 요구하고 있으며, 특히 국제적으로 인정된 학문의 자유, 사상의 자유로운 교환, 인권에 대한 기준이 준수되어야 함을 강조하고 있다.

세계비교교육연합회에 가입하고자 하는 학회는 WCCES Admission and New Societies Committee의 의장에게 다음과 같은 서류를 제출하여야 한다(World Council of Comparative Education Societies, 2022a). 가입 신청한 학회의 제출 자료를 검토한 후, WCCES 집행위원회의 심의를 통해 회원 학회로 승인받게 된다.

- 가입학회(협회 또는 단체) 회장의 자기소개서
- 가입 학회 정관 사본
- WCCES 정관 3조와 WCCES 부칙 및 절차 규칙 2조에 따라 가입 협회 회원 자격에 필요한 필수 수정 내용을 요약한 문서

한편, WCCES 역사 기록 보관소는 2014년까지 켄트주립대학교에 설립되어 원래 보관되어 있었는데, 이후 WCCES 기록 보관소는 피츠버그대학교로, 2017년 이후에는 멤피스대학교와 솔트레이크시티로 이전되었으며, 아카이브는 디지털화되어 Google Workspace에 영구적으로 저장되고 하드 카피 역시 보관·관리되고 있다.

## 4) 상설위원회 운영

세계비교교육연합회의 정관 5조 활동을 보면, 집행위원회는 다양한 주제에 대한 상설위원회를 통해 다양한 활동을 하고 있다(World Council of Comparative Education

Societies, 2022b).

- Admissions and New Societies Standing Committee
- Congress Standing Committee
- Constitutional Standing Committee
- Ethics Standing Committee
- Finance Standing Committee
- History and Records Management Standing Committee
- Inclusion Standing Committee
- Publications Standing Committee
- Research Standing Committee
- Special projects Standing Committee
- UNESCO liaison Standing Committee
- Admission and New Societies Standing Committee(ANSSC): 입회 및 신설 학회 상임위원회는 다음 목표를 달성하기 위해 노력한다.
  - 세계 여러 지역에서 새로운 비교교육학회 창설을 장려하기 위한 조치
  - 사무국과 집행위원회에 추천하기 전에 새로운 협회의 회원 신청서를 접수하고 검토(정관 3 및 부칙 2).
  - 이전에 회원 자격이 철회되거나 종료된 학회의 재가입 신청서에 대해 사무국과 집행위원회에 조언(부칙 2.3f).
- Congress Standing Committee(CSC): 의회 상임위원회는 다음 목표를 달성하기 위해 노력한다.
  - 세계대회 개최에 대한 회원 협회의 관심 제고(부칙 7.2).
  - WCCES와 대회 조직위 간의 합의 구성 촉진(부칙 7.3 및 7.4).
  - 총회 조직의 계획 및 실행을 감독하고 사무국을 정기적으로 정비
  - 총회 후 검토를 수행하고 향후 참조를 위해 총회 조직 매뉴얼을 정비
- Constitutional Standing Committee(CLSC): 규정상임위원회는 다음 목표를 달성하기 위해 노력한다.
  - 정관을 적용할 때 따라야 할 절차를 포함하는 규정 및 부칙을 작성/개정하는 데

사무국을 지원(정관 7.2).

- 총회가 비준하기 전에 집행위원회의 승인을 위해 정관에 대한 적절한 개정을 권고(부칙 8.1).

- UN의 6개 공식 언어(아랍어, 중국어, 영어, 프랑스어, 러시아어 및 스페인어) 중 하나로 특정 법령 및 부칙을 번역(부칙례 8.1)

• Ethics Standing Committee(ESC): 윤리상임위원회는 다음 목표를 달성하기 위해 노력한다.

- WCCES가 UNESCO와 UN(정관 7.2.3)이 규정한 학문의 자유, 사상의 자유로운 교환, 노동 및 인권의 규범, 표준 및 원칙에 따라 작동하도록 보장하기 위한 지침을 개발

- 조직의 무결성과 투명성을 보장하는 방법을 제안

- WCCES와 회원을 위한 윤리적 연구 원칙을 개발(연구 상임 위원회와 협력하여).

- 개인, 그룹 및 조직을 상대로 제기된 전문 윤리 관련 계류 사건 목록을 사무국의 요청에 따라 유지하고 공유(부칙 2.3e, 3.1, 3.3 및 4.6).

• Finance Standing Committee(FSC): 재정상임위원회는 다음 목표를 달성하기 위해 노력한다.

- 합의 가능한 사회적 책임 정책 및 관행을 통해 잠재적인 출처로부터 자금 조달을 식별하고 후속적으로 요청

- 기부 기관 및 파트너 조직과 새로운 관계를 구축하고 기존 관계를 유지

- 기부 기관 및 파트너 조직과 공유하기 위한 프로젝트별 개념 노트 및 예산을 준비

- 현재 회비 구조의 효율성을 검토하고 필요할 경우 변경을 제안

• History and Records Management Standing Committee(HRMSC): 역사기록관리상임위원회는 다음 목표를 달성하기 위해 노력한다.

- 다양한 이해관계자 그룹이 적절하게 접근할 수 있도록 WCCES의 역사적 기록과 하드 카피 아카이브의 공식 온라인 저장소를 만들고 유지하는 데 있어 WCCES 정책을 지원(부칙 6.1)

- 글로벌 비교교육: WCCES 저널 및 World Voices Nexus: WCCES Chronicle에 게재될 비교교육 분야의 유명한 공헌자들의 역사적 프로파일에 대한 조정 및 기여

- WCCES-Brill Book Series 편집자와 협력하여 WCCES의 역사/비교교육 분야의

발전에 관한 책을 기고하고 공동 편집

- Inclusion Standing Committee(ISC): 포괄 상임 위원회는 횡단적 프레임워크를 사용하면서 다음 목표를 달성하기 위해 노력한다.
  - 정관 2.1에 따라 실무 그룹을 포함한 WCCES 리더십을 의장을 통해 지원하여 각자의 활동에서의 포용적 관행을 보장
  - 관련 WCCES 구성 사회와 협의하여 전 세계적으로 인종, 성별, 언어 및 기타 불평등과 관련된 주요 사건과 비교교육 작업과의 연관성에 대한 진술을 지원

- Publications Standing Committee(PSC): 출판상임위원회는 다음 목표를 달성하기 위해 노력한다.
  - 도서 출판 일정, 자금 조달 전략, 편집 정책 및 관행 초안 작성
  - 최근 개최된 세계대회에서 선정된 논문으로 구성된 책을 출판
  - 각 도서 프로젝트의 편집자에게 특정 책임을 할당하고 진행 상황을 지속적으로 검토하며 적시에 완료되도록 보장

- Research Standing Committee(RSC): 연구상임위원회는 다음 목표를 달성하기 위해 노력한다.
  - WCCES의 광범위한 목표를 지원하기 위해 비교교육에 관한 연구 프로젝트를 수행(정관 2.1).
  - WCCES 회원을 위한 윤리적 연구 원칙을 개발(윤리상임위원회와 협력하여).
  - 오늘날의 주요 교육 문제를 해결하기 위한 연구 프로젝트를 조직하고 추진(정관 2.2 및 2.3).
  - 비교교육의 연구 및 방법론 개발에 관한 정보 교환을 개선(정관 2.3).

- Special Projects Standing Committee(SPSC): 특별 프로젝트 상임위원회는 다음 목표를 달성하기 위해 노력한다.
  - 당시의 주요 교육 문제를 해결하기 위해 사무국/회장이 지정한 프로젝트를 수행(정관 2.2).
  - 신규 지역에서 비교교육을 확대하기 위한 회원 협회의 계획을 지원
  - 비교교육에 대한 교육 및 연구를 장려하고 해당 분야의 학문적 지위를 향상시키는 구체적인 방법을 제안(정관 2.2 및 2.3).

- UNESCO Liaison Standing Committee(ULSC): UNESCO 연락상임위원회는 다음 목

표를 달성하기 위해 노력한다.

- 공식 NGO 파트너로서 UNESCO와 WCCES의 국제 관계를 유지(정관 5.1).
- 다양한 프로젝트에 참여/지원하기 위해 WCCES의 서비스를 UNESCO에 제공 (정관 5.1).
- WCCES와 그 구성 단체가 UN과 UNESCO의 이상을 고수하도록 보장(정관 2.3b).
- WCCES 세계대회, 심포지엄, 행사 및 활동의 모든 측면에서 UNESCO와 UN의 국제적으로 합의된 원칙, 특히 학문의 자유, 사상의 자유로운 교환 및 인권을 준수 및 적용(정관 7.2.3)

한편, 태스크포스와 팀은 일정 기간 동안 특정 임무를 수행하기 위해 회장이 조직하고 있는데, 세계비교교육연합회는 선거 태스크포스, 원격 교육 태스크포스, 평화 교육 태스크포스, 미국-UNESCO 관계 태스크포스 등 다양한 태스크포스 및 팀을 운영했다. 현재 연합회가 운영하고 있는 태스크포스로는 Election Task Force, Peace Education Task Force, Task Force on Distance Education, Task Force to Bring Back Withdrawn Societies 등이 있다.

## 3. 학술활동 및 출판

### 1) 세계비교교육 학술대회

세계비교교육연합회는 매 3년마다 6대륙(북미주, 남미, 유럽, 아시아, 아프리카, 오세아니아)을 번갈아 학술대회를 개최하는데, 제1회 세계대회는 1970년 8월 UNESCO가 지정한 국제교육의 해(IEY) 기간 동안 캐나다 오타와에서 열렸다.

우리나라의 경우, 2001년 제11차 세계 대회를 개최하였으며, 당시 대회에 발표된 논문 중 일부는 국제학술지 특집호에 게재되며, 2003년에 도서로 출판되기도 했다. 이와 관련하여 제4차 세계 대회가 일본에 개최되었을 당시, 연합회의 이사회 승인을 얻어 1980년 7월 3일부터 5일까지 대한민국 서울에서 일본에서의 총회 전에 사전 세계대회

(pre-congress)를 개최하게 된다.

## 2) 도서 출판(WCCES-BRILL BOOK SERIES)

세계비교교육연합회는 다양한 국가에서 비교교육 관련 연구를 촉진하고 있는데, 비교교육의 이론과 방법, 교육의 성 담론, 교사교육, 평화와 정의를 위한 교육, 분쟁 후 국가의 교육, 교육 언어 문제, 모두를 위한 교육 등을 포괄하고 있다. 이러한 주제는 일반적으로 세계대회를 위해 조직된 주제별로 강조되기도 하는데, 도서 출판의 주요 목표는 평화, 문화 간 협력, 인권 준수 및 사람들 간의 상호 존중을 위한 국제 이해 교육을 더욱 발전시키는 데 있다.

따라서 WCCES 시리즈는 회원 학회의 학자들 간의 담론을 보다 광범위하게 공유하기 위해 계획되었으며, 모든 대륙의 학회와 연합회는 비교교육 학자와 국제교육 분야에 종사하는 사람들의 관심과 우려 사항을 함께 논의하기 위한 특별 포럼을 마련하기도 한다.

첫 번째 시리즈는 'Living Together: Education and Intercultural Dialogue'라는 주제로 2007년 9월 3일부터 7일까지 보스니아 헤르체고비나(Bosnia and Herzegovina) 사라예보(Sarajevo)에서 열린 세계비교교육연합회 제13차 세계대회의 회의록에서 제작되었다. 첫 번째 시리즈에는 다음 제목이 포함되었다.

Volume 1: Tatto, M., & Mincu, M. (Eds.), Reforming Teaching and Learning

Volume 2: Geo JaJa, M. A., & Majhanovich, S. (Eds.), Education, Language and Economics: Growing National and Global Dilemmas

Volume 3: Pampanini, G., Adly, F., & Napier, D. (Eds.), Interculturalism, Society and Education

Volume 4: Masemann, V., Majhanovich, S., Truong, N., & Janigan, K. (Eds.), A Tribute to David N. Wilson: Clamoring for a Better World

두 번째 시리즈는 2010년 6월 14일부터 18일까지 튀르키예(Turkey) 이스탄불(Istanbul)에서 열린 세계비교교육연합회(World Council of Comparative Education

표 10-2  세계비교교육 학술대회 개최지 및 주제

| 회수 | 연도 | 개최 지역 | 대회 주제 |
|---|---|---|---|
| 1 | 1970 | Ottawa(Canada) | Canada Education and the Formation of the Teaching Profession; Educational Aid to Developing Countries |
| 2 | 1974 | Geneva(Switzerland) | Efficiencies and Inefficiencies in Secondary Schools |
| 3 | 1977 | London(UK) | Unity and Diversity in Education |
| 4 | 1980 | Tokyo(Japan) | Tradition and Innovation in Education |
| 5 | 1984 | Paris(France) | Dependence and Interdependence in Education: The Role of Comparative Education |
| 6 | 1987 | Rio de Janeiro(Brazil) | Brazil Education, Crisis and Change |
| 7 | 1989 | Montreal(Canada) | Development, Communication and Language |
| 8 | 1992 | Prague(Czech Republic) | Education and Democracy |
| 9 | 1996 | Sydney(Australia) | Tradition, Modernity and Postmodernity |
| 10 | 1998 | Cape Town(South Africa) | Education, Equity and Transformation |
| 11 | 2001 | Chungbuk(Korea) | New Challenges, New Paradigms: Moving Education into the 21st Century |
| 12 | 2004 | Havana(Cuba) | Education and Social Justice |
| 13 | 2007 | Sarajevo(Bosnia and Herzegovina) | Living Together: Education and Intercultural Dialogue |
| 14 | 2010 | Istanbul(Turkey) | Bordering, Rebordering and New Possibilities in Education and Society |
| 15 | 2013 | Buenos Aires (Argentina) | New Times, New Voices? across world regions, languages and cultures |
| 16 | 2016 | Beijing(China) | Dialectics of Education: Comparative Perspectives |
| 17 | 2019 | Cancún(Mexico) | Future of Education |
| 18 | 2024 | New York(USA) | Fostering Inclusive Ecologies of Knowledge: Fostering Inclusive Ecologies of Knowledge |

Societies) 제14차 세계대회의 회의록에서 작성되었으며, 'Bordering, Rebordering and New Possibilities in Education and Society'을 주제로 다음 제목이 포함되어 있으며 추가 책도 준비 중이다.

Volume 1: Napier, D. B., & Majhanovich, S. (Eds.), Education, Dominance and Identity

Volume 2: Biseth, H., & Holmarsdottir, H. (Eds.), Human Rights in the Field of Comparative Education

Volume 3: Ginsburg, M. (Ed.), Preparation, Practice & and Politics of Teachers

Volume 4: Majhanovich, S. & Geo-JaJa, M.A. (Eds.), Economics, Aid and Education

Volume 5: Napier, D. B. (Ed.), Qualities of Education in a Globalised World

세 번째 시리즈는 'New Times, New Voices? across world regions, languages and cultures'라는 주제로 2013년 6월 24일부터 28일까지 아르헨티나(Argentina) 부에노스아이레스(Buenos Aires)에서 열린 세계비교교육연합회 제15차 세계대회의 회의록을 바탕으로 작성되었다. 이 시리즈에는 다음을 포함하여 준비 중인 여러 권이 포함된다.

Volume 1: Gross, Z., & Davies L. (Eds.), The Contested Role of Education in Conflict and Fragility

Volume 2: DePalma, R., Brook Napier, D., & Dze Ngwa, W. (Eds.), Revitalizing Minority Voices: Language Issues in the New Millennium

Volume 3: Majhanovich, S., & Malet, R. (Eds.), Building Democracy through Education on Diversity

Volume 4: Olson, J., Biseth, H., & Ruiz, G. (Eds.), Educational Internationalisation: Academic Voices and Public Policy

Volume 5: Acosta, F., & Nogueira, S. (Eds.), Rethinking Public Education Systems in the 21st Century Scenario: New and Renovated Challenges between Policies and Practices

## 3) 정기간행물(학술지):
### Global Comparative Education(ISSN: 2522-7491)

세계비교교육연합회의 학술지인 『Global Comparative Education』은 매년 2회인 3월과 9월에 전자 저널(e-journal) 형식으로 발간되고 있다. 『Global Comparative Education』은 전 세계 교육(공식, 비공식, 비공식)의 차이점과 공통점에 대한 비판적 분석을 제시하는 학술적 공간을 만들어 비교교육연구에 기여하는 것을 목표로 하는 개방형 동료 검토 저널이다. 저널은 아랍어, 중국어, 영어, 프랑스어, 러시아어, 스페인어 등 6개 UN 공식 언어로 원고가 게재되어 발간되고 있다.

『Global Comparative Education』의 목표는 UN의 6개 공식 언어를 통한 비교교육연구를 촉진하고, 개념적 · 이론적 관점, 다양한 방법론을 통한 실증적 연구결과를 공유할 수 있는 플랫폼을 제공하며, 비교교육을 활용하여 상호 의존성과 공통 인류애에 대한 이념을 모방하기 위한 글로벌 이해와 협력을 더욱 촉진함으로써 WCCES의 역량 강화에 기여하고자 발간되고 있다. 특히 학술지의 독자층은 모든 수준의 교육 시스템, 특히 고등교육 수준의 학생, 학자, 실무자, 교사, 비교교육에 관심을 가지고 해당 지역의 교육을 다루는 연구원 및 정부 공무원 등으로 매우 다양하다.

한편, 세계비교교육연합회는 회원 학회에 국제 활동에 대한 다양한 정보를 제공하기 위해 UNESCO의 국제교육국(IBE)에서 발간하는 『Educational Innovation and

[그림 10-1] 『Global Comparative Education』 학술지

**[그림 10-2]** UNESCO IBE와 홍콩대학 비교교육연구센터 뉴스레터

『Information』과 홍콩대학의 비교교육연구센터에서 발간하고 있는『CERCular』라는 뉴스레터에 별도 섹션을 두고 정기적으로 개별 학회와 회원들에게 세계비교교육연합회 관련 정보를 제공하고 있다.

**[참고] 국제비교교육학회 동향(WCCES 산하 회원국) (2023. 3. 3. 기준)**

| AFDECE | Association Française pour le Développement de l'Éducation Comparée et des Échanges |
|---|---|
| AFEC | Association Francophone d'Éducation Comparée |
| AFRICE | Africa for Research in Comparative Education Society |
| APC-SEC | Asociación de Pedagogos de Cuba (Sección de Educación Comparada |
| BAICE | British Association of International & Comparative Education |
| CCEK | Council on Comparative Education in Kazakhstan |
| CCES | China Comparative Education Society |
| CESA | Comparative Education Society of Asia |
| CESHK | Comparative Education Society of Hong Kong |
| CESI | Comparative Education Society of India |
| CESIR | Comparative Education Society of Iran |
| CESON | Comparative Education Society of Nepal |

| CESP | Comparative Education Society of Philippines |
|---|---|
| CIES | Comparative and International Education Society – United States |
| CIESC | Comparative and International Education Society of Canada |
| CPS–CES | Czech Pedagogical Society(Comparative Education Section) |
| CTCES | Chinese Taipei Comparative Education Society |
| ECEEAS | Egyptian Comparative Education &Educational Administration Society |
| Global Africa CIES | Global Africa Comparative and International Education Society |
| GCES | The Gulf Comparative Education Society |
| GCIES | Greek Comparative and International Education Society |
| HADCE | Haitian Association for the Development of Comparative Education |
| HERA–HECES | Hungarian Educational Research Association – History of Education and Comparative Education Section |
| ICES | Israel Comparative Education Society |
| IOCES | Indian Ocean Comparative Education Society |
| ISCEST | International Society of Comparative Education, Science and Technology Nigeria |
| JCES | Japan Comparative Education Society |
| **KCES** | **Korean Comparative Education Society** |
| MAPE | Mondial Association for Peace by Comparative Education |
| MESCE | Mediterranean Society of Comparative Education |
| NGVO | Nederlandstalig Genootschap voor de Vergelijkende studie(Dutch Speaking Society of Comparative Education) |
| OCIES | Oceania Comparative &International Education Society |
| RAFEC | Réseau Africain Francophone d'Education Comparée |
| RCCE | Russian Council of Comparative Education |
| SACHES | Southern African Comparative and History of Education Society |
| SBEC | Sociedade Brasileira de Educação Comparada |
| SEEC | Sociedad Española de Educación Comparada |
| SICESE | Sezione Italiana della CESE |
| SIBEC | Sociedad Iberoamericana de Educación Comparada |
| SOMEC | Sociedad Mexicana de Educación Comparada |
| SPCE–SEC | Portuguese Society of Education Sciences–Section of Comparative Education |
| SUECI | Sociedad Uruguaya de Educación Comparada y Internacional |
| SVEC | Sociedad Venezolana de Educación Comparada |
| TÜKED | Turkish Comparative Education Society |
| UCES | Ukrainian Comparative Education Society |

# 아시아비교교육학회(CESA)의 활동

## 1. 아시아비교교육학회(CESA)의 설립과 변화

아시아비교교육학회(Comparative Education Society of Asia: CESA)는 아시아 전 지역을 포함하여 아시아 지역과 직간접적으로 연계되고 관심이 있는 다른 대륙권역의 교육 시스템, 여러 가지 아시아 교육전통 및 관행에 대하여 비교연구를 추진함을 목적으로 한다. 그래서 CESA는 아시아 및 이 대륙 권역의 교육에 많은 관심을 가지고 있는 국가들, 특히 미국, 영국, 멕시코 등의 국가까지 포함하여 비교교육을 통해 아시아 교육성과 및 정보 등을 공유하고 연구하고자 하는 교육학자들의 연합체 성격을 지니고 있다.

당초 CESA는 1995년 아시아 전역에 걸쳐 비교교육학을 학문적 분야로 홍보하고, 전 세계적인 교육 토론의 장에서 아시아의 목소리에 더 많은 명성을 제공하기 위한 목적으로 만들어졌다(https://cesa.jp, 2023년 8월 18일 최종 검색).[1]이러한 목적을 고려하여,

---

1) 당초 1992년 10월 체코슬로바키아 프라하에서 열린 세계비교교육연합회 콘퍼런스에 참여한 한국, 일본, 홍콩 등의 주요 아시아 교육학자들이 아시아 지역 교육학자들 간의 정보공유 및 아시아 지역 비교교육학의 발전을 위한 대륙권역 학회를 설립하자는 공감대가 형성된 이후 본격적으로 아시아비교교

CESA는 현재까지도 한국, 중국, 일본, 인도네시아, 태국, 대만, 홍콩 및 말레이시아를 포함한 다양한 아시아 지역에서 격년 방식으로 정기 국제콘퍼런스를 개최하고 있다. 최근 행사는 2023년 11월 24일부터 11월 26일까지 일본 히로시마대학에서 '교육의 회복 탄력성과 재건: 사회적 재난의 후유증(Resilience and Rebuilding of Education: Aftermath of Social Crisis)'이라는 대주제로서 제13회 비엔날레 국제콘퍼런스를 개최한 것이다. 이와 같이 CESA는 아시아 지역의 공감대를 형성할 수 있는 교육쟁점을 중심으로 대륙 권역 내의 대부분 국가에서 국제 교육회의를 개최할 기회가 거의 없는 상황을 고려한 행사를 준비한다. 특히 CESA의 회의를 통해서 아시아 전역 및 유관 국제기구, 그리고 권역 이외 주요 회원국 간의 비교교육연구 성과를 공유하며, 국제비교교육학자들과 교류할 기회를 확보하는 등 다양한 연구 성과를 축적하였다. 현재 CESA는 세계비교교육연합회(WCCES)의 회원이기도 한데, 이런 자격을 활용하여 조직 구성원들은 다양하면서도 적극적인 역할을 수행한다. CESA는 격년으로 개최되는 비엔날레 국제콘퍼런스 이외에도 기동성 있는 방식으로 플랫폼과 전자저널 등을 설립함으로써 새로운 비교교육연구 영역을 개척하는 방안도 실천하고 있다(https://cesa.jp/aboutcesa/, 2023년 8월 18일 최종 검색).

## 2. 아시아비교교육학회(CESA)의 활동 전개 과정

### 1) CESA의 설립 배경과 초기 조직 변화

앞에서 언급한 바와 같이, CESA는 1995년 홍콩에서 설립되었으며, 지역 단체의 잠재적 가치를 고려해 온 아시아의 비교교육학자들의 이니셔티브로 설립되었다. 사실상 당시까지도 국가 수준의 비교교육학회는 한국, 중국, 일본, 홍콩, 인도, 대만에 존재했지만, 그 이외 아시아 국가·지역에는 학회가 존재하지 않았다. 그래서 당시 CESA의 설계자들은 유럽비교교육학회(CESE)와 같은 지역 조직이 바람직하다고 생각하였다(Mochida,

육학회 설립 위임을 추진받고 본격적으로 학회결성을 위한 준비 과정에 착수하게 되었다(정일환 외, 2012: 97).

2008: 309). 1992년 이후로 아시아 지역 내 비교교육학자군 사이에는 두 가지 흐름이 CESA를 결성하고자 각자 주도적으로 실천하였는데, 우선은 일본비교교육학회(JCES)가 특별위원회를 설립하여 지역기구 구성에 힘쓰고, 곤도 요시오 전 JCES 회장, 그리고 모치다 겐고가 새롭게 위원장으로 임명되었다(Mochida, 2008: 309).

1994년 7월에는 CESA 준비위원회 활동의 일환으로 중국비교교육학회(CCES) 및 한국비교교육학회(KCES) 회장단과 회의를 개최하여 아시아 사회의 비교교육학 연구활동 개념을 적극적으로 지지하였다. 1994년 12월 일본 후쿠오카에서 개최된 아시아 개발 및 교육에 관한 국제심포지엄은 당시 특별위원회 위원들과 JCES 관계자 외에 한국의 이병진, 박준희, 대만의 왕치아퉁, 홍콩의 이사악 하론, 말레이시아의 몰리 등이 참석하였다. 또한 CCES가 아시아 학회를 설립하는 것을 적극 지지할 것이라는 메시지를 보냈다. 그래서 심포지엄은 성공적으로 개최되었으며, 당시 심포지엄 참석자를 중심으로 아시아학회를 수립하기 위한 창립위원회가 구성되었으며, 제1차 회의에서 곤도가 위원장, 모치다가 사무국장으로 선출되었다(Mochida, 2008: 309).

한편, 이와 별도로 또 다른 아시아 학회를 구성하기 위한 활동도 전개되었다. 한국, 중국, 홍콩, 일본, 말레이시아의 학자들로 구성된 '비교교육포럼' 그룹이 1992년 체코 프라하에서 개최된 제8차 세계 비교교육학회 회의에서 아시아 지역 비교교육학회의 필요성에 대해 협의하였다. 이 포럼 그룹은 미국 샌디에이고와 한국 서울에서 다시 만나 아시아 학회를 구축하기 위한 타당성에 대한 집중 논의하였다. 그런 상황에서 '포럼 그룹'은 일본의 JCES 특별위원회 곤도와 접촉하였고, 양 단체가 모두 아시아 학회를 설립하기 위해 공동협력하기로 합의하였다.[2] 이에 따라 포럼과 JCES 특별위원회의 업무가 통합되어 아시아 지역 비교교육학회 설립을 위한 강력한 기반이 구축되었다(Mochida, 2008: 310). 결국 합동설립위원회는 1995년 홍콩대학의 비교교육연구센터(CERC)의 심포지엄을 계기로 하는 제2차 설립준비회의를 개최하였다. 합동설립위원회는 잠정 회칙(안)에 동의했고, 1995년 5월 30일 공식적으로 CESA를 발족하였다. 1996년 CESA는 세계비교교육연합회(WCCES)의 회원국 자격을 신청했고, 1997년에 공식으로 승인되었다

2) 당시 별도로 아시아학회를 설립하고자 추진하던 일본(JCES) 측이 제8회 체코세계대회 참석자인 비교교육연구포럼의 일본 대표와 초기에 소통이 부재함으로써 두 가지 경로로 학회 설립 과정이 이루어진 것이 아닌가 하는 추정도 하고 있다(정일환 외, 2012: 97).

(Mochida, 2008: 310).

당초 1995년 회칙에 명시된 CESA의 목표는 다음과 같다(Mochida, 2008: 310).


- 아시아 지역 교육자 간 비교교육연구의 교류 및 협력 증진
- 아시아의 비교교육 교육에서 교류와 협력을 촉진
- 아시아의 교육자들 간의 상호 이해와 우정을 증진
- 아시아에 관심이 있는 학자들 간의 국제적인 대화와 교류를 증진


따라서 CESA는 비교교육연구 및 교육 분야에서의 교류 및 협력뿐만 아니라 상호 이해와 우정을 증진하는 것을 목표로 하였다. CESA는 아시아의 교육에 관심이 있는 학자나 학생을 환영하기 때문에 아시아 권역 이외의 국가·지역으로 문호를 개방하였다. 이 지역의 언어적 다양성에 직면한 CESA는 회원들이 받아들일 수 있는 주요 국제언어로서 영어를 선정하였다. 회칙은 CESA가 수행해야 할 주요 활동을 규정하고 있으며, 회의 개최, 회원 명단 발행, 소식지 발행 등을 명기하였다. 그러나 CESA의 가장 중요한 학술 활동은 정례적인 학술회의를 개최하는 것에 초점을 맞추었다(Mochida, 2008: 310). 당초에는 CESA가 자체 정기학술지를 가질 수 있기를 바랐지만, 재정적인 제약과 국가 간 혹은 지역 간 소통·협력 문제 등의 다른 요인들로 인해 제대로 성사되기가 어려웠다.

CESA의 초기 회칙 규정은 지리적인 균형 등을 고려하여 22명 이하의 이사회를 구성하였다. 이는 설립 당초의 공동창립 위원회의 구성원들의 소속을 반영하는 것으로서, CESA는 홍콩과 대만을 별개의 범주로 포함시키기 위해 '국가' 대신에 '소속 국가·지역'이라는 용어를 채택하였다. 각 지역·국가 출신으로 2명의 회원을 이사로 선출하였다. 이사회는 회칙 개정 방안과 정기적인 콘퍼런스 장소와 날짜를 확정하는 안건, 그리고 WCCES와의 관계를 정립하고, 새로운 회원국을 CESA에 적극 가입할 수 있도록 조치할 것 등을 권장 안건으로 위임하였다. 이후 2005년 이사회를 대표하는 소속지역·국가는 한국, 일본, 중국, 홍콩, 대만, 말레이시아, 싱가포르, 태국, 베트남, 인도네시아, 인도로 선정하였다(Mochida, 2008: 310). 물론 아시아는 이러한 지역에만 국한되지 않으며 이사회에서 대표성을 더욱 확대하고자 하였다.

더구나 CESA는 명칭에서 알 수 있는 바와 같이 대륙권역의 학회이지만, 소속 국가·지역별로 비교교육학회가 없는 경우도 있기 때문에 회원 자격을 개인 혹은 국가·지역

| 표 11-1 | 각 회원국·지역별 CESA 회원단체 수(2004년 기준) |

| 국가·지역 | 회원단체 수 | 국가·지역 | 회원단체 수 |
|---|---|---|---|
| 일본 | 138 | 이스라엘 | 2 |
| 한국 | 21 | 필리핀 | 2 |
| 대만 | 20 | 싱가포르 | 2 |
| 말레이시아 | 13 | 방글라데시 | 2 |
| 태국 | 13 | 캐나다 | 2 |
| 홍콩 | 11 | 이집트 | 1 |
| 인도네시아 | 10 | 프랑스 | 1 |
| 미국 | 6 | 이탈리아 | 1 |
| 베트남 | 5 | 마카오 | 1 |
| 인도 | 4 | 멕시코 | 1 |
| 중국 | 3 | 영국 | 1 |
| 독일 | 2 | 소계 | 262 |

출처: Mochida (2008: 311)에서 재인용.

등의 자율적 영역을 보장하였다. 이와 같이 학회는 엄격한 입회기준을 가지고 있지 않으므로 비교교육학에 관심과 흥미가 있는 학자나 학생이라면 누구나 참여할 수 있다. 2004년 8월, CESA는 262명의 회원을 가지고 있다. 일본과 한국, 대만 순으로 회원이 늘어나고 있으며, 말레이시아, 태국, 홍콩, 인도네시아가 그 뒤를 따르고 있다(Mochida, 2008: 311). 더구나 〈표 11-1〉에서 보는 바와 같이, 미국, 영국, 프랑스, 독일, 캐나다, 이탈리아, 멕시코, 이집트 등 유럽과 북미, 중남미, 아프리카 지역 국가 전문가들도 적극적으로 참여하고 있다. 그리고 아시아에서 온 회원들은 세계의 다른 지역에서 온 회원까지 포함하여 공동으로 연구하기도 한다(p. 311).

## 2) 비엔날레 정기콘퍼런스 활동 성과와 특성[3]

CESA는 주로 교육 시스템, 전통 및 관행에 대한 비교연구에 종사하는 아시아 및 그

---

3) 이 절의 내용은 주로 제13회 아시아비교교육학회 홈페이지(https://cesa.jp/category/conference/, 2023년 8월 18일 최종 검색)에 있는 내용을 활용하여 작성한 것임을 밝힌다.

외 지역의 교육학자들의 조직적 협의체이다. CESA는 1995년에 비교교육을 아시아 전역의 학술 분야로 홍보하고 전 세계 교육 토론에서 아시아의 목소리를 더 많이 알리는 것을 목표로 만들어졌다. 이러한 목적을 위해 CESA는 현재까지 한국, 중국, 일본, 인도네시아, 태국, 대만, 홍콩 및 말레이시아를 포함한 다양한 아시아 지역에서 2년마다 회의를 개최한다. 이런 경우에 CESA는 주요 국제교육회의를 개최할 기회가 거의 없기 때문에 특히 이런 콘퍼런스가 제공하는 국제 학자들과 교류할 수 있는 기회를 얻을 수 있는 방식으로 개최 장소를 상황에 따라 순환 거점화하는 이른바 '유목형(nomad)' 학회의 특성도 지니고 있다. CESA는 세계비교교육연합회(WCCES)의 산하 회원기관으로서 아시아 교육 및 비교국제연구를 대변하는 역할도 한다. 그런 측면에서 비엔날레 정기콘퍼런스 이외에도 유목형 플랫폼 방식의 홈페이지 구축과 전자 저널(JICE)을 만드는 식으로 새로운 활동 영역을 확장하고 있다.

## (1) 1990~2000년대 초반 비엔날레 콘퍼런스

아시아비교교육학회(CESA)는 오랜 준비 기간을 거쳐 1995년에 처음 설립되었다. 초대 회장은 일본의 곤도 요시오(近藤与志夫)였으며, 이사회에는 홍콩대학교 비교교육연구센터(CERC)의 마크 브레이(Mark Bray)와 리 윙온(Lee Wing On)이 포함되었다. 제1회 비엔날레 정기콘퍼런스는 일본 도쿄의 와세다대학에서 1996년 12월 10일부터 11일 양일간 연인원 200명 이상의 아시아 지역 교육학자가 참여하였다. 당시 대주제는 '21세기 교육의 아시아적 관점(Asian Perspectives in Education for the 21st Century)'을 중심으로 진행되었다. 대체로 각 국가의 교육학자들은 아시아적인 가치로서 종교, 사회, 국가와 교육이 지향하는 가치와 인성, 시민교육 등에 대한 관심을 공유하며, 세계화와 국제화 등에 대해 새로운 방향을 제시하는 비교교육 영역을 확대하였다.

1998년 제2회 비엔날레 콘퍼런스는 중국의 북경사범대학에서 개최되었다. 이 콘퍼런스는 '교육의 현대화 vs. 문화적 전통: 21세기 아시아 교육의 전망(Modernization of Education vs. Cultural Traditions: Prospect of Asian Education in the 21st Century)'이라는 대주제를 통해서 1996년 제1회 콘퍼런스와 연계하는 특징이 두드러졌다. 중국을 비롯한 동아시아 지역의 유교문화권이 지닌 교육적 특성을 서구식 신자유주의 교육경향과 대비하여 바람직한 방향으로 교육을 현대화하는 것에 큰 관심을 표명하였다.

2001년 제3회 비엔날레 콘퍼런스는 대만의 국립대만사범대학에서 '새로운 세기를 위한 아시아 교육의 전망(The Prospects of Asian Education for New Century)'이라는 주제로 개최되었다. 이는 UN 등이 주도하였던 새천년개발목표와 관련된 아시아 지역의 교육개발협력 및 교육혁신을 검토하는 것이라고 할 수 있다. 이런 비교교육학 연구주제는 2003년 7월 21일부터 22일까지 양일간 인도네시아 자카르타 국립교육대학에서 개최된 제3차 비엔날레 콘퍼런스까지 연장되었다. 당시 대주제는 '글로벌 변화와 아시아 교육의 역할(Global Changes and the Role of Education in Asia)'으로서 아시아 지역의 IMF 위기로 상징되는 신자유주의 교육개혁에 대한 대응과 새로운 교육체제를 검토하는 것에 초점을 맞춘 것으로 이해할 수 있다.

이와 같이 초창기 CESA의 4회에 걸친 비엔날레 콘퍼런스는 새로운 천년에 맞춘 교육 변화에 초점을 맞추었다. 1996년 제1회 비엔날레 콘퍼런스 이후 네 차례의 콘퍼런스는 각 대주제에 맞추어서 모두 322개의 논문 발표가 있었다. 이는 발표 논문 제목과 초록을 분석함으로써 각 콘퍼런스 및 비교교육연구동향을 추론할 수 있다.

〈표 11-2〉에서 보는 바와 같이, 발표 논문 중에서 고등교육 주제가 전체의 18.9%를 차지하였다. 세부적인 소주제는 주로 해외유학, 교육재정, 고등교육 대중화, 학생관, 정보통신(IT) 기술, 국가·사회개발, 젠더 쟁점, 세계화 및 대학개혁이 관심영역이었다. 결국 고등교육에 대한 초점은 아시아 국가의 대학시스템 혁신을 검토하는 것에 초점을 맞추었다(Mochida, 2008: 312). 그다음은 교원정책으로서 전체의 11.4%를 차지하였으며, 이 주제 내에서 교사교육과 교사양성에 초점을 맞춘 발표가 절반 이상을 차지하였다. 그러나 비교교육의 이론과 연구를 다룬 발표는 소수(5.9%)였다. 이는 교육문제와 과제에 더 관심이 많았던 것으로 보이는 아시아의 학자들 사이에서 이 영역에 대한 관심이 낮은 것으로 이해할 수 있다.

표 11-2  CESA 콘퍼런스 발표문의 비교 유형

| 지리적 비교 초점 | 논문편수 | 비율(%) | 지리적 비교 초점 | 논문 편수 | 비율(%) |
|---|---|---|---|---|---|
| 1개국 연구 | 182 | 56.5 | 2개국 비교 | 34 | 10.6 |
| 3개국·지역 | 6 | 1.9 | 4개 이상 국·지역 비교 | 7 | 2.2 |
| 대륙 권역 연구 | 18 | 5.6 | 분류 외 기타 | 75 | 23.2 |
| 총 계 | | | | 322 | 100.0 |

출처: Mochida (2008: 313-314) 재구성.

한편, 〈표 11-2〉는 4개 학회의 322개 발표 중 182개(56.5%)가 단일 국가·지역연구에 초점을 맞추는 것으로 나타났다. 이는 학자들이 자신의 국가·지역 연구에 초점을 두는 경향을 반영한 것이라고 할 수 있다. 복수의 지역·국가를 비교한 연구는 47개 논문(14.7%)으로 조사되었다. 이 중 34편은 2개국 이상, 6편은 3개국, 7편은 4개국·지역 이상에 초점을 맞춘 것으로 조사되었다.

### (2) 2000년대 중반 이후 비엔날레 콘퍼런스

2005년 5월 30일부터 31일까지 양일간 말레이시아 방기 국립말레이시아대학에서 제5회 비엔날레 콘퍼런스는 '세계평화교육: 아시아적 맥락'이라는 대주제로 진행되었다. 여기에서 세계평화교육(Education for World Peace)을 아시아적인 맥락으로 이해한다는 것은 다음과 같이 이해할 수 있다.

첫째, 정치적·경제적 불확실성으로 인한 현재와 미래의 취약성으로 인해 세계평화가 절대적 과제로 요청되고 있다. 그러므로 세계화의 영향과 다양성 존중의 필요성으로 인해 비교교육은 빠르게 변화하는 세계를 이해하고 새로운 솔루션을 찾는 데 필수적인 도구라고 할 수 있다. 둘째, 이번 비교교육 학술대회는 교육뿐만 아니라 세계평화를 추구하는 사회적·국가적·국제적 발전정책의 형성과 실행을 위한 비교연구의 시사점을 고찰한다. 따라서 이 회의는 교육정책 결정에 영향을 미치는 법률, 심리학, 커뮤니케이션, 관리, 사회학, 과학 및 기술 분야 등 관련 학문분야가 기여할 수 있기를 희망한다.

이런 배경 속에서 학회 발표주제의 목표는 다음과 같다.

① 평화를 위한 교육을 촉진하기 위해 글로벌 이해관계자 간의 협력을 강화한다.
② 비교교육의 핵심 쟁점에 대한 연구결과 및 지적 담론을 전파한다.
③ 세계평화를 추구함에 있어 다양성, 윤리, 지속가능성에 대한 비교교육적인 관점을 검토·논의한다.
④ 효과적인 교육지배 양식 및 관련 정책에 대한 최신 정보를 공유하고 교환한다.
⑤ 비교교육에서 동시대의 지식을 신속하게 보급·배포하기 위해 필요한 미래 네트워킹 전략과 관련된 플랫폼을 마련한다.

이와 같은 다섯 가지 목표를 근거로 하여 주로 비교교육의 쟁점과 이론, 평화교육에 대한 비교교육학적 관점, 평화를 위한 글로벌 커리큘럼 및 지식 이동경로를 모색하고, 교육의 전문성을 살리는 방식으로 세계 평화를 위한 과학, 기술 및 환경을 활용하는 등 효과적인 교육 거버넌스와 교육정책에 대한 이슈를 선점하였다. 특히 말레이시아에서 중요한 교육주제로 보고 있는 평생에 걸친 학습(Endless Learning), 토착원주민교육 및 영성교육(Indigenous and Spiritual Education), 윤리학과 사회적 책무성(Ethics and Social Responsibilities) 등을 기반으로 하는 사회적 포용을 위한 다양성(Diversity for Social Inclusion)에 주력한 발표 등이 특징적이라고 할 수 있다.

다른 한편, 2007년 1월 8일부터 10일까지 열린 제6회 홍콩 비엔날레 콘퍼런스는 '아시아 세기의 상호 소통 학습(Learning from Each Other in an Asian Century)'을 대주제로 선정하였다. 2007년의 홍콩대학교 콘퍼런스에서 비교교육학적 측면의 아시아 리더십을 검토하였으며, 인도네시아 학자들이 적극 참여하는 등 조직위원회의 노력으로 연인원 300명 이상의 성황을 이루었다(Mochida, 2008: 311-312).

대체로 정기적으로 개최된 비엔날레 콘퍼런스는 아시아 학자들이 교육 문제를 논의할 수 있는 좋은 포럼 자리가 되었다. 그래서 대체로 100명 이상의 학자와 학생들이 각 콘퍼런스에 참가하였다. 특히 2003년 콘퍼런스도 조직위원회가 많은 인도네시아 학자들의 참여를 장려하기 위한 노력을 한 덕분에 약 300명의 회원들이 참석하였다. 당시 콘퍼런스는 국가·지역 수준의 비교교육학회가 없는 관계로 연고성이 적은 지역에서 개최함으로써 새로운 전환점을 마련하였다(Mochida, 2008: 312). CESA가 발전하기 위해서 상황에 따라서는 학회 무연고 지역을 중심으로 유목형 특별학회 콘퍼런스를 개최하는 것도 새로운 의미가 있음을 보여 주었다. 이와 같은 무연고성 유목형 콘퍼런스를 통해서 성공적인 성과를 거둔 콘퍼런스는 대만, 말레이시아 대회가 대표적이라고 할 수 있다.

### (3) 2010년 제7회 광주 비엔날레 콘퍼런스

2010년 11월 11일부터 13일까지 한국의 광주교육대학에서 개최한 제7회 비엔날레 콘퍼런스는 '아시아 국가의 다양성, 공존, 다문화 교육의 도전'이라는 대주제로 진행하였다. 여기서 제시한 학술대회의 주제는 아시아 국가 및 전 세계의 전문가들에게 문화적 다양성을 이해하고 다문화 교육의 기회를 제공함으로써 다문화 교육을 통한 공존의 길을 모색하고자 하였다.

이런 대주제는 최근 다문화 국가가 되어 가는 한국 사회의 현 상황을 중심으로 선정
되었다. 즉, 당시 한국은 외국인 노동자의 유입과 다문화 가정의 증가로 인해 인종, 언
어, 문화적 배경에서 다양한 양상을 보이는 사회가 되었다. 그러나 외국인들은 새로운
환경에 적응하는 데 많은 어려움을 겪고 있으며, 다양한 사회적 · 교육적 문제들이 발생
하고 있다. 이것은 다른 아시아 국가에서 일반적이며, 이러한 상황에 직면하여 아시아
국가들은 다문화 교육을 중심으로 필요한 조치를 취하고 있다. 여기에서 가장 중요한
것은 이민자와 내국인이라는 양면의 균형 잡힌 시각으로 현상을 보는 것이다. 이민자들
에게 대안 중 하나는 다문화주의 정책을 채택하는 것으로서 일방적인 동화가 아니라 서
로 적응하는 상호 적응이 필요하다. 각 국가별 토착 원주민들에게도 다문화적 관점을
제공해야 함은 물론이다.

더구나 학생들은 국제 문제, 글로벌 태도, 평등 및 민주적 가치에 대한 적절한 인식을
포함하는 내용까지 포함하여 글로벌 시대의 시민으로서 교육을 받아야 한다. 여기에서
언급하는 시민교육 주제는 이질성의 극복과 서로 다른 사람 간의 상호 이해와 협력 등
이 요청된다. 각 국가별 주류집단은 인종주의, 성차별주의, 계급주의, 언어주의, 능력주
의, 연령주의, 이성애주의, 종교적 불관용, 외국인 혐오 등의 편견을 버리는 교육이 강
조되어야 한다. 그래서 광주 콘퍼런스는 다문화 교육과 관련하여 피부색, 언어, 인종,
종교, 연령, 성별, 거주지, 계층별로 전혀 다른 배경의 모든 사람이 '다수로 구성된 하나
(e pluribus unum)'라는 슬로건 아래에서 조화롭게 살기를 기대한다. 그런 의미에서 다
양한 교육 분야의 학계와 전문가들이 함께 모여 서로에게서 배우는 비교교육의 장이 될
수 있도록 준비하였다.

그래서 광주 콘퍼런스는 세부 주제 분야를 다음과 같이 구분하여 진행하였다. 첫째,
다양성 및 공존과 관련된 주제로서 다문화 교육에 대한 일반적인 영역으로서 세계화와
교육, 젠더와 성, 인종(gender, sex, and race), 토착원주민 교육(indigenous education),
정체성과 문화다양성(identity and cultural diversity), 국제이해 교육등을 심층적으로 논
파하였다. 둘째, 학생-교사 간의 교수학습 혁신과 관련된 영역, 즉 언어교육(이중언어
교육), 교육과정과 수업활동(curriculum and instruction), 특수교육, 학교경영과 교육행
정, 학생 업무 및 활동(student affairs), 교과교육, 교육정책과 개혁 등의 교육혁신 영역
을 추진하였다. 셋째, 교사양성기관으로서의 주최 기관 특성을 살려서 컴퓨터교육, 교
사교육, 초등교육, 중등교육, 고등교육 등의 세부 분야에 대한 비교교육의 이론과 실제,

연구방법론을 공유·연구하였다.

### (4) 2010년대 전반기 비엔날레 콘퍼런스 성과

2012년 7월 8일부터 11일까지 태국 방콕의 출라롱콘대학교에서 열린 제8회 비엔날레 콘퍼런스는 대주제로서 '새로운 연대(decades) 여명기에 대한 교육: 품질 및 지속가능성 운동이 수렴되어야 하는 시기'를 제안하였다. 특히 학회 콘퍼런스의 일환으로 UNESCO방콕사무국의 교육정책 및 개혁 부서도 참석하여 세 가지 핵심 주제에 대한 현황 분석 및 미래 예측 작업 중의 일부 주제를 발표하였다. 이는 국제기구의 지역사무국이 CESA의 콘퍼런스에 공동 참여함으로써 국제기구와의 국제비교교육학을 접목할 수 있는 계기를 마련한 것으로 이해할 수 있다. 당시 UNESCO방콕사무국 전문가가 발표한 주제는 다음과 같다.

① 글로벌 개발 의제에서 교육의 재구상: 2015년 이후 교육에 대한 새로운 경향, 과제 및 우선순위
② 디코딩 교육 시스템 수행
③ 무엇을 위한 테스트? 학생 평가 활용에 대한 UNESCO 지역 조사 결과

당시 유네스코방콕사무국 회원국으로서 참가한 국가·지역은 호주(빅토리아), 부탄, 쿡 제도, 이란, 카자흐스탄, 키르기스스탄, 라오스, 말레이시아, 몽골, 미얀마, 네팔, 뉴질랜드, 팔라우, 필리핀, 스리랑카, 태국, 토켈라우, 우즈베키스탄 등 18개국이 별도 참가하여 성황을 이루었다. 당시 발표한 유네스코방콕 보고서는 아시아·태평양 지역 학생평가에 대한 풍부한 현황 정보를 공유하고, 정책 결정 및 학습 개선을 위한 평가도구의 개선 방안을 모색한 것이다. 이 학회 발표를 통해서 기초 진단 성과 등 초기의 진척 사항을 제공하기 위해 설문조사 결과를 제시하였다.

또한 2014년 5월 16일부터 18일까지 중국 항저우사범대학에서 개최된 제9회 비엔날레 콘퍼런스는 대주제로서 '교육, 평등 및 사회적 조화: 비교 관점에서 본 아시아의 경험'을 제시하였다. 즉, 교육과 사회적 불평등의 관계는 최근 몇 년 동안 많은 아시아 사회에서 점점 더 심각한 우려를 불러일으켰다. 이 회의는 교육, 평등, 안정 또는 '조화'(특정 사회 내에서 그리고 각 사회와의 관계 모두) 사이의 관계와 관련하여 아시아 및 그 밖의

선진 사회와 개발도상국의 경험에서 CESA가 배울 수 있는 것에 주목하였다. 이 주제는 경제적으로 관련된 '기술'을 증진하는 교육의 역할과 교육이 수행하는 다른 중요한 역할(정치적 사회화, 인적 자원의 분배 측면) 간의 균형에 관해 아시아의 각 지역과 국가의 상황을 공유하고 자극하기 위한 토론의 장을 만들었다. 이와 같은 콘퍼런스의 토론 성과를 바탕으로 하여 각 개인의 만족스러운 삶을 추구하는 데 필요한 역량을 육성하고자 하였다. 당시 학술대회 기조연설에 참석하는 저명 학자들은 다음과 같다.

- Wang Yingjie 교수(북경사범대학, 중국비교교육학회 회장)
- Kariya Takehiko 교수(옥스포드 대학, 구 도쿄 대학)
- Krishna Kumar 교수(University of Delhi, 전 국가교육연구훈련협의회장)
- Paul Morris 교수(IOE, University of London, 전 홍콩교육원장)

한편, 2016년 1월 28일부터 30일까지 필리핀 마닐라의 De La Salle University의 Henry Sy Bldg.에서 열린 제10회 비엔날레 콘퍼런스는 대주제로서 '교육정책 및 실행의 다양성: 도전과 기회'를 제시하였다. 이를 대주제로 하게 된 추진 배경에 대해서 주최 측은 다음과 같이 설명하였다.

다른 지역권과 마찬가지로 아시아 전역의 교육정책과 관행은 국가 설정에 따라 크게 다르다. 그리고 정책과 관행은 사회 경제적 지위, 성별, 민족, 종교 또는 기타 차원의 차이로 정의되는 다양한 사회 집단에 의해 다양한 방식으로 경험된다. 그러므로 다양성은 정책 입안자, 교육자 및 기타 사회적 행위자, 그리고 교육의 역사, 정치 및 사회학을 이해하려는 비교교육학자들에게 어떤 도전을 제시하는가? 이런 측면에서 교육계가 다양성을 어느 정도까지 극복해야 할 문제 혹은 수용해야 할 현실로 생각하는지에 대해 검토한다.

그래서 교육정책의 다양성과 실천과제에 대한 질문은 최근 몇 년 동안 비교교육 분야의 많은 학자들을 사로잡았다. 이는 특히 다양한 형태의 '세계체계 이론'의 옹호자와 반대자 사이의 논쟁과 관련이 있다. 지지자들은 좋든 나쁘든 다양성이 '세계화'의 밀물에 휩쓸려 가고 있다고 주장하는 경향이 있다. 반면에 비평가들은 다양한 사회적 현실이 전 세계적이든 국가적이든 표면적으로 균질화하는 힘의 영향을 지속적으로 전복, 굴절 또는 변형하는 것으로 인식한다.

## (5) 2010년대 전반기 비엔날레 콘퍼런스 성과

또한 2018년 5월 10일부터 12일까지 캄보디아 씨엠립의 개발자원연구소(Cambodia Development Resource Institute: CDRI)와 판냐사스트라대학교가 공동 주최한 제11회 비엔날레 콘퍼런스는 대주제로서 '교육과 사회 진보(Education and Social Progress): 비교 관점에서 본 통찰'을 선언하였다. 이 대주제는 캄보디아는 물론이고 아시아 국가들의 사회적 진보 및 발전을 위해 교육이 지닌 중요성을 다시 한번 강조하고 확인한 것이라고 할 수 있다.

일반적으로 교육은 고용가능성, 건강, 가족생활, 시민 참여 및 전반적인 성취감을 향상시키는 기술을 개인에게 제공하여 사회적 진보 달성에 다양한 방식으로 기여하는 것을 전제로 한다. 이를 바탕으로 양질의 포용적 교육을 제공하는 것은 2030년까지 달성해야 할 UN의 지속가능한 개발 우선순위(SDG4) 중 하나로 설정되었다. 교육의 포용성과 질, 그리고 사회적 진보를 성취하고 이를 국제적으로 공감하기 위해서 교육이 기여할 바가 무엇인지에 대한 다양한 검토가 요청된다. 교육학, 교육지배양식, 소녀 혹은 소수자집단 등의 다양한 문제에 접근하는 학교교육 관점에서 최고의 의미 있는 실천을 모색하기 위한 국가 간, 초국적인 비교교육 논쟁은 기본적인 학교교육 목표를 실제로 합의하기가 어려운 상황으로 나아갈 수도 있다.

그래서 비교 및 국제교육 분야의 학자들은 줄리앙(Jullien)이 1817년에 제안하였던 사실에 기초한 비교교육학의 과학적인 측면에 주목하고, 현재까지도 세계체제 개선론적인 입장(melioristic approaches)을 중심 과제로 하고 있다. 최근 몇 년 동안 OECD의 PISA 성과에 대한 언론 및 교육계 공식 반응이 이런 상황을 잘 반영하고 있다. 따라서 아시아와 주변 지역의 학자들에게 시급한 과제는 교육이 사회적 진보를 위한 도구라고 말할 때 그것이 의미하는 바를 성찰하고 이를 공유하고 토론하는 것이라고 생각한다. 교육은 정확히 어떤 방식으로 더 나은 사회의 비전을 향해 실천하고 있는지, 그리고 교육은 그러한 발전에 어떻게 기여할 수 있을지가 쟁점이 되고 있다. 이번 콘퍼런스는 이런 관점에서 교육을 긍정적인 측면에서 진보를 달성하기 위한 도구로 보고, 인간이 목표로 하는 좋은 삶의 구성요소로 인식한다. 이런 질문과 문제제기 속에서 CESA의 2018년 격년회의 주제를 '교육과 사회 발전: 비교 관점에서 본 통찰'로 선정하였다.

이는 또한 비교교육학자로서 자신의 사명을 재검토할 수 있도록 한다. 이를 통해 비교교육학의 주요 목적을 성찰하고, 비교연구의 발전과 이에 영향을 미치는 관심사를 형성하는 데 아시아 지역의 교육적 전통이 기여하는 역할에 대해서도 고찰한다. 이 과정에서 성취해야 할 통찰력이나 관점을 추구하고, 이를 통합하는 측면에서 교육현장에 기여할 수 있는 바를 탐구해야 한다. 그러므로 좁은 의미의 공리주의적 교육관점뿐만 아니라 불가피하게 교육과 연계되는 윤리적·문화적 복잡성을 고려하여 교육 문제를 조사하기 위해 비교교육학자들이 채택해야 하는 이론적 접근과 방법론적 접근방식에 대해 검토하고자 한다. 이와 관련하여 연구·검토하고자 하는 하위 주제는 다음과 같다.

- 동시대 아시아를 둘러싼 비교교육: 이론적·방법론적 쟁점
- 교육정책 결정 및 진보적인 실천: 구조, 목표 및 과정
- STEM 대 인문학: 커리큘럼 변화를 통한 사회적 요구를 정의하고 실천 추진
- 교육혁신과 신기술: 진보를 위한 힘인가, 디지털 파괴인가?
- 교육 진보를 위한 재정: 공공 교육설비, 사유화 및 시장화
- 교육 진보 상황에 대한 측정: 교육 시스템 관리 및 모니터링
- 모두를 위한 교육적 진보: 젠더, 다양성 및 포용의 문제
- 시민교육과 정치사회화: 국가주의, 초국가주의, 평화
- 교육과 경제적, 환경적 지속가능성에 대한 실천
- 교육의 세계화, 이주 및 초국가적인 협력
- 교육에 대한 시민사회의 참여가 주는 시사점
- 평생학습과 역량에 대한 담론: 인간해방 혹은 민영화의 위험?

### (6) 2020년대 코로나19 시기 온라인 콘퍼런스와 비교교육학

제12회 비엔날레 콘퍼런스는 2021년 9월 25일부터 26일 양일간 네팔 카트만두대학교 교육대학원에서 주관하는 방식으로 온라인 학술대회로 진행되었다. 이는 코로나19 팬데믹으로 인해서 오프라인 대면회의가 불가능한 상황에서 나온 불가피한 조치였다. 그래서 당시 콘퍼런스 대주제로 이런 시대적인 상황을 반영하여 '교육의 다양성 평가: 문화 간 공식 및 비공식 학습'을 제안하였다.

대체로 교육은 고용 가능성, 건강, 가족생활, 시민참여 및 전반적인 성취감을 향상시키는 기술을 개인에게 제공하여 사회적 진보 달성에 다양한 방식으로 기여하는 것을 전제로 한다. 이를 바탕으로 양질의 포용적 교육을 제공하는 것은 2030년까지 달성해야

할 UN의 지속 가능한 개발 우선순위(SDG4) 중 하나로 설정되었다. 이것은 누구를 대상으로 성취하고 기여하는 교육인가에 따라 상당히 다른 영향을 미친다. 그래서 교육학, 교육거버넌스, 소녀 또는 소수자를 위한 학교교육 및 기타 다양한 문제와 관련된 각 국가 및 지역사회의 모범 사례에 대해 의미 있는 국가 간 토론을 통해 합의점과 시사점을 찾고자 하였다.

더구나 학습은 비공식적이고 일상적인 현상으로 볼 수 있다. 공식적이고 체계적인 프로세스와 (비공식-공식 스펙트럼을 따라 구성된) 보다 유연하게 계획되고 조직된 '비공식' 활동을 연계하는 다양한 맥락에 대한 연구는 일상 학습의 역동성과 다양한 커뮤니티에 대한 중요성을 강조한다. 이는 공식 부문에 초점을 맞춘 연구에서 종종 간과되는 것으로서, 대부분의 주민이 정규교육기관에 접근하기가 어려운 남아시아와 같은 사회에서 여전히 큰 해결과제로 남아 있다. 또한 2020년부터 2021년의 코로나바이러스 대유행과 같은 상황에서는 공식 교육 기관의 광범위한 폐쇄와 '온라인' 전환이 필요하다. 모든 곳에서 평생학습의 잠재력을 실현하는 것은 비공식 학습이 보다 공식적인 환경에서 학습을 보완하고 형성하는 방법을 이해하는 데 달려 있다. 비교 관점은 서로 다른 형태의 학습이 서로 다른 사회적 및 문화적 맥락에서 어떻게 상호작용하는지 분석하는 데 매우 중요하며, 따라서 다양한 사회 집단이 교육을 보다 관련성 있고 접근이 가능하게 만들려는 노력이 핵심요인이 되고 있다. (특히 아시아와 관련하여) 비교 통찰력을 교환하기 위한 포럼으로서 제12회 격년 CESA 콘퍼런스는 공식 및 비공식 학습 연구 사이의 간극을 연결하는 데 기여하고자 한다.

그런 배경 속에서 제12회 비엔날레 콘퍼런스에서 제안한 주제는 다음과 같다. 이는 다양한 사회 집단이 교육을 보다 체계적이며 연계성 있는 방식으로 접근할 수 있도록 분석·실천하기 위한 측면에 주목하였다.

- 윤리, 철학 및 문화 간 학습의 의미
- 아시아 전역의 학습에 대한 역사적 관점
- 커리큘럼 개발 및 '기술(technology)'
- 공식-비공식 간의 학습 평가 및 인증
- 학습 시스템의 계획, 거버넌스 및 재정(공식 및 비공식)
- 학습에 대한 접근의 불평등

- 학습, 기술 및 '뉴 미디어'
- 소속감 학습: 정체성 형성, 정치적 사회화 및 가치
- 다양한 사회를 위한 학습
- 지속가능한 개발을 위한 학습(Learning for Sustainable Development): SDG 4.7의 과제
- 학습과 시장: 그림자 교육(shadow education), 민영화 등
- '평생학습'과 직장
- 코로나19와 교육 및 학습에 대한 새로운 도전: 아시아 및 그 외 지역

당시 콘퍼런스는 신종 코로나바이러스 감염증(코로나19) 여파로 인해 온라인으로 진행됨으로써 제한적인 측면이 있었다. 그러나 이런 과정을 통해서 코로나19 이후 새로운 노멀 교육에 대해 고심하고, 2030년까지 목표로 하고 있는 지속가능개발목표(SDGs) 2030과 연계한 측면이 인상적이라고 할 수 있다. 특히 SDGs 4.7과 관련하여 지속가능발전교육 및 세계시민교육을 본격적으로 기초교육과 고등평생교육, 교육배려계층을 위한 교육복지정책 등에 집중되고 있음을 알 수 있다.

## 3. 2023년 아시아비교교육학회 학술대회 및 미래 연구과제

### 1) 2023년 제13회 일본 히로시마 비엔날레 콘퍼런스 개최[4]

2023년 11월 24일부터 26일까지 일본 히로시마에서 제13회 CESA 정기콘퍼런스가 개최되었다. 이 대회의 대주제는 '교육의 회복탄력성과 재건: 사회적 위기의 후유증(Resilience and Rebuilding of Education: Aftermath of Social Crisis)'으로 결정하였다.[5] 특

---

4) 이 절의 내용은 주로 제13회 아시아비교교육학회 홈페이지(https://cesa.jp/category/conference/, 2023년 8월 18일 최종 검색)에 있는 내용을 활용하여 작성한 것임을 밝힌다.
5) 2023년도 제13회 CESA 비엔날레 콘퍼런스에 대한 상세한 정보는 일본 히로시마대학교 대회조직위원회 홈페이지(https://www.cesa2023.jp, 2023년 8월 19일 최종 검색)를 참조 활용하시오.

히 2020년대 초반에 전 세계를 강타한 코로나19 팬데믹, 일본의 2011년 동일본대지진, 그리고 러시아-우크라이나 전쟁 등의 대재난이 지구촌 및 아시아 교육공동체에게 너무나 많은 과제를 안기고 있다. 비교교육학은 이런 현상들의 잔인한 측면에 초점을 맞추는 경향이 있지만, 2023년 CESA 심포지엄은 교육적 위기에서 회복하고 재건하는 과정에서 비교교육학 연구자와 국제기구의 역할에 초점을 맞춘다. 이를 통해서 교육을 가치있게 여기고, 교육을 국가 및 공동체사회의 발전 원동력으로 되돌릴 수 있는 역량에 대해 학습할 것이다.

제13회 콘퍼런스는 비교교육의 올바른 시각과 방향, 그리고 그 궁극적인 목표를 향한 필수적인 발걸음이 될 것이며, 비교교육학 연구 분야의 정신을 통해서 상호 소통하고 교육국제협력을 도모하는 코로나19 극복의 대면 행사라는 측면에 큰 의미가 있음을 강조하였다. 이런 개최 취지에 따라 검토하게 될 세부 주제는 다음과 같다.

- 사회적 위기에 처한 교육의 회복과 재구성
- 위기에 처한 교육정책
- 분쟁 후 평화교육
- 분쟁 후 교육에 대한 국제 협력
- 구조적 폭력과 교육
- 기타 교육제도 및 이념, 사회적 변화, 교육혁신 등

## 2) 최근 실천하고 있는 CESA의 기능과 역할

앞에서 언급한 바와 같이, CESA 조직의 특성은 2년마다 열리는 정기 비엔날레 콘퍼런스를 주최하는 국가·지역의 주관 책임자가 회장단을 꾸리는 방식으로 진행되는 이른바 '유목형 학회'라는 강점을 지니고 있다. 그러나 이는 조직이 탄력 있게 지속한다는 장점과 달리 누구도 주인이 아닐 수 있다는 측면의 '무책임한 방관 조직'으로 변질될 수도 있는 한계점도 지니고 있다. 가장 큰 취약점이 학회활동을 주체적 구심체로서 작동할 수 있는 홈페이지 및 플랫폼이 안정적이지 않다는 것이다. 이런 현상으로 인해서 학회 홈페이지 아카이브 자료 혹은 소식 정보가 코로나19 이전의 2019년 자료로 제한되어 있는 것이 반증하고 있다. 이는 앞으로도 CESA 운영을 위한 재정과 인력이 충분하게

확보되지 않으면 상당히 어려울 수 있는 상황이라고 할 수 있다.

그런 어려운 여건 속에서도 CESA는 지속적으로 학회 지원 서비스를 개선하고 있다. 2011년 6월 30일에 처음으로 학회 웹사이트를 개설한 이후 2017년까지 웹사이트는 콘퍼런스 개최 시기에 맞춰서 신축과 폐지를 반복하는 상황이었다. 그러나 2017년 9월 6일에 CESA는 연구저널을 공식적으로 적용함으로써 APJE(Asia-Pacific Journal of Education)를 활성화할 수 있는 여건을 조성하였다. 특히 APJE-CESA 간의 제휴를 통해서 2018년에 공개된 「APJE」특별호가 CESA와 공식 제휴를 시작한 것이다. 이런 이니셔티브는 학술 교육연구 분야에서 더 강력한 '아시아인'의 목소리를 촉진하여 교육 분야를 훨씬 넘어서는 글로벌 학술 토론에서 지속적으로 나타나는 동서양 간 불균형 문제를 해결하고자 하는 열망을 포함하고 있다. 참고로, 비커스(E. Vickers)와 운(L. Un)이 편집한 「APJE」의 최신 CESA 특별호(39권, 2호)는 2018년에 발행되었으며, 대주제는 '아시아의 교육, 개발 및 사회적 '진보': 비교연구의 비판적 통찰력'을 제기하였다.

이런 배경 속에서 출판물 성과로서 「CESA 리뷰」등을 포함하여 다양한 간행물이 나오고 있다. 특히 CESA 리뷰는 아시아 전역의 교육에 대한 대화를 넓히는 것을 목표로 하는 회원들의 게시물로서, 영어 이외에 아시아 언어로 된 아시아 교육작업에 대한 간략한 리뷰도 게시하고 있다. 검토 대상에는 각종 연구서적, 국가공공기관이나 NGO에서 제작한 보고서, 미디어 토론 또는 연구 자료 등이 포함되었다.

한편, CESA 홈페이지는 최근 다음과 같이 홍콩대학 등의 자료를 홈페이지 연계망을 통해서 접속을 지원한다.

### (1) 아시아 교육 관련 서적
- 홍콩대학의 비교교육연구 센터: 비교교육의 CERC 연구(및 관련 시리즈).
  창립 편집자: Mark Bray
  http://cerc.edu.hku.hk/product-category/cerc-studies-in-comparative-education/
- Routledge Critical Studies in Asian Education(HEAD 재단 후원).
  시리즈 편집자: S. Gopinathan, Wing On Lee 및 Jason Tan
  https://www.routledge.com/education/series/RCSAE
- 아시아의 교육과 사회에 관한 Routledge 연구

시리즈 편집자: Edward Vickers https://www.routledge.com/asianstudies/series/
EDUASIA

## (2) 최근 게시물

– 뉴스 속 교육(Education in the News)

https://cesa.jp/education-in-the-news/ (2023년 8월 18일 최종 출력)

　ATHF 주간 요약 방식으로 주요 회원국의 교육 관련 정보가 소개되고 있는데, 한국의 경우는 이스라엘의 탈무드교육에 대한 관심이 학교현장에 고조되고 있음을 이스라엘 소식통을 통해서 소개하는 교육정보가 2019년에 게재되어 있다.

　한편, 아시아 주요회원국의 교육정보 및 관련 교육활동 등을 〈주간교육소식〉이라는 플랫폼을 통해서 제공하기도 한다. 대체로 가장 최신 정보 및 소식은 2019년 이전 자료인 관계로 시급한 교육정보 갱신이 요청된다고 볼 수 있다.

## 사례) 주간교육소식

싱가포르: Paywall–아동들은 P1로 전환하기 위해 더 많은 지원이 필요
(*The Straits Times*, 2019년 7월 2일)

태국: 핀란드의 발자취를 따라(**방콕 포스트**, 2019년 3월 2일). 핀란드의 교육 시스템은 태국이 여전히 고수하는 암기식 학습 방식과 다름

일본: 일본 정부는 교사 초과 근무를 해결, 학교가 지원 인력을 확보할 수 있도록 이 사회에 도움을 요청(더 재팬 타임즈, 2019년 5월 2일)

　〈주간교육소식〉은 동남아시아 및 남부아시아 인도, 방글라데시, 스리랑카 등의 교육소식도 포함하여 제공하고 있지만, 2019년 교육정보 이상으로 버전이 갱신되지 않은 상황이 개선되어야 할 부분이라고 볼 수 있다. 그 이외에도 아시아권 이외의 주요 북미, 유럽 국가에 대한 교육소식도 제공하고 있다.

### 3) 미래 CESA가 해결해야 할 실천과제

현재 아시아 교육발전과 관련하여 CESA가 설립·활성화되는 것은 이 지역의 비교교육연구가 그러한 학회를 정당화할 만큼 충분히 발전했다는 증거이다. 이제는 과거와 달리 비교교육학연구 영역에서 아시아 학자들은 대화와 논의를 위해 유럽과 북미 이상으로 아시아 내부에 대한 관심이 늘어나고 있다.

CESA는 비교적 짧은 역사 동안 주요한 업적들을 성취했지만 이제는 아시아 지역 내의 다양성에 대한 도전과제를 실천해야 한다. 동아시아, 특히 한국, 일본, 중국, 대만 그리고 홍콩은 비교교육연구와 강한 교육적 전통을 가지고 있다. 반면에 동아시아 이외 지역은 교육전통과 비교교육학연구가 여전히 취약한 상황이라고 할 수 있다. 여전히 CESA는 동남아시아 이외에는 서아시아, 중앙아시아 지역에 대한 비교교육학 연구를 통한 협력체제가 소극적인 상황이라고 할 수 있다(Mochida, 2008: 314).

당초 CESA는 11개의 국가·지역을 대표하는 창립 회원국을 중심으로 발족하였다. 이러한 대표성이 적용되어 학회 회칙은 이사 정원을 "지리적으로 균형 잡힌 대표성을 보장하는 22명 이하"로 규정하였다. 이런 배경 속에서 초창기 10년 동안 이사로 선정되었다. 그러나 이사로 선출되는 활동을 확대하고 촉진하기 위해서는 보다 많은 위치의 이사를 포함시키는 것이 바람직하다.

또 다른 과제는 학문적이고 사회경제적인 상황에서 아주 다양한 배경을 지닌 지역·국가 단위 비교교육학회를 효율적·효과적으로 관리해야 한다. CESA는 회장 및 사무총장과 같은 조직 운영이 적극적이어야 하며, 영어 이외의 다양한 언어 집단에 접근하는 방안이 실천되어야 한다. 그리고 WCCES와의 관계는 CESA가 국제 사회에서 파트너 사회들과 협력하는 중요한 역할로서 조정되어야 한다. 이상에서 보는 바와 같이, CESA는 학문적 교류를 위한 중요한 플랫폼이 되고 있으며, 이사회 및 회원국과 협력하여 아시아 기반 연구자들 간의 교류와 협력을 촉진하고 글로벌 교육주제 토론의 영역과 지평을 확대해야 한다.

특히 코로나19로 인해서 2021년 9월 네팔 카트만두대학 콘퍼런스는 어려운 역경 속에서 온라인 방식으로 개최되었다. 그러나 네팔 교육학자들은 헌신적으로 온라인 전달을 위해 콘퍼런스를 적응시키는 데 진력하였다. 지금까지 '유럽중심주의' 또는 '서구중심주의'에 대항하기 위해 교육학의 '탈식민지화'라는 주제가 큰 비중을 차지하고 있다. CESA가 탈식민지화 교육에 초점을 맞추고 있을 때, 서구에 기반을 둔 학자들이 '서구 패권주의'에 집착하는 서양 학술 포럼이 진행된다. 이런 복잡하고 다양한 상황에 능동적으로 대응하기 위해 추진하고 있는 온라인 포럼이 유효한 성과를 내고 있다. 향후 CESA는 세계적인 교육 논쟁에서 소외된 아시아 사회의 구성원들을 참여시키기 위해 네트워크를 더욱 확대해야 한다. 즉, 아시아 학자들 간의 연결을 강화하고 교육에 대한 아시아 연구의 세계적인 인지도를 더욱 제고해야 한다.

**[참고] 아시아비교교육학회(CESA) 조직 및 사무국**

| 구분 | 성명 |
|---|---|
| 회장(현) | 에드워드 비커스(규슈대학) |
| 역대 회장 | Liu Baocun(베이징사범대학)<br>차니타 룩스폴무앙(싸얌대학교)<br>곤도 요시오(나카무라학원대학)<br>이병진(한국교원대학교)<br>Muhammad Fakry Gaffer(인도네시아 교육대학교)<br>모치다 켄고(규슈대학) |
| 사무총장 | Mark Maca(우송대학교, 한국)<br>마리아 만존(소피아대학교)<br>Liu Qiang(베이징사범대학)<br>첸쓰총(큐슈대학교)<br>수위디다 차룽카이티쿨(출라롱콘 대학교)<br>둥준(북경사범대학)<br>하나이 와타루(규슈대학) |
| 사무차장 | Chen Xi(규슈대학 대학원생)<br>후쿠다 사야카(나가사키 대학)<br>Mervin Low Ze Han(규슈대학 대학원생) |
| 웹사이트 관리 | Chen Xi(규슈대학 대학원생)<br>Mervin Low Ze Han(규슈대학 대학원생) |

| 이사회 | 압둘 하미드(파키스탄 라호르 경영기술대학) |
|---|---|
| | Afaf Manzoor(파키스탄 라호르 교육대학교) |
| | Chanita Rukspollmuang(싸얌대학교 부총장) |
| | Dorji Thinley(부탄왕립대학교) |
| | Dorothy I-ru Chen(국립지난대학교) |
| | Helen Ting Mu Hung(말레이시아 국립대학교) |
| | 정일환(대구가톨릭대학교) |
| | Jandhyala BG Tilak(뉴델리 사회개발위원회) |
| | Jasmine Sim Boon Yee(난양기술대학교) |
| | 권동택(한국교원대학교) |
| | Latika Gupta(델리대학교 교육학과) |
| | Leang Un(왕립프놈펜대학교 인문사회과학부 학장) |
| | Liu Baocun(베이징사범대학) |
| | Lorina Calingasan(필리핀대학교) |
| | Mahesh Parajuli(카트만두대학교 교육대학 학장) |
| | Manzoor Ahmed(BRAC 대학) |
| | 리즈 잭슨(홍콩대학교) |
| | Mark Bray(홍콩대학교) |
| | 모리시타 미노루(도쿄 해양과학기술대학) |
| | Palaniappan Ananda Kumar(말라야대학교) |
| | Raihani el-Banjaray(술탄 샤리프 카심 주립 이슬람대학교) |
| | 소티 키엥(CamTech University) |
| | 등준(북경사범대학) |
| | 쿠사카베 타츠야(히로시마대학) |
| | Virgilio Manzano(필리핀 딜리만대학교) |

# 📖 참고문헌

강현석(2022). 유기체로서의 교육학 이해와 실천을 위한 시도에 대한 토론. 2022년 한국교육학회 제1차 학술포럼 자료집, 25-30.

고전(2021). 교육학의 학문적 성격 탐구: 과제와 전망에 대한 토론. 2021년 한국교육학회 제2차 학술포럼 자료집, 33-45.

고진호(2021). 교육학의 학문적 성격: 사적 고찰에 대한 토론. 2021년 한국교육학회 제1차 학술포럼 자료집, 29-31.

교육50년사편찬발간위원회 편(1998). 교육50년사. 교육부.

권동택, 김정희(2010). 「비교교육연구(1971~2009)」 게재 논문 내용 분석. 비교교육연구, 20(5). 135-156.

권동택, 김정희, 팽영일(2015). 한국 비교교육학의 연구동향: 비교교육연구 게재 논문을 중심으로. 2015 한국비교교육학회 연차학술대회. 155-166.

권동택, 정일환, 주동범(2023). 비교교육 분야의 성과와 과제. 한국교육학회 2023년 연차학술대회 자료집, 757-776.

김계현(2011). 교원양성과정에 있어서 교육상담학의 위상. 2011 한국교육학회 춘계학술대회 학술자료집, 151-157.

김대현(2021). 교육학의 학문적 성격 탐구: 과제와 전망에 대한 토론. 2021년 한국교육학회 제2차 학술포럼 자료집, 47-52.

김민호(2022). 교육학-학교현장-산업현장-교육정책의 연계방안: 대학을 중심으로 대한 토론. 2022년 한국교육학회 연차학술대회 자료집, 243-251.

김병희(2021a). 교육학의 정체성. 한국교육학회 소식지, 57(2), 1-4.

김병희(2021b). 한국교육학의 정립과 과제에 대한 토론. 2021년 한국교육학회 연차학술대회 자료집, 92-106.

김성식(2021). 교육학의 학문적 성격 탐구: 과제와 전망. 2021년 한국교육학회 제2차 학술포럼 자료집, 3-30.

김성훈(2011). 교원양성과정에 있어서 교육평가학의 위상. 2011 한국교육학회 춘계학술대회 학술 자료집, 101-117.

김영화(2011). 교원양성과정에 있어서 교육심리학, 교육사회학, 교육행정학의 위상에 대한 토론 II. 2011 한국교육학회 춘계학술대회 학술자료집, 229-235.

김옥순(1993). 비교교육의 목적과 방법. 비교교육연구, 4(1), 53-73.

김용(2022). 유기체로서의 교육학 이해와 실천을 위한 시도에 대한 토론. 한국교육학회 2022년 제1차 학술포럼 자료집, 43-45.

김윤태(2001). 교육행정 · 경영의 이해. 동문사.

김인회(1985). 교육학에 있어서의 학문적 자주성. 정신문화연구, 가을호, 61-69.

김재웅(2012). 분과학문으로서 교육학의 위기에 대한 비판적 고찰: 현장적 전문성과 학문적 정 체성의 관점에서. 아시아교육연구, 13(3), 1-26.

김진숙(2016. 8. 9.). 제4차 산업혁명과 교육의 역할. 에듀인 뉴스. http://www.eduinnews. co.kr/news/articleView.html?idxno=6074

김회수(2011). 교원양성과정에 있어서 교육공학의 위상. 2011 한국교육학회 춘계학술대회 학술자 료집, 119-150.

김희중(2017). 4차 산업혁명과 자기학(2): 4차 산업혁명과 미래고용 전망. 한국자기학회지, 27(4), 153-162.

노명완(2011). 교원양성과정에 있어서 교육평가학, 교육공학, 교육상담학의 위상에 대한 토론 I. 2011 한국교육학회 춘계학술대회 학술자료집, 159-167.

문교40년사편찬발간위원회 편(1988). 문교40년사. 문교부.

문은식(2022). 유기체로서의 교육학 이해와 실천을 위한 시도에 대한 토론. 한국교육학회 2022 년 제1차 학술포럼 자료집, 31-37.

박봉목(1993). 한국교육학에 미친 영향과 반성. 한국교육학회 편, 교육탐구의 세월: 한국교육학회 40년사(pp. 42-57). 한국교육학회.

박선형(2021). 지식교육 패러다임의 근본적인 전환: 정답 있는 지식교육에서 정답 없는 지식교 육으로의 전환에 대한 토론. 한국교육학회 제5차 학술포럼 자료집, 39-54.

박성열(2022). 교육학-학교현장-산업현장-교육정책의 연계방안: 대학을 중심으로. 한국교육 학회 2022년 연차학술대회 자료집, 229-242.

박창언(2011). 교원양성과정에 있어서 교육과정학의 위상. 2011 한국교육학회 춘계학술대회 학술 자료집, 63-83.

박철홍(2021). 지식교육 패러다임의 근본적인 전환: 정답 있는 지식교육에서 정답 없는 지식교 육으로의 전환. 한국교육학회 제5차 학술포럼 자료집, 3-35.

박춘성, 홍성두, 노철현, 박숙희, 조한익, 이주영, 권창미, 백정하, 최돈민, 윤종혁(2024). 교육의 이해. 학지사.

박혜경, 김정희(2023). 한국 비교교육학의 연구 동향:「비교교육연구」(2010~2022)를 중심으로. 비교교육연구, 33(1), 1-25.

박환보(2022). 유기체로서의 교육학 이해와 실천을 위한 시도에 대한 토론. 한국교육학회 2022년 제1차 학술포럼 자료집, 39-41.

서울대학교사범대학교육연구소(1995). 교육학용어사전. 하우동설.

송병순(2003). 교육사회학연구회 50년사. 한국교육학회50년사 편찬위원회 편, 한국교육학회 50년사(pp. 225-247). 원미사.

신종호(2011). 교원양성과정에 있어서 교육심리학의 위상. 2011 한국교육학회 춘계학술대회 학술자료집, 175-183.

신창호(2021). 지식교육 패러다임의 근본적인 전환: 정답 있는 지식교육에서 정답 없는 지식교육으로의 전환에 대한 토론: 교육의 품격 변화에 대한 몇 가지 고려. 한국교육학회 제5차 학술포럼 자료집, 55-59.

신창호(2022). 유기체로서의 교육학 이해와 실천을 위한 시도. 한국교육학회 2022년 제1차 학술포럼 자료집, 3-22.

신홍순(2021). 조직 간 연계체제 구상에 대한 논의: 교육부-학교-기업-교육학회. 교육학-학교현장-산업현장-교육정책의 연계체제, 학문적·실천적 방안에 대한 토론. 한국교육학회 2021년 연차학술대회 자료집, 149-153.

염민호(2021). 조직 간 연계체제 구상에 대한 논의: 교육부-학교-기업-교육학회. 교육학-학교현장-산업현장-교육정책의 연계체제, 학문적·실천적 방안. 한국교육학회 2021년 연차학술대회 자료집, 111-144.

우정은(2006). 1950년대 미국의 대한원조 정책 변화. 박지향, 김일영, 김철, 이영훈 편. 해방전후사의 재인식(2). 예다름.

유네스코한국위원회(2017a). 지속가능발전을 위한 세계시민: 교사용 지침서. 유네스코한국위원회.

유네스코한국위원회(2017b). 지속가능발전을 위한 세계시민: 학생용 지침서. 유네스코한국위원회.

윤기옥(2013). Globalization and the Comparative Education Society. 비교교육연구, 23(1), 171-183.

윤종혁(2022a). 유네스코의 1974년 국제이해교육권고안 개정배경과 과제. 월간 제주교육, 제199호. 제주특별자치도교육청.

윤종혁(2022b). 한국 교육학의 학문적 분류와 전망. 한국교육학회 2022년 제1차 학술포럼 자료집, 47-53.

윤종혁(2023). '비교교육 분야의 성과와 과제'에 대한 토론문. 한국교육학회 2023년 연차학술대회 자료집, 786-796.

이계윤(1983). 현대교육원리. 형설출판사.

이규환(1980). 선진국의 교육제도: 비교교육학적 기초. 배영사.

이규환(1985). 사회개발과 교육의 민주화: 비판적 교육사회학. 도서출판 한울.

이돈희(1993). 교육철학회연구회의 회고와 전망. 한국교육학회 편, 교육탐구의 세월: 한국교육학회 40년사(pp. 73-79), 한국교육학회.

이돈희(2002). 교육학의 학문적 이론 수립의 현황과 발전좌표. 2002년 한국교육학회 추계학술대회 자료집, 1-16.

이병진(1995a). 한 · 일 비교교육 연구 동향과 과제. 비교교육연구, 5(1), 111-130.

이병진(1995b). Current Situation and Future Prospect of Comparative Education and Research Cooperation in Korea. JCES 30주년 기념 학술대회 자료집.

이병진(1996). 세계화 교육과 비교교육 연구의 과제. 한국교육학회 소식지, 32(2), 6-9.

이병진(1998). 비교교육학. 서울대학교사범대학교육연구소 편. 교육학대백과사전 2(pp. 1332-1341). 하우동설.

이병진, 권동택(2005). The past, present and future of korea comparative education society. The 5th Comparative Education Society of Asia Biennial Conference(2005. 5. 30.), Universitii Kebangsaan Malaysia, Bangi, Malaysia.

이병진, 권동택(2007). The Korean Comparative Education Society(KCES). In: V. Masemann, M. Bray, & M. Manzon, *Common Interests, Uncommon Goals: Histories of the World Council of Comparative Education Societies and its Members* (pp. 183-188). Springer & CERC of the University of Hong Kong.

이병진, 정일환, 권동택(2013). 비교교육학 연구 성과 및 과제. 2013년도 한국교육학회 연차학술대회, 한국 교육학 60년, 그 성과와 과제, 795-808.

이윤미(2005). 미국 교원교육사에 나타난 '교직 전문성': '현장적 전문성'논의에 주는 시사점. 한국교육사학, 27(2), 77-110.

이윤미(2012). 동아시아 모델의 교육적 적용 가능성 탐색. 비교교육연구, 22(5), 1-32.

이종각(1994). 교육학 논쟁. 하우.

이종승(2011). 교원양성과정에 있어서 교육학의 위상. 2011 한국교육학회 춘계학술대회 학술자료집, 3-21.

이철수(2008). 사회복지학사전. 비상.

임연기(2011). 교원양성과정에 있어서 교육행정학의 위상. 2011 한국교육학회 춘계학술대회 학술자료집, 197-219.

장상호(2005). 학문과 교육(중I): 교육이란 무엇인가. 서울대학교출판부.

정기섭(1988). 교육학의 "비판적 전환"과 비판이론. 인하교육연구, 4, 101-114.

정기섭(1999). 독일 교육학의 전문화 세분화와 일반교육학의 위상. 교육학연구, 37(3), 63-78.

정기섭(2003). 교육학의 체계와 비교교육학. 비교교육연구, 13(1), 1-20.

정기섭(2021). 교육학의 학문적 성격 탐구: 사적 고찰. 한국교육학회 2021년 제1차 학술포럼 자료 집, 3-25.

정기섭(2022). 18세기 박애주의 학교(Philanthropin)의 교육사상과 교육방법. 교육혁신연구, 32(1), 77-106.

정기섭(2023). '교육학' 용어 사용으로 본 독일 교육학의 흐름. 교육의 이론과 실천, 28(2), 149-167.

정영근(2010). 세계화시대 비교교육학 연구의 문제와 과제. 교육의 이론과 실천, 15(1), 123-142.

정일환(2003). 교육행정학 탐구: 개념과 실제. 원미사.

정일환(2004). 한국교육정치학의 학문적 정체성 탐색. 교육정치학연구, 13(2), 7-29.

정일환(2009). 비교교육학의 학문발전을 위한 과제. 한국비교교육학회소식지, 9, 1-2.

정일환(2015). 비교교육학의 학문적 발달과 한국비교교육학의 발전과제. 한국비교교육학회 2015 연차학술대회 발표 자료집, 1-21.

정일환(2021a). 미래의 학교교육과 평생학습: 전망과 대책에 대한 토론, 미래교육정책의 주요 의제를 중심으로. 국회미래연구원 제2회 국회미래포럼 자료집, 31-40.

정일환(2021b). 한국교육의 현안: 저출산 및 인구감소시대에 대응하는 교육정책. 사회과학협의 회 소식, 27, 12-14.

정일환(2021c). 한국 사회에서 한국교육학회의 위상 제고와 역할. 한국교육학회 소식지, 57(1), 1-3.

정일환, 권동택(2017). 비교교육학의 학문적 영역과 교육학. 비교교육연구, 27(6), 1-24.

정일환, 김병주, 고전, 권동택, 박대권, 박세훈, 빅순용, 박찬호, 박환보, 소경희, 신현석, 유제봉, 이병진, 정진철, 주동범, 최돈민, 한용진(2018). 비교교육학과 교육학. 양성원.

정일환, 김병주, 구자억, 권동택, 김병찬(2012). 비교교육학: 이론과 실제. 교육과학사.

정일환, 이병진, 권동택(2013). 한국에서의 비교교육연구 성과와 과제. 비교교육연구, 23(4), 155-172.

정일환, 이일용, 김혜숙, 김병주, 권동택, 정제영(2023). 교육정치학: 이론과 적용. 학지사.

정일환, 주철안, 김재웅(2021). 교육정책학. 학지사.

정일환, 최영표, 박선형, 박덕규, 정종진, 신효숙, 주동범, 윤종혁, 김정희(2003). 현대비교교육발 전론. 교육과학사.

정제영(2021). 한국교육학의 정립과 과제에 대한 토론. 한국교육학회 2021년 연차학술대회 자료집,

107-109.

정진곤(2011). 교원양성과정에 있어서 교육철학의 위상. 2011 한국교육학회 춘계학술대회 학술자료집, 43-61.

조동일(2012). 학문론. 한국학술정보.

주영흠(1997). 서양교육사상사. 양서원.

진동섭, 이윤식, 김재웅(2018). 교육행정 및 학교경영의 이해. 교육과학사.

최성욱(2021). 한국교육학의 정립과 과제, 한국교육의 독자적인 이론과 발전모델 정립. 한국교육학회 2021년 연차학술대회 자료집, 69-91.

한국교육개발원 교육50년사 편찬위원회편(2022). 교육50년사: 1972-2022. 한국교육개발원.

한국교육개발원(2022). 지속가능개발목표(SDGs)달성을 위한 교육개발협력연구(Ⅵ): 지속가능발전교육과 세계시민교육을 통한 SDGs 범분야 실천전략. 한국교육개발원 연구보고, RR 2022-24.

한국교육학회 50년사 편찬위원회 편(2003a). 자생적 한국 교육학의 미래. 원미사.

한국교육학회 50년사 편찬위원회 편(2003b). 한국교육학회 50년사. 원미사.

한국교육학회(1969). 한국교육학회 20년사.

한국교육학회(1993). 교육탐구의 세월: 한국교육학회 40년사.

한국교육학회(2011). 학회요람 2011/2012.

한국교육학회(2013). 한국교육학 60년, 그 성과와 과제. 한국교육학회 2013년 연차학술대회 자료집.

한국교육학회(2021. 3. 31.~2022. 9. 30.). 한국교육학회 소식지, 302-308호.

한국교육학회(2022). 한국교육학회 개요 및 발전전략.

한기언(1978). 한국비교교육학의 과제와 전망. 한국교육학회 비교교육학연구회 창립10주년 기념강연, 서울대학교 사대논총, 17.

한대동(2011). 교원양성과정에 있어서 교육사회학의 위상. 2011 한국교육학회 춘계학술대회 학술자료집, 185-196.

한명희(1997). 중등교원양성 교육과정의 전문성 확보: 교육과정 구조의 논거를 중심으로. 교육학연구, 35(5), 171-194.

한용진(2011). 교원양성과정에 있어서 교육사학의 위상. 2011 한국교육학회 춘계학술대회 학술자료집, 25-41.

한용진(2018). 비교교육학과 교육사학. 정일환, 김병주, 고전, 권동택, 박대권, 박세훈, 박순용, 박찬호, 박환보, 소경희, 신현석, 유재봉, 이병진, 정진철, 주동범, 최돈민, 한용진 공저, 비교교육학과 교육학(pp. 77-96). 양성원.

한용진(2021). 교육학의 학문적 성격: 사적 고찰에 대한 토론문. 한국교육학회 2021년 제1차 학술포럼 자료집, 33-40.

현대경제연구원(2016). 2016년 다보스 포럼 주요 내용과 시사점. 현안과 과제, 6-12.

환경부(2022). 2021 환경백서.

황영남(2021). 조직 간 연계체제 구상에 대한 논의: 교육부-학교-기업-교육학회. 교육학-학교현장-산업현장-교육정책의 연계체제, 학문적 · 실천적 방안에 대한 토론. 한국교육학회 2021년 연차학술대회 자료집, 145-148.


江藤恭二(1975). 日本の比較教育學の研究方法上の諸問題: 歷史的アプローチ. 日本比較教育學會, 1号, 13-16.

馬越徹(2007). **比較教育學: 越境のレッスン**. 東信堂.

小松太郎日編(2016). **途上國世界の教育と開發: 公正な世界を求めて**. 上智大學出版.

海老原遙(1974). 近代ロシヤ教育史論・ノート. 鹿児県立短大紀要, 24号.


Adick, C. (2008). *Vergleichende Erziehungswissenschaft*. Kohlhammer.

Adorno, T. W., Albert, H., Dahrendorf, R., Habermas, J., Pilot, H., & Popper, K. R. (1969). *Der Positivismusstreit in der deutschen Soziologie*. Luchterhand.

Becher, T., & Trowler, P. R. (2001). *Academic Tribes and Territories: Intellectual Enquiry and the Culture of Disciplines* (2nd ed.). The Society for Research into Higher Education & Open University Press.

Bellmann, J. (2016). Der Aufstieg der Bildungswissenschaften und das sozialtheoretische Defizit der Erziehungswissenschaft. In R. Norbert, C. Rita, & T. Christiane, (Hrsg.), *Die Sozialität der Individualisierung* (pp. 51-70). Schöningh.

Benner, D. (1989). Sytematische Pädagogik und historische Rekonstruktion. In P. Zedler & E. König (Hrsg.), *Rekonstruktion pädagogischer Wissenschaftsgeschichte* (pp. 364-387). Deutscher Studien Verlag.

Benner, D. (1993). *Hauptströmungen der Erziehungswissenschaft*. Deutscher Studien Verlag.

Benner, D., & Oelkers, J. (2004). *Historische Wörterbuch der Pädagogik*. Beltz.

Bereday, G. Z. F. (1964). *Comparative method in education*. Holt, Rinehart and Winston.

Bereday, G. Z. F. (1980). The law and exclusion from schools in comparative perspective. *Comparative Education Review, 24*, 192-205.

Blochmann, E., Geißler, G., Nohl, H., & Weniger, E. (1965). *Die Pädagogik Herbarts: Allgemeine Pädagogik aus dem Zweck der Erziehung abgeleitet*. Beltz.

Bourdieu, P. (1969). Intellectual field and creative project. *Social Science Infirmation, 8*(2), 89-119.

Bray, M. (2010). Comparative education and international education in the history of "Compare": Boundaries, overlaps and ambiguities. *Compare: A Journal Of Comparative And International Education, 40*(6), 711-725.

Bray, M., & Thomas, R. M. (1995). Levels of Comparison in Educational Studies: Different Insights from Different Literatures and the Value of Multilevel Analyses. *Harvard Educational Review, 65*(37), 472-490.

Bray, M., Adamson, B., & Manson, M. (2014). *Comparative Education Research Approaches and Methods* (2nd ed.). 정일환, 권동택, 신태진, 한용진, 김정희, 김현욱, 김이경, 김형기, 박남기, 박삼철, 박선영, 박세훈, 박영신, 박환보, 소경희, 양성관, 유성상, 유재봉, 이병진, 이수정, 임수진, 정진철, 정철민, 정현숙, 주동범, 한일조, 홍지희 공역(2017). 비교교육학: 접근과 방법. 교육과학사.

Bray, M., Adamson, B., & Mason, M. (2014). *Comparative Education Research.* Springer.

Brickman, W. W. (1988). *History of Comparative Education, The Encyclopedia of Comparative Education and National System of Education.* Pergamon Press.

Clifford, G. J., & Guthrie, J. W. (1988). *Ed school.* The University of Chicago Press.

Crossley, M., & Watson, K. (2003). *Comparative and international research in education: globalization, context and difference.* Routledge Falmer.

Dahmer, I., & Klafki, W. (1968). *Geisteswissenschaftliche Pädagogik am Ausgang ihrer Epoche-Erich Weniger.* Beltz.

Deutscher Bildungsrat (1974). Aspekte für die Planung der Bildungsforschung. Empfehlungen der Bildungskommission. Klett.

DFG (2002). Stellungnahme zur strukturellen Stärkung der empirischen Bildungsforschung. Ausschreibung von Forschungsgruppen in der Empirischen Bildungsforschung. *Zeitschrift für Pädagogik, 48*(5), 786-798.

Dilthey, W. (1958a). *Gesammelte Schriften. Bd. VI: Die geistige Welt-Einleitung in die Philosophie des Lebens.* Zweite Hälfte: Abhandlungen zur Poetik, Ethik und Pädagogik. Stuttgart/Göttingen: Teubner, Vandenhoeck & Ruprecht.

Dilthey, W. (1958b). *Gesammelte Schriften. Bd. VII: Der Aufbau der geschichtlichen Welt in den Geisteswissenschaften.* Teubner, Vandenhoeck & Ruprecht.

Dilthey, W. (1959). *Gesammelte Schriften. Bd. I: Einleitung in die Geisteswissenschaften.* Teubner, Vandenhoeck & Ruprecht.

Dilthey, W. (1960). *Gesammelte Schriften. Bd. IX: Pädagogik.* Teubner, Vandenhoeck & Ruprecht.

Dilthey, W. (1964). *Gesammelte Schriften, Bd. 4, 4. Aufl.* Vandenhoeck und Ruprecht.

Epstein, E. H. (1983). Currents Left and Right: Ideology in Comparative Education. *Comparative Education Review, 27*(1), 3-29.

Epstein, E. H. (1988). The Problematic Meaning of 'comparison' in Comparative Education, In J. Schriewer & B. Holmes (Eds.), *Theories and Models in Comparative Education.* Peter Lang.

Farrell, J. P. (1979). The Necessity of Copmparisons in the Study of Education: The Salience of Science and the Problem of Comparability. *Comparative Education Review, 23*(1), 3-16.

Fatke, R., & Oelkers, J. (2014). Das Selbstverständnis der Erziehungswissenschaft: Geschichte und Gegenwart. Einleitung zum Beiheft. In R. Fatke & J. Oelkers (Hrsg.) (2014), *Das Selbstverständnis der Erziehungswissenschaft: Geschichte und Gegenwart.* Zeitschrift für Pädagogik. 60. Beiheft. Weinheim und Basel: Beltz Juventa, 7-13.

Flitner, W. (1957). *Das Selbstverständnis der Erziehungswissenschaft in Gegenwart.* Quelle & Meyer.

Foucault, M. (1972). *The archaeology of knowledge.* Tavistock Publications.

Furlong, J., & Lawn, M. (2011). *Disciplines of Education: Their Role in the Future of Education Research.* Routledge.

Habermas, J. (1968). *Erkenntnis und Interesse.* Suhrkamp.

Habermas, J. (1969). Analytische Wissenschaftstheorie und Dialektik. Ein Nachtrag zur Kontroverse zwischen Popper und Adorno. In T. W. Adorno, H. Albert, R. Dahrendorf, J. Habermas, H. Pilot, & K. R. Popper (Eds.), *Der Positivismusstreit in der deutschen Soziologie* (pp. 155-191). Luchterhand.

Halls, W. D. (1990). *Comparative Education: Contemporary Issues and Trends.* Jessica Kingsley Publishers.

Hans, H. (1958). *Comparative Education: A study of Educational Factors and Traditions.* Routledge & Kegan Paul.

Herbart, J. F. (1964). Sämtliche Werke. In von K. Kehrbach & O. Flügel (Eds.), *Bd. 10: Umriß pädagogischer Vorlesungen.* Scientia Verlag.

Herbart, J. F. (2005). *Allgemeine Pädagogik.* 김영래 역(2006). 헤르바르트의 일반교육학. 학지사.

Herbst, J. (1989). *And sadly teach: Teacher education and professionalization in American culture*. The University of Wisconsin Press.

Higginson, J. H. (2001). The Development of a Discipline: Some Reflections on the Development of Comparative Education as Seen through the Pages of the Journal Compare. In K. Watson (Ed.), *Doing Comparative Education Research: Issues and Problems* (pp.373-388). Symposium.

Hilker, F. (1962). *Vergleichende Pädagogik: Eine Einführung in ihre Geschichte, Theorie und Praxis*. Hueber.

Holmes, B. (1965). *Problems in education: A comparative approach*. Routledge and Kegan Paul.

Holmes, B. (1980). *Diversity and unity in education*. Allen and Unwin.

Holmes, B. (1981). *Comparative Education: Some Considerations of Method*. Allen and Unwin.

Holms, B. (1984). Paradigm Shifts in Comparative Education. *Comparative Education Review, 28(4)*, 584-604.

Husserl, E., & Eley, L. (1970). Philosophie der Arithmetik. *Mit ergänzenden Texte (1890-1901)*. Martinus Nijhoff.

Jullin, M-A. (1817). Übersetzt von Espe H. (1954). Skizzen und Vorarbeiten zu einem Werk über die Vergleichende Erziehung. Berlin.

Kern, P. (1973). *Einführung in die vergleichende Pädagogik*. Wissenschaftliche Buchgesellschaft.

Khakpour, A. (2012). Methodology of Comparative Studies in Education. *Contemporary Educational Researches Journal, 1*, 20-26.

Khoi, L. T. (1986). Toward a General Theory of Education. *Comparative Education Review, 30*(1), 12-29.

King, E. J. (1967). *Comparative Studies and Educational Decision*. Bobbs-Merrill.

Klafki, W. (1982). Thesen und Argumentationsansätze zum Selbstverständnis kritisch-konstruktiver Erziehungwissenschaft. In E. König & P. Zadler (Hrsg.), *Erziehungswissenschaftliche Forschung: Positionen, Perspektiven, Probleme* (pp. 15-52). Schöningh & Fink.

Klafki, W., Rückriem, G. M., & Wolf, W. (1971). *Funkkolleg Erziehungswissenschaft 3*. Fischer Taschenbuch Verlag.

Kluge, N. (1983). *Einführung in die systematische Pädagogik*. Wissenschaftliche Buchgesellschaft.

Köller, O. (2014). Entwicklung und Erträge der jüngeren empirischen Bildungsforschung. In R. Fatke & J. Oelkers (Hrsg.), *Das Selbstverständnis der Erziehungswissenschaft: Geschichte und Gegenwart* (pp. 102-122). Zeitschrift für Pädagogik: 60. Beiheft. Beltz.

König, E. (1975). *Theorie der Erziehungswissenschaft. Bd. 1.* Wilhelm Fink.

Krüger, H.-H. (2012). *Einführung in Theorien und Methoden der Erziehungswissenschaft.* 우정길, 김상무, 김상섭, 김철, 정기섭, 정창호, 조상식, 최재정, 홍은영 공역(2023). 독일 교육학의 전통과 갈래: 교육학 연구의 현대적 패러다임. 박영스토리.

Labaree, D. F. (2008). An uneasy relationship: The history of teacher education in theuniversity. In M. Cochran-Smith, S. Heiman-Nemser, & D. J. McIntyre (Eds.), *Handbook of research on teacher education* (3rd ed., pp. 290-306). Routledge, .

Lagemann, E. C. (2000). *An elusive science: The troubling history of educational research.* The University of Chicago Press.

Lochner, R. (1963). *Deutsche Erziehungswissenschaft.* Anton Hain.

Locke, J. (2008). *An Essay Concerning Human Understanding.* 이재한 역(2009). 인간오성론. 다락원.

Manzon, M. (2011). *Comparative Education: The Construction of a Field.* Comparative Education Research Centre, The University of Hong Kong, and Dordrecht: Springer.

Manzon, M., & Bray, M. (2006). The Comparative and International Education Society (CIES) and The World Council of Comparative Education Societies (WCCES): Leadership, Ambiguities and Synergies. *Current Issues in Comparative Education, 8*(2), 69-83.

Manzon, M., & Bray, M. (2007). Comparing the Comparers: Patterns, Themes and Interpretations. In V. Masemann, M. Bray, & M. Manzon (Eds.), *Common Interests, Uncommon Goals: Histories of the World Council of Comparative Education Societies and its Members* (pp. 336-363). Springer.

Merkens, H. (2004). Zur Lage der Erziehungswissenschaft. *Erziehungswissenschaft, 15*(29), 11-22.

Mochida, K. (2008). The Comparative Education Society of Asia(CESA). In V. Masemann et al. (Eds.), *Common Interests, Uncommon Goals: Histories of the World Council of Comparative Education Societies and its Members* (pp. 309-315). Comparative Education Research Centre.

Mollenhauer, K. (1964). Pädagogik und Rationalität. *Erziehung und Emanzipation* (pp. 55-74). Juventa Verlag.

Mollenhauer, K. (1968). *Erziehung und Emanzipation.* Juventa Verlag.

Noah, H. J. (1984). The Use of Abuse of Comparative Mind. *Comparative Education Review*, *28*(4), 550-562.

Noah, H. J., & Eckstein, M. A. (1969). *Towards a Science of Comparative Education*. Macmillan.

Noah, H. J., & Eckstein, M. A. (1993). *Secondary School Examinations: International Perspectives on Policies and Practice*. Yale University Press.

Nohl, H. (1988). *Die pädagogische Bewegung in Deutschland und ihre Theorie*. Vittorio Klostermann.

Olivera, C. E. (1988). Comparative Education: Towards a Basic Theory. *Prospects: Quarterly Review of Education, 18*(2), 167-185.

Phillips, D., & Schweisfurth, M. (2007). *Comparative and International Education: An Introduction to Theory, Method and Practice*. Continuum Books.

Prakash, S. (2016). Concept of Comparative Education. In M. Brindhamani & K. Marisamy (Eds.), *Comparative Education* (pp. 1-13). Laxmi Book Publication.

Ritter, J., Gründer, K., & Gabriel, G. (2001). *Historisches Wörterbuch der Philosophie*. Schwabe & Co. AG Verlag.

Röhrs, H. (1970). Die internationale Verständigung als pädagogisches Problem. *Friedenspädagogik*. Frankfurt a.M.

Röhrs, H. (1992). Vergleichende Erziehungswissenschaft. In J. Petersen & G-B. Reinert, *Pädagogische Konzeptionen* (pp. 177-189). Auer.

Röhrs, H. (1993a). *Gesammelte Schriften, Bd. 1: Allgemeine Erziehungswissenschaft*. Deutscher Studien Verlag.

Röhrs, H. (1993b). Sportpädagogik und Sportwirklichkeit. *Spiel und Sport: pädagogische Grundfragen und Grundlagen*. Deutscher Studien Verlag.

Röhrs, H. (1994). *Gesammelte Schriften, Bd. 2: Die Schule in der modernen Gesellschaft: Ihre Demokratisierung und Internationalisierung*. Deutscher Studien Verlag.

Röhrs, H. (1995). *Gesammelte Schriften, Bd. 3: Die Vergleichende und Internationale Erziehungswissenschaft*. Deutscher Studien Verlag.

Röhrs, H. (1996a). *Gesammelte Schriften, Bd. 7: Theorie und Praxis der Forschung in der Erziehungswissenschaft*. Deutscher Studien Verlag.

Röhrs, H. (1996b). *Gesammelte Schriften, Bd. 9: Grundfragen einer Pädagogik der Dritten Welt*. Deutscher Studien Verlag.

Rossello, P. R. (1963). Concerning the Structure of Comparative Education. *Comparative*

*Education Review, 17*(2), 103-107.

Roth, H. (1962). Die realistische Wendung in der pädagogischen Forschung. *Neue Sammlung, 2*, 481-490.

Sadler, M. (1964). How far can we learn anything of practical clue from the study fo foreign systems of educaton? *Comparative Education Review, 7*, 307-314.

Scheuerl, H. (1993). *Der Charakter der pädagogischen Wissenschaft.* 이종서, 정영근, 정영수 공역(1993). 교육학의 학문적 성격. 양서원.

Schleiermacher, F. D. (1969). Über die Theorie der Erziehung(1813. 1826). In F. Nicolin (Hrsg.), *Pädagogik als Wissenschaft* (pp. 6-17). Wissenschaftliche Buchgesellschaf.

Seidenfaden, F. (1966). *Der Vergleich in der Pädagogik.* Westermann Verlag.

Swing, E. S. (2007). The Comparative and International Education Society (CIES). In V. Masemann, M. Bray & M. Manzon (Eds.), *Common Interests, Uncommon Goals: Histories of the World Council of Comparative Education Societies and its Members* (pp.94-115). Springer.

Trethewey, A. R. (1976a). *Introducing Comparative Education.* Pergamon Press.

Trethewey, A. R. (1976b). *Introducing Comparative Education.* 주삼환 역(2005). 입문 비교교육학. 한국학술정보.

UNESCO (1975). Recommendation concerning Education for International Understanding, Co-operation and Peace and Education relating to Human Rights and Fundamental Freedoms; Resolutions(Vol. 1, pp.147-154). UNESCO, Records of the General Conference 18th Session(1974. 10. 17.-11. 23.). Paris.

UNESCO (1993). *General History of Africa VIII: Africa since 1935.* Paris.

UNESCO (2014). Progress on Education for Sustainable Development and Global Citizenship Education. 유네스코한국위원회 역(2019). 지속가능발전교육과 세계시민교육의 진전. 유네스코한국위원회.

UNESCO (2022a). *Global Education Monitoring Report 2021-22: Non-state Actors in Education.* Paris.

UNESCO (2022b). *Revised Recommendation concerning Education for International Understanding, Co-operation and Peace and Education relating to Human Rights and Fundamental Freedoms.* Paris.

UNESCO (2022c). Where do we stand on Education for Sustainable Development and Global Citizenship Education. Paris.

WCCES (1996). *Statutes.* World Council of Comparative Education Societies.

Weniger, E. (1929). Theorie und Praxis in der Erziehung. *Ausgewählte Schriften zur geisteswissenschaftlichen Pädagogik*. Beltz.

Wilson, D. N. (1994). Comparative and International Education: Fraternal of Siamese Twins? A Preliminary Genealogy of Our Twin Fields. *Comparative Education Review, 38*(4), 449-486.

Wilson, D. N. (1998). On Being International: Confessions of an Academic- Practitioner. Presidential Address at the 10th World Congress of Comparative Education Societies, Cape Town, South Africa, 17 July.

Wilson, D. N. (2003). The Future of Comparative and International Education in a Globalised World. *International Review of Education, 49*(1-2), 15-33.

Wolhuter, C., & Popov, N. (2007). *Comparative Education as Discipline at Universities World Wide*. Bureau for Educational Services.

World Council of Comparative Education Societies (2019). *WCCES Statutes*(May 2019 Version).

World Council of Comparative Education Societies (2022a). *By-Laws to the Statutes and Rules of Procedures*(November 2022 Version).

World Council of Comparative Education Societies (2022b). *Annexure-1 to By-laws*(November 2022 Version).

Youngman, F. (1992). Comparative Education as an Academic Discipline. In G. W. Kouwenhoven, S. G. Weeks & C. Mannathoko (Eds.), *Proceedings of the Comparative Education Seminar* (pp. 19-27). Botswana Educational Research Association.

Zedler, P. (2013). Allgemeine Erziehungswissenschaft und Empirische Bildungsforschung. *Die Deutsche Schule, 105*(3), 321-335.


세계비교교육연합회. https://wcces-online.org
아시아비교교육학회. https://cesa.jp
한국교육학회. http//www.ekera.org
한국비교교육학회. https://www.kces1968.org
http://www.unesco.org/open-access/terms-use-ccbysa-en (2022년 10월 27일 검색)
https://cesa.jp (2023년 8월 18일 검색)
https://cesa.jp/message-from-president/ (2023년 8월 18일 검색)
https://cesasia.files.wordpress.com/2018/05/cesa-chapter.pdf (2023년 8월 18일 검색)
https://unesdoc.unesco.org/ark:/48223/pf0000184297 (2023년 6월 18일 검색)

https://www.unesco.or.kr/data/report/list/40/?s_cat=2 (2022년 12월 25일 검색)

https://www.unesco.org/gem-report/en/non-state-actors (2023년 6월 18일 검색)

일본 히로시마대학 2023년 CESA 비엔날레 콘퍼런스 조직위원회 홈페이지

# 📖 찾아보기

# 저자 소개

**정일환**(Chung, Il Hwan)
미국 Pennsylvania State University 대학원(철학박사)
전 한국비교교육학회 회장, 한국교육학회 회장, 대통령실 교육비서관
현 대구가톨릭대학교 사범대학 교육학과 명예교수


**권동택**(Kwon, Dong Taek)
한국교원대학교 대학원(철학박사)
전 한국비교교육학회 회장, 한국교원대학교 입학학생처장
현 한국교원대학교 초등교육과 교수


**주동범**(Ju, Dong-Beom)
미국 Pennsylvania State University 대학원(철학박사)
전 한국해양대학교 교수
현 한국비교교육학회 회장, 국립부경대학교 미래융합대학 평생교육 · 상담학전공 교수


**윤종혁**(Yoon, Jong Hyeok)
고려대학교 대학원(교육학박사)
전 한국교육개발원 부원장, 한국교육학회 부회장, 한국통일교육학회 회장, 안암교육학회
　　회장
현 숙명여자대학교 글로벌거버넌스연구소 연구교수, 대통령 소속 경제사회노동위원회
　　교원근무시간면제심의위원회 위원장, 대통령자문 민주평화통일자문회의 위원


**이영호**(Lee, Young Ho)
영남대학교 대학원(교육학박사)
전 한국대학교육협의회 정책연구부장, 국가교육과학기술자문회의 전문위원
현 서울기독대학교 교수, 한국비교교육학회 부회장

**정기섭**(Chung, Ki Seob)
독일 Ruprecht-Karls-Universitat Heidelberg(철학박사)
전 한국교육철학학회 회장, 한독교육학회 회장
현 인하대학교 교육학과 교수, 한국비교교육학회 이사


**현경석**(Hyun, Kyung Seok)
한양대학교 대학원(교육학박사 수료)
전 한국대학교육협의회 고등교육연구소 연구원, 한서대학교 교수
현 한국비교교육학회 부회장

세계교육 · 비교교육 총서 ①

# 비교교육학과 한국비교교육학회사
Comparative Education and
History of Korean Comparative Education Society(KCES)

2024년 10월 10일 1판 1쇄 인쇄
2024년 10월 15일 1판 1쇄 발행

엮은이 • 한국비교교육학회
지은이 • 정일환 · 권동택 · 주동범 · 윤종혁 · 이영호 · 정기섭 · 현경석
펴낸이 • 김진환
펴낸곳 • ㈜ **학지사**
　　　　　04031 서울특별시 마포구 양화로 15길 20 마인드월드빌딩
대표전화 • 02-330-5114　　팩스 • 02-324-2345
등록번호 • 제313-2006-000265호

홈페이지 • http://www.hakjisa.co.kr
인스타그램 • https://www.instagram.com/hakjisabook

ISBN 978-89-997-3237-9　93370

정가 18,000원

출판미디어기업 **학지사**

간호보건의학출판 **학지사메디컬** www.hakjisamd.co.kr
심리검사연구소 **인싸이트** www.inpsyt.co.kr
학술논문서비스 **뉴논문** www.newnonmun.com
교육연수원 **카운피아** www.counpia.com
대학교재전자책플랫폼 **캠퍼스북** www.campusbook.co.kr